막말·유신

Series NIHON KINGENDAISHI, 10 vols.

Vol. 1, BAKUMATSU, ISHIN

by Katsuo Inoue

ⓒ 2006 by Katsuo Inoue

First published 2006 by Iwanami Shoten, Publishers, Tokyo.

This Korean edition published 2013

by Amoonhaksa, Seoul

by arrangement with the proprietor c/o Iwanami Shoten, Publishers, Tokyo

일본
근현대사
시리즈
1

막말
유신

이노우에 가쓰오 지음

이원우 옮김

어문학사

▶ 일러두기

● 일본의 지명 및 인명, 고유명사는 현 외래어 표기법에 따라 표기하였다. 단 장음 표기는 하지 않았으며, 어두에는 거센소리를 쓰지 않아 가급적 일본어 발음대로 쓰는 것을 원칙으로 삼았다. 예를 들어 と, か, た가 어두에 오면 '도' '가' '다'로 표기하고, 어중이나 어말에서는 그대로 거센소리 '토' '카' '타'로 각각 표기하였다.

● 논문이나 국가 간 합의 문서, 법 조문, 노래, 시, 연극, 소설 제목 등에는 「 」, 신문, 잡지, 단행본 등 책으로 볼 수 있는 것은 『 』로 표시하여 구분하였다.

● 본문 중의 연월일의 표기에 대해서.
1872(메이지 5)년 12월2일까지는 특별히 표기를 하지 않는 한 음력이다. 또한 1873년 1월1일 이후는 양력을 사용한다.

● 인용 사료는 지면상 관계를 고려하고 쉽게 이해할 수 있도록 하기 위해, 원문의 맛을 살리면서 부분적으로 구어체를 사용해 번역한 곳이 있다. 인용문 중에 포함된 괄호 안의 설명은 필자가 쓴 부분이다.

머리말—희망봉에서 에도 만으로

일본력으로 가에이(嘉永) 5년, 양력으로 1852년 11월, 일본을 개국시켜야 하는 사명을 부여받은 페리는 미국 동부 해군기지를 출항하여 대서양을 횡단, 아프리카 대륙 서안을 남하한 지 꼭 2개월 후, 해가 바뀌어 1853년 1월 하순에 대륙 남단의 영국 식민지였던 케이프타운에 입항한다. 이 책의 맨 처음 주제인 에도 만(江戶灣)의 우라가(浦賀)에 정박한 것은 그로부터 5개월 반 후였다.

『페리 제독 일본 원정기』 속의 대서양에서 인도양으로 항행하는 이 부분은 서양제국에 의해 식민지가 된 아프리카와 아시아 여러 민족의 모습이 실로 흥미롭게 묘사되어 있다. 남아프리카 부분을 소개하면서 이 책의 머리말을 대신하고자 한다.

1850년부터 시작된 영국과 남아프리카 여러 부족 사이에서

WIFE OF SOYOLO.

화가 브라운이 그린 카필족 수장 부인의 초상화.

일어난 무란제니전쟁이 1853년 영국군의 승리로 끝났다. 페리는 감옥에 투옥된 카필족(여러 부족의 총칭) 수장 부부를 방문하여 회견한다. 무운(武運)이 다하여 아내와 부하(屬僚)들과 함께 포로가 된 수장은 20대 중반의 훌륭한 외모를 가진 청년이었다. 화가 브라운이 그린 수장 부부의 초상화 중에 부인의 초상화를 위에 소개했다. 『페리 제독 일본 원정기』 도판 중에서 특별히 인상에 남는 것이었다. 기품이 있으며, 깊은 우수(憂愁)가 전해졌다. 이 카필족의 자손 중 한 사람으로 남아프리카 공화국의 반인종차별정책(아파르트헤이트, Apartheid)에 대한 불굴의 운동가가 훗날 대통령이 된 만델라이다.

그는 탄압재판(The Rivonia Trial, 1963년)에서 전 세계의 관심이 집중된 반대 진술과 자서전에서 말하고 있듯이, 비통한 처지에 빠진 부족의 장로들로부터 70년도 더 지난 19세기 전기에서 중기에 걸친 전쟁(블러드리버전쟁, 도끼전쟁, 그리고 무란제니전쟁)에서 영국군에게 패배한 여러 부족의 수장들이 겪은 수많은 이야기를 들으면서 자랐다. 장로들에게 전해 들은 이야기는 패배한 영웅들이 영국군에 맞서는 '용맹함'이며, 그리고 '넓은 도량', '깊은 겸손함(慎み深い)'이었다.

소수(少數)를 존경하는 흑인 전통문화

그는 양아버지인 수장과 측근들이 부족회의에서 보여주는 정치를 주의 깊게 보면서 배웠다. 회의는 만장일치가 될 때까지 계속되고, 수장에 대한 비판은 준엄하면서도 사양하지 않는다. 수장은 시종일관 듣고 있는 역할로 회의가 끝날 때까지 일절 말을 하지 않는다. 반대가 있으면 회의는 다음으로 연기되었다. 소수 의견이 다수 의견에 무시되는 일은 결코 없었다. 만델라는 서양의 지식도 충분히 습득한 변호사였지만, 리더십에 대해서는 남아프리카의 부족회의에서 많이 배우고 그것을 훗날까지 키웠다고 말했다.

19세기 중반 당시, 미개하다고 여겨지던 흑인 전통문화에는 서양과는 달리 소수를 진실로 존경하는 독자적인 포용력이 있었다. 그것이 만델라나 아프리카민족회의(ANC)가 백인들에게도 문호를 개방한 범아프리카주의의 보편적인 생각과 운동을 키워온 하나의 배경이었다. 1990년대에는 만델라와 아프리카 민족회의가 정권을 획득하여 마침내 백인 지배를 종결시켰다.

흑인 전통문화는 멸망하는 일 없이 계속 생존해왔다. 부족회의를 경험하고 패배한 영웅들의 이야기를 들으면서 만델라가 성장한 것은 1920년~1930년대로 당시 남아프리카는 흑인을 단 몇 퍼센트의 토지에 몰아넣는 정책이 시행된 최악의 시대였다. 그 시대에서 살아남아 반인종차별정책을 지탱해 온 전통문화의 끈질김은 정말로 경탄할 만하다. 그것은 미개하기는커녕 역량을 갖고 있었던 것이며 서양 문명을 역전시킨 것이다.

성숙한 민중 세계의 재평가

1960년대가 되면서 베트남전쟁 등으로부터 영향을 받아 이미 아시아의 전통사회가 재평가되기 시작했다. 이와 같은 전통문화·사회의 세계적인 재평가 동향을 이어받아 1980년대부터 일본에서도 에도시대 후기를 바라보는 견해가 새롭게 변하고 있었다. 이전의 일본 문명은 서양에 비해서 반미개라고 규정되었다. 일본도 메이지 유신 이후에는 그러한 평가를 스스로 받아들이고 있었지만, 그 후 겨우 그런 생각에서 해방되었다.

특히, 민중 역사 연구분야의 전통사회를 새롭게 해석하고 있다. 이 책에서도 소개하는 것처럼, 에도시대의 민중이 소송을 제기하는 활동은 우리가 상상하는 것보다는 훨씬 더 활발했다. 농민 봉기(百姓一揆)에 대한 일반 농민의 참가도 사실상 공인되고 있었으며, 막부나 번은 이러한 농민들의 활발한 요구(訴え)를 수용하는 일이 많았다. 에도시대 막부와 번의 지배에는 성숙하고 유연한 구조(仕組み)가 존재했다.

서양 열강의 도래에 대하여 일본보다 사태가 훨씬 심각했던 남아프리카(내적인 발전은 높았다고 한다)에서도 전통사회가 해체되지 않았던 점과 기저에서는 같지만, 본문에서 기술하고 있듯이 막부 외교도 성숙한 전통사회를 배경으로 그 역량을 발휘하게 되는 것이다. 극동의 동쪽 끝이라는 지리적으로 유리한 위치에 있었던 일본은 전통사회가 발전된 상태에서 개국을 받아들여 서서히 정착했고, 그리하여 일본의 자립을 지켰다고 하는 것이 이 책의 일관된 견해이다.

전통사회의 힘은 막부의 외교 능력에 한정하지 않는다. 지역 경제 발전에 의지한 상인(판매 상인)들이 개항장으로 모두 몰렸던 것도 이와 같은 사실을 잘 반영하고 있다. 일본에서는 최근 경제사 연구를 통해 무역을 외부 압력에 의해서가 아니라 내부에서 정착시켰다는 사실도 밝혀지고 있다.

유신사를 재검토하다

　일본의 개국은 비교적 빨리 정착했다. 그렇다면 막말·유신기 대외적인 위기의 강대함을 강조하는 지금까지의 평가를 대폭 재검토할 필요가 있다.

　절박한 대외적인 위기를 전제로 하면 전제적인 근대 국가의 급조(急造)조차도 '필연적인 국가 과제'였다는 것이 된다. 그러나 1871년부터 정부 요인들이 서양 회람을 위해 장기간 일본을 비울 수 있었던 것은 어떻게 설명할 수가 있을까. 서양 열강의 압력이 있었던 것은 사실이지만 그것에 대항해서가 아니라 거꾸로 그것을 이용하여(追い風) 메이지 정부의 외교정책이 동아시아 이웃 나라에 대한 침략으로 전환되었다는 사실(道筋), 그리고 일본 민중이 전통사회에 의거하여 신정부에 대해 격렬한 저항을 전개한 사실을 중심으로 강화도 사건과 관련된 새로운 사료 등과 같은 최근의 성과를 소개하면서 유신사를 새로이 서술하고자 한다.

차례

제1장 에도 만의 외교

일본의 화공(絵師)이 그린 페리가 재내항했을 때의 기함 포하튼 호(USS Pawhatan). 첫 내항 시의 기함 서스쿼하나 호와 같은 형태의 배. 뱃머리 쪽에서 본 그림(「페리 도래 그림첩 병풍」(부분), 도쿄대학 사료편찬 소장).

1. 흑선 내항

우라가(浦賀) 앞바다

구리하마(久里浜) 해변에서 우라가부교(浦賀奉行)를 비롯하여 60 여 명의 무사들은 '서양류 포술 사범' 시모소네 긴자부로(下曾根金三郎) 지휘 아래 본벤·몰틸포로 포격 훈련을 하고 있었다. 사가미 국(相模国) 구리하마는 에도 만 입구로 향하는 우라가스이도(浦賀水道) 서쪽 해안에 있는 비교적 작은 해변이다. 1853(가에이 6)년 6월 3일, 훈련은 3일째 접어들고 있었다. 저녁 무렵 연안을 이국선 4척이 에도 만을 향해 통과하여 이윽고 우라가 앞바다에 정박했다. 아메리카합중국의 견일특사(遣日特使) 페리(1794~1858)의 내항이었다. 우리는 구리하마에서의 서양류 포술 훈련을 기억해두고자 한다.

4척의 배 중 2척이 증기 군함으로 기함인 사스퀘하나 호는 2,450톤, 신예의 프리깃(쾌속) 외륜식 군함이었다(앞쪽 그림 참조). 이에 비해 당시 일본 배는 천석선(千石船)일지라도 겨우 100톤 정도에 지나지 않았다. 타고난 해군인 페리 제독은 아메리카함대 주력함을 범선에서 증기선으로 새롭게 편성하는 개혁에 힘썼으며, 멕시코전쟁(1846~1848년)에서도 함대사령관을 역임했다. 이번에는 동인도함대 사령관 겸 견일특사에 임명되어 본국으로부터 '원격지'이기에 광범위한 재량권이 부여되었다. 당시 뉴욕에서 상해까지는 대서양 쪽으로 돌아가는 항해로 50여 일쯤 걸렸다.

에도 만의 바로 바깥쪽인 우라가는 막부의 방위 거점이었고 우라가부교쇼(浦賀奉行所)가 만으로 들어오는 회선(廻船)을 검문하게 되어 있었다. 구리하마에서 훈련을 하고 있던 우라가부교를 포함한 일대(一隊)는 즉각 우라가로 돌아왔고, 요리키(与力) 나카지마 사부로스케(中島三郎助)가 기함 사스퀘하나 호에 번선(番船)을 저어서 다가갔다. 요리키는 고쿠다카(石高) 100석 정도의 중하급 무사로 도신(하급 관리)을 인솔하여 실무의 중심에 선 무사였다.

페리함대의 네덜란드어 통역이 말머리에 "배는 북아메리카합중국의 배이고, 대통령이 쇼군에게 보낸 서간을 지참하고 있으며 '일본의 고관'이 아니면 교섭하지 않는다."라고 선언했다. 부교쇼의 요리키는 네덜란드어 통역관을 통해 '일본의 국법'에서는 '고관'(부교)이 이국선(異國船)에 응대하는 조항은 없다고 거절했다. 처음부터 미일의 험악한 논전이었다. 이때, 페리 측이 중대한 발언을 한 것이 막부 측의 교섭 기록 '대화서(對話書)'에 기록되어 있다.

페리는 커터(작은 배)로 상륙하여 대통령 서간을 '고관'에게 직접 전달하겠다는 실력 행사를 분명히 밝혔다. 그러나 이 강경한 발언에 대해 요리키 나카지마도 굴복하지 않고 나라에는 '그 나라의 법'이 있으며, 그 법을 어길 수는 없다고 응답했다. 이렇게 응답한 뒤, 나카지마는 부부교(副奉行)라고 사칭하고 기함 승선을 허락받았다.

동아시아 역사의 전환점이 되었던 아편전쟁(1840~1842년) 시 237만 근 정도의 아편을 폐기한 임칙서(林則徐)가 영국 대표에게 "영국에서는 타국에 가면 그 나라 법률을 따르는 것이 관례이다."라며 반론을 펼친 것은 청국 개명파의 지적 수준을 나타낸 것으로 알려져 있다. 페리가 오기 14년 전의 일이다. 임칙서의 반론은 근대국제법을 임칙서가 한역(漢譯)한 『각국금률(各國禁律)』에 따른 것이었다. 한편, 페리 내항 시 서양식 군사학에 대한 지식을 보여준 요리키 나카지마는 그 후 나가사키 해군직전습(海軍直傳習, 해군전습소)에 참가하여 조선과 항해술 수업을 받아 막말 일본의 서양식 군제개혁 지도자가 되었으며, 훗날 하코다테전쟁 시 오능각(五稜郭) 전투에서 신정부군과 싸우다가 전사했다. 신정부에는 기도 다카요시(木戸孝允)와 같이 나카지마의 가르침을 직접 받은 사람도 있었다. 나카지마가 행한 응답의 취지는 앞선 임칙서의 발언과 같은 것이다. 미국과의 군사력 격차가 어쩔 수 없을 정도로 큰 것은 사실이었다. 그러나 한편으로 외교적인 측면에서 지금까지 막부의 연약함과 굴종만이 강조됐지만, 군사와는 구별된 진정한 의미에서의 외교가 전개되고 있었던 것을 재평가할 필요가 있는 것이 아닐까.

근대국제법

페리는 "한 문명국이 다른 문명국에 당연히 갖추어야 할 의례적인 태도를 보이도록 일본에 단호하게 요구했다."라고 우라가 정박 당일 날짜로 해군성에 보고했다. 그렇다면 페리는 문명국의 의례를 지킨 것일까. 당시 서양의 국제 의례에서는 어떠한 관행이 만들어져 있었을까.

서양에서는 18세기 이후 외교와 전쟁, 조약, 무역 등의 관행을 축적하여 국제법이 만들어져 있었다. 고관(高官)과의 응접이 논쟁이 되었는데, 19세기 초기의 '빈(Wien) 규칙'에서 오늘날과 거의 유사한 외교사절 제도와 의례가 정해졌다. 페리가 고관과의 응접을 요구한 배경에는 이 외교 의례에 관한 국제법이 존재했다. 단지 이 무렵의 국제법은 오늘날의 관점에서 본다면 민족자결권이 없는 등 중요한 결점이 있었기 때문에 현대 국제법과 구별하여 근대국제법이라고 부르며, 막말·메이지 시기에는 '만국공법'이라는 이름으로 중국(청)에서 번역되어 일본에 소개되었다. 근대국제법도 주권 국가를 하나의 단위로 하고 있으며 국가의 법적 주권이 인정되고 내정불간섭원칙과 법률상의 국가평등권이 생겼고, 전쟁에서 시민과 포로를 보호하는 '전쟁조규'도 있었다.

해상에서의 관행도 확립되어 있었다. 바다는 공해와 영해, 내해로 구분되었다. 공해는 공해 자유의 원칙에 의해 모든 선박에 개방되어 있었으며, 영해에는 무해(無害)통항권이 보장되고(군함에는 보장되지 않았다), 당시에는 포탄이 도달하는 범위가 3해리(약 5.6킬로미터)로 정해져 있었고 안쪽 바다가 만(灣)이었다. 만 입구 폭이 6해리(약 11.1킬로미터) 이내면 영토의 일부로 간주되었다. 에도 만은 만 입구의 폭이 약 7킬로미터, 현재도 그러하지만, 영토의 일부로 취급된다.

우라가 정박 3일 후에 페리는 에도 만으로 측량선 4척을 보냈다. 증기 군함 미시시피 호의 호위를 받는 측량선단은 만 입구인 간논자키(観音崎)를 우회하여 요코스가(横須賀)를 지나 가나자와 앞바다(金沢沖)의 수심이 깊고 크기가 작은 만에 들어갔다. 이와 같은 페리의 일본 번선단(番船團)*의 저지를 물리친 무력시위에 의한 에도 만 내 무단 침입은 영토에 대한 무력 침입이며, 일본 국법을 위반함과 동시에 페리 자신이 준수한다고 말한 문명국의 관행, 근대국제법에도 완전히 위반되는 것이었다.

근대국제법의 '차별 구조'

다만 근대 세계에 있어서는 문제가 단순하지 않았다. 18세기 유럽에서 형성된 근대국제법은 19세기 중반에 접어들면 터키, 중국, 조선을 비롯하여 적용 범위가 현재 제3세계라고 불리는 지역까지 확대되어 갔다. 그러나 이것은 서양의 기독교 국가에만 타당한 '유럽 공법'이었다. 에도 만 내 바다로 침입하기 전날은 일요일로 페리함대는 휴일이어서 기독교 문명국답게 예배를 했다(그림 1-1).

그러나 한편으로는 문명국이라고 하는 자의식은 현재의 제3세계

---

* 에도시대, 교토·오사카 방면에서 신면(新綿)·신주(新酒)를 신속하게 에도로 보내기 위해, 에도에 도착하는 순번을 다툰 히가키회선(菱垣廻船)의 신면번선이나 술통회선(樽廻船)인 신주번선(新酒番船)의 약칭을 말한다.

국가와 민족에 대한 서양의 '차
별구조'를 낳았던 것이다. 근대
서양에서는 세계의 민족과 국가
를 '세 개의 군(群)'으로 구분한
다. 그 세 가지는 문명국, 반미개
국, 미개국이다. 문명국은 서양
의 여러 나라, 그리고 반미개국은
터키, 페르시아, 타이, 중국, 조
선, 일본 등이며, 미개국은 그 이
외의 여러 민족을 가리켰다. 미
개국은 나라로 인정되지 않았으
며 근대국제법의 해당 범위 밖이
었다.

▶그림 1-1. 예배하는 페리함대의 선원들. 예배하던 휴
일, 흑인 병사, 소년 병사도 기도를 하고 있다(『페리 제
독 일본 원정기』 삽화).

문명국과 미개국 사이에 일본 등과 같은 반미개국이 있다. 반미
개국은 에도 만의 외교에서도 드러났지만, 국법이 있다는 것을 서양으
로부터 인정받았다. 그러나 그 법은 어디까지나 '반미개의 법'이어서
'문명의 법'으로는 간주되지 않았다. 서양에서라면 인정되는 외국인
에 대한 국법 적용이 인정되지 않았으며, 영사재판권 등 각종 특례가
설치되었다. 근대국제법의 관점에서 말한다면 '주권'을 제한당하고
대등하게는 취급하지 않았던 것이다.

미국 국무부의 일반명령

페리는 지난해, 양력으로 1852년 11월, 동쪽 해안에서 대서양을 돌아 출항했다. 그때 국무부로부터 '일반명령'이 하달되어 있었다. 그 것은 대통령에게는 '선전(宣戰)의 대권'이 없으므로 사절은 당연히 '평화적 성격'을 띠어야 하며, 자위상 필요한 경우 외에는 절대로 무력에 호소해서는 안 된다며 선제공격이 금지되어 있다는 내용이었다. '일반명령'의 이 부분은 자주 인용되어 심지어 '평화 외교'라고까지 평가되어 왔다. 그렇지만 페리 외교를 '평화 외교'라고 단정하는 것은 매우 어렵다. 사실 국무부의 '일반명령'은 긴 문장으로 되어 있으며 그 가운데에는 서양의 비서양에 대한 '차별구조'와 관련된 중요한 내용이 포함되어 있었다.

'일반명령'은 서두에서 이전 모리슨호 사건 표류민을 반환하기 위하여 에도 만에 내항한 미국 상선을 포격한 일본을 자국의 표류민조차 구조하지 않는 비인도적인 나라라고 비판하고, 일본인을 '반미개의 약소 국민'으로 평가했다. 상선 모리슨호는 1837(덴포 8)년 통상을 요구하며 일본인 표류민을 데리고 우라가에 내항했지만, 일본의 포격을 받아 퇴각했다. 미국 국무부는 이러한 반미개 일본에 대한 논의나 설득을 당당한 병력 시위에 뒷받침받아 추진하는 것으로 하여 유럽 국제법으로부터 일탈하는 것을 허가했고, 일본 연안 중에 가장 적당하다고 생각되는 지점에 전 함대를 진격시켜 교섭을 개시하도록 페리에게 지시했다.

일본에 문명적 의례를 단호하게 요구하는 한편, 페리 자신이 앞서 말한 것과 같이 국제법으로부터의 '일탈'을 국무부 지시에 따라 기정의 방침으로 하고 있었던 것은 완전한 편의주의다. 우라가부교쇼가 페리의 에도 만 내 침입에 대해 "일찍이 국제법 위반이다."라고 하거나 "불법적인 행위"라고 항의를 거듭한 것은 페리 외교의 문제점을 정확하게 지적한 것이었다.

2. 개국으로의 길

네덜란드 별단풍설서

미국 대통령의 서한을 에도 만에서 전달한다는 페리의 요구에 대해 막부 수뇌(幕閣)의 평의(評議)는 '중의(衆議) 제각각'이었다. 한편 페리를 응대했던 우라가부교는 페리가 우라가에 정박한 다음 날, 현지는 무력 충돌도 일어날 수 있는 사태이지만, '방어 상태가 약함'이라고 전력의 열세를 보고하고 서한을 수리할 수밖에 없다고 상신했다. 평의를 계속하고 있던 막부는 페리가 에도 만에 침입한 6일 당일 우라가부교에게 '서한 수리' 명령을 내렸다.

막부 수뇌는 결단을 내린 이유를 세 가지 이유로 설명했다. 네덜란드 국왕의 충고와 아편전쟁에서 중국이 패배한 선례, 그리고 바다로 둘러싸인 나라이면서 군사력이 정비되어 있지 않은 점이 그것이었다. 네덜란드 국왕의 '충고'에는 1844(덴포 15)년에 전달된 네덜란드 국왕의 개국 권고, 그리고 매년 전해진 네덜란드 별단풍설서(別段風說書)

등이 열거되었다.

아편전쟁 4년 후인 1844년에 막부에 보내진 네덜란드 국왕의 개국 권고는 아편전쟁에서의 패배로 중국이 개항하여 많은 배상금을 지급하고 영토를 할양한 점, 게다가 일본에도 군사적, 침략적인 무위 세상에 빛나는 영국의 내항이 다가오고 있다는 점, 또한 나폴레옹전쟁 종료 후 빈체제의 안정과 그 체제하에서의 산업혁명과 세계 무역 발전을 설명하고 있다.

네덜란드는 에도시대 초기부터 네덜란드 풍설서라는 형태로 매우 간단한 외국 정보를 매년 막부에 보내고 있었다. 그러나 중요한 것은 아편전쟁 2년 후인 1842년부터 막부의 요구로 매년 제출된 네덜란드 별단풍설서이다. 지난해의 수많은 전 세계 정보가 막부에 보내졌다.

별단풍설서의 구성은 매년 정식화되어 있었다. 1853년의 별단풍설서의 정보를 표 1-1에 적시했다. 1852년의 세계적인 사건은 프랑스에서 루이·나폴레옹이 제정(帝政)을 부활시킨 일이다. "로디웨이키, 나폴레옹, 보나파르트의 취지에 따라 그 제국의 호를 복구할 중의를 결정하여 동인(同人), 황제가 되다."라고 이하 3개 조에 걸쳐 상세하게 보고하고 있다(22조에서 24조). 동남아시아의 네덜란드 식민지 정보(8조에서 16조), 영국에 대한 버마(미얀마)의 제2차 버마전쟁(52조), 마찬가지로 남아프리카에서의 영국에 대한 남아프리카 민족의 항전(무란제니전쟁, 46조)까지 지구 전체의 정보가 실려 있었다.

▶ 표 1-1. 1853(가에이 6)년 네덜란드 별단풍설서의 정보(발췌)

	조항
1	네덜란드 국왕의 딸, 스톡홀름에서 출산
2·3	네덜란드 폭풍우 다발, 대피해
7	영국·네덜란드 간의 해저전선 착공
10	수마트라, 파렌반에서 반네덜란드 운동 평정
11	미국인, 원주민과 반네덜란드 활동으로 중죄
12·13	모루카 제도의 대지진, 다수의 사망과 대피해
14·15	보르네오 섬 서안, 중국인의 반네덜란드 봉기와 진압
16	동인도령 네덜란드 해군의 해적 재토벌과 실패
17	중국, 태평천국 농민군의 남경 점령, 영국군 후퇴
18·19	영국, 자유무역과 보호무역에 관한 논쟁
20	웰링턴 장군의 사망과 대장례식
21	영국, 오스트레일리아와 캘리포니아 이민
22·23	나폴레옹 3세 황제 즉위, 스페인 왕녀와 결혼
26	오스트리아 국왕, 헝가리 반란 측 기사(騎士)가 습격
27	몬테네그로와 터기의 영토분쟁
28	터키, 오스트리아 출병, 러시아함대 흑해 파견
29·30	프랑스함대의 다다넬스 해협 파견, 분쟁 중지
31	이탈리아 내 오스트리아령 밀라노 독립 봉기와 패배
34·35	몬테네그로 분쟁, 터키의 야심으로 일촉즉발
36·37	러시아, 몬테네그로 침략, 유럽에 전운
38·39	뉴욕 만국박람회 개최
40·41	파나마 운하 계획 결정, 에릭슨 증기기관 개량
42	미국, 60년간의 인구 추이, 백인, 선주민, 흑인 통계
43·44	캘리포니아의 대설해(雪害), 새로운 금광의 발견과 호황
45	멕시코의 반정부 운동, 재봉기
46	남아프리카, 카풀족과 영국과의 강화 조약
47·48	오스트레일리아의 대금광 발견과 사회 혼란
49	중국·동인도의 영국, 프랑스, 러시아, 미국의 군함 일람
50	페리함대, 홍콩을 경유하여 류큐 집결, 일본으로 출항
52	영국·버마전쟁과 영국함대의 버마(미얀마) 파견
53	네덜란드 해군 자바의 함대 일람
54	페리함대, 네덜란드 통보, 평화의 취지, 함대 전용(全容)
55	러시아, 푸탸틴 일본으로 출항, 군함 2척

『대일본 고문서 막말 외국관계 문서 1』에서 작성

일본으로 향하고 있는 페리함대 12척에 대해서 배 이름, 톤 수, 포 수(砲數), 승무원 수, 선장 이름이 정확하게 보고된다(54조). 한편, 인도양 동쪽 세계 최강 대영제국의 군함도 18척이 열기(列記)되어 있다(49조).

단지 이 해역에서 영국 군함은 숫자에서 다른 나라를 압도하였지만, 크기는 1,000톤급에 머물러 있었다. 2,000톤급은 미국의 사스퀘하나 호와 페리함대가 다시 내항했을 때 일본에 온 포하탄 호 등 2척뿐이었다. 미국 배 2척이 다른 배들을 압도하는 거함인 것은 별단풍설서로 부터 쉽게 간파할 수 있다.

페리가 내항하기 전년도인 1852년의 별단풍설서는 페리에게 일본으로 가도록 명령이 내려진 사실과 그 목적은 첫째로 통상, 둘째로 저탄소(貯炭所)라고 기재되어 있고, 상륙과 포위 전투(圍軍) 준비를 하고 무기를 적재하고 있는 사실도 알렸다. 막부는 페리의 내항을 사전에 알고 있었던 것이다.

막부의 비대국주의(非大國主義) 외교

막부는 결단을 내린 두 번째 이유로 아편전쟁의 선례를 들었다. "대국인 중국에서도 나라가 위험에 처할 정도의 손해(國害)"를 입었다며, 중국의 패배를 지적했다. 직접 말로는 표현하지 않았지만, "하물며 일본과 같은 소국의 경우에는……" 이라고 하는 막부의 인식을 볼 수 있을 것이다. 또 세 번째 요인으로 일본은 바다로 둘러싸인 나라, 즉 해양 국가지만 해안의 군비가 갖추어져 있지 않아 심각한 '국난' 이 될 것이라고 판단하고 있었다.

해양 국가 일본의 수도인 에도는 임시 도시이다. 페리는 소형 포함 2, 3척이면 에도를 파괴하는 데 충분하다고 관찰했다. 에도성은 해안으로부터 겨우 3킬로미터 떨어져 있어 서양의 중형포 사정거리 안에 있었다. 6월 3일, 첫날의 응접이 끝나고 헤어질 무렵 요리키 나가지마는 함상의 거포를 보고, "이것은 파크상즈(프랑스가 개발한 신예 거포)가 아닌가. 사정거리는?"이라고 질문했다.

게다가 시볼트(에도를 방문한 경험이 있다)와 에도 후기의 경제학자 사토 노부히로(佐藤信淵)가 지적한 에도가 가진 또 하나의 약점을 놓칠 수 없었다. 에도는 인구 100만 명이 넘는 세계적으로도 최대 규모의 막번체제 정치 구조가 인위적으로 만들어 낸 거대한 소비 도시였다. 오사카와 기타 지역으로부터 해상운송에 의한 물자 보급이 필요했다. 그 때문에 에도 만에서 수송이 방해받으면 '1주일'(시볼트) 혹은 '10일'(사토 노부히로)만에 에도는 기아로 고통받게 될 것이라고 지적받고 있었다. 에도는 거대하지만 동시에 취약한 수도였던 것이다. 페리는 시볼트의 저서를 비롯하여 많은 일본 관계 문헌을 연구했다고 한다.

이상 여러 가지 면에서 판단하여 막부는 '대국인 중국'도 패배하였다고 하며 그것을 전례로 피전 방침(避戰方針)을 택했던 것이다. 6월 6일의 에도 만 침입 시에도 우라가부교는 수십 척의 번선이 측량용 커터와 대치하고 있는 현장에서 그대로 방치하라고 번선단에 지시했다. 막부의 대국주의가 아닌 피전(避戰)이라는 냉정한 판단이 사실은 중요한 것이다.

구리하마의 서양총진대(西洋銃陣隊)

　6월 9일, 미국 대통령의 서한 접수가 구리하마(久里浜)에서 시행
됐다. 필모어 대통령은 19세기에 들어와 세계가 바뀌었다는 점, 5년
전 캘리포니아에서 골드러시가 일어났기 때문에 서해안인 캘리포니
아와 중국 사이에 항로가 필요하게 되었다는 점, 태평양 항로가 열리
게 되면 캘리포니아에 '18일' 만에 도착할 수 있다는 점을 설명했다.
미국은 영국과 마찬가지로 중국에서 생사(生絲), 차를 사들이고 목면
과 아편(터키 아편)을 판매하고 있었다. 산업혁명기에 조명용 고래 기름
을 얻기 위해 많은 미국 포경선이 일본 연안으로 출어하고 있었으므로
해난 구조 의뢰도 기술하고 있었다. 골드러시 직후 중국인이 매년 수
천 명씩 멀리 대서양을 돌아 캘리포니아로 이주하여 노동력을 제공하
고 있었다. 미국의 요구는 통상, 보급, 조난 선원 보호 등 세 가지였다.
　구리하마에는 해병대와 해병 약 300명이 총검을 장착한 마스켓
총을 들고 상륙하여 해변을 반원상(半圓狀)으로 둘러싸고 웅접소로 행
진했다. 이 우회 행진은 서양의 병력을 과시하는 '좋은 기회'가 되었다
고 『페리 제독 일본 원정기』는 기록하고 있다. 그런데 이 책에는 페리
일행이 우회 행진을 마친 부분에 다음과 같은 문장이 기록되어 있다.

　"(웅접소의) 양 측에는 일대(一隊)의 일본 호위병이 꽤 띄엄띄엄 무리를
　지어 있었다. 그들의 복장은 다른 병사들과 다르며, 오른쪽 무사는 전투
　용 외투(陣羽織)를 입고 폭 넓은 장식용 허리띠를 허리 부분에 두르고 회
　색 긴 바지를 입고 있었다. 꽤 폭이 넓은 바지는 무릎 부분에서 졸라매
　고 머리에는 흰 수건을 터번처럼 두르고 있었다. 그들은 총검과 부싯돌
　이 달려 있는 마스켓 총으로 무장하고 있었다……."

▶그림 1-2. 우라가부교쇼의 게벨 총 부대. 아래 쪽에 게벨 총 부대가 도열했다. 손으로 쓴 글에는 '시모소네 긴자부로 육지를 방어, 게벨을 지휘하는 요리키 2명, 게벨을 휴대한 도신 48인, 도신 고수(鼓手) 1명. 그 위에 미국을 선도하는 4명 중에 나카지마 사부로스케가 있다(『대일본고문서 막말외국관계문서 1』 삽화 「미국사절 구리하마 상륙 그림」 부분).

앞 쪽에 소개한 것이 응접소의 정면 우측을 경호하는 흰 두건(터번)을 두르고 페리 일행과 같은 종류의 게벨 총, 즉 마스켓 총으로 무장한 일군(一群)을 묘사한 일본 측의 그림이다(그림 1-2). 그림의 하단에 보이는 것이 그 일군이다. 고수도 보인다. 서양총진(西洋銃陣)이며 총검도 착검하고 페리 일행이 우회하여 오는 정면에 진을 치고 있다. 지휘관은 시모소네 긴자부로로, 글의 첫머리에 소개한 구리하마에서 포격 훈련을 하고 있던 우라가의 요리키·도신 50여 명의 대원들이었다. 화가는 도신 중 한 명으로, 그림 내용은 페리 측이 기술한 것과 정확하게 맞아떨어지고 있다. 막말 외교사의 기본 사료인 『대일본고문서 막말외국관계문서 1(1910년 간)』 권두 삽화의 한 장이다.

페리는 서양총진대를 위와 같이 상세하게 묘사했지만, 구리하마야 말로 일본 부대의 훈련장이었다는 것은 몰랐을 것이다. 이처럼 막부는 대책없지 않았으며, 오히려 국력에 걸맞은 주도면밀한 준비가 있었다고 해야 할 것이다. 그림 오른쪽 아래에 미국 병사들의 대열을 선도하는 무사 중 훗날 서양식 군제개혁의 지도자가 되는 요리키 나카지마 사부로스케가 있었다. 서양총진대의 지휘관, 시모소네도 나중에 막부의 군제개혁에 중추를 떠맡는다.

인도적 개입

페리는 다음 해 1월 중순, 7척의 함대로 이번에는 처음부터 에도 만 내 가나자와 앞바다의 수심이 깊고 크기가 작은 만(페리가 '미국 정박장'으로 명명한)에 들어왔다. 교섭과 함대 항진 시위를 반복하여 2월 초순, 일본 전권과 정식 교섭을 개시했다. 장소는 요코하마 촌(横浜村)이었다. 페리는 요코하마 응접소 전면에 9척의 횡대를 만들어 응접소를 사정거리 안에 넣었다. 당당한 병력 시위가 뒷받침되어야 한다는 미 국무부의 '일반명령'에 따른 것이다.

국무부는 페리에게 모리슨호 사건을 거론하며 일본에 대해 "경악을 금치 못하며 유감스럽게 생각한다."라는 취지를 말하고, 표류 선원에 대한 인도적 대우와 동시에 통상 관계도 요구했다. 만약 인도적 요구에 대한 보증조차 얻을 수 없을 때에는 태도를 일변하여 단호하게 응징한다는 취지를 통고하도록 명령했다. 페리는 미 국무부의 명령을 충실하게 준수하며 막부에 다가갔다. 일본을 "매우 어질지 못하다(不仁之至)."라고 말하며 멕시코전쟁에서 수도를 점령한 일도 언급했다.

반미개국 일본의 자국과 타국의 표류 선원을 구조하지 않는 매우 어질지 못함을 전쟁으로 응징하는 강대국의 '정의의 전쟁', '인도적 개입'의 논리였다.

일본 전권의 반론

하야시(林) 전권의 응답은 냉정하였으며 페리를 능가하는 장문의 글이었다.

경우에 따라서는 전쟁도 할 수 있다며 말머리를 꺼낸 하야시는 "일본의 정치는 불인(不仁)하지 않으며, 인명을 존중하는 것은 세계 어느 나라보다도 뛰어나다. 그렇기에 300년에 걸쳐 평화가 계속되고 있다."라고 말하고, 국가에 선정이 베풀어지고 있음을 볼 필요가 있다며 페리의 '불인의 나라'라는 발언을 비판했다. 일본은 인근 바다에서 다른 나라의 배가 조난당하면 식량, 물, 연료 등을 제공하고 있다—모리슨호 사건 당시의 문정이국선타불령(文政異國船打拂令)은 철회되고 천보신수급여령(天保薪水給與令)으로 고쳐진 경위까지 설명하고 있지는 않지만—. 표류민은 나가사키로 호송하여 네덜란드를 통해 모국으로 돌려보내고 있다(이것은 사실이다). 비도(非道)의 정치는 일절 없다며 신수급여령과 표류 선원 구조 실시에 관한 두 가지 실례를 제시하며 설명했다.

귀국(貴國)에서도 인명을 존중한다면 "그다지 여러 해에 걸쳐 원한(累年の遺恨) 관계를 맺고 있지도 않은바, 굳이 전쟁을 해야 할 정도의 일이라고도 생각하지 않는다. 사절로서도 잘 생각해야 할 것으로 생각한다."라고 말을 맺고 있다. '여러 해에 걸쳐 원한 관계를 맺고 있지는 않다'고 하는 지적이 멋지게 효력을 보게 되었다. 모리슨호 사건은 17년 전인 1837년의 사건이었다. 분명히 매년 있었던 사건은 아니었다. 17년 전 사건을 전쟁의 이유로 삼는다는 것은 그야말로 억지이다. 하야시의 응답은 인명 보호를 구실로 삼는 강대국의 정의 무력행사에 대한 정당성을 따진 것일 것이다. 하야시 전권은 '여러 해에 걸쳐 원한 관계(累年の遺恨)를 맺고 있지는 않다'는 논리를 발견하여 한층더 정확하게, 전쟁이야말로 가장 비인도적이라는 것을 교묘히 지적한 것이다.

인도에 대한 죄가 국제법상으로 확정되는 것은 남경 학살과 유대인 대학살 등이 추궁된 제2차 세계대전 이후이다. 하물며 근대국제법은 주권 국가라는 배타적 시스템 위에 성립되어 있으므로 내정불간섭 원칙이 지배적이다. 표류 선원을 보호하지 않는 것을 이유로 다른 나라에 전쟁을 선포하는 일 등은 가령 17년 전의 일이 아니라 하더라도 근대국제법에서는 인정되지 않았다. 그리고 사실은 미 국무부도 그것에 관해서는 잘 알고 있었다.

첫머리 부분에 모리슨호 사건을 무리하게 끄집어낸 것은 인명을 존중한다고 하는 그럴듯한 대의명분으로 사용하기 위해서이다. 하야시 전권이 표류 선원의 인명을 존중하기 위해 굳이 전쟁에 이르게 하는 것은 무리라는 것을 교묘히 지적하고, 숙고를 촉구한 것에 대하여 '대화서'에 의하면 페리는 전혀 대답할 수가 없었다. 그 때문에 교섭은 즉시 미 국무부가 중시하고 있었던 통상 문제로 옮겨갔다.

막부 외교의 평가

페리는 교역이란 서로 남는 물품과 부족한 물품을 교환하여(有無を通じ) 서로의 국익이 되기 때문에 결코 불이익은 되지 않는다고 압박했다. 하야시의 응답은 이 부분에서도 교묘했다. 우선 그럴듯하다고 응수했다. "교역은 남는 물품과 부족한 물품을 교환하므로 서로의 국익이 될 것이다. 그러나 일본은 자국의 산물로서 충분하다. 사절(페리)의 이번 일본 도래 목적은 첫째로, 인명을 소중하게 여기므로 난파

선원의 구조라는 목적이 달성되면 사절의 중요한 목적(眼目)은 달성될 것이다. 교역은 이익을 논하는 것이므로 그다지 인명에 관련되는 일은 아닐 것이다. 우선, 중요한 목적의 취지가 달성된다면 일이 잘된 것 아니겠는가."라며 '인명 보호'를 억지로 주장한 페리의 수법을 역으로 이용하여 교역은 이익에 관한 논리에 지나지 않는다며 무리하게 실현해야만 할 교섭 테마는 아니라고 반박했다.

'대화서'는 하야시의 반론을 들은 페리의 모습을 "이때 페리는 말 없이, 잠시 곰곰이 생각하는 모습으로"라고 특기하고 있다. 그리고 페리는 "말씀하신 취지가 지당하다고 생각한다. 이제 더는 교역에 관한 논의는 바라지 않는다."라며 교역을 교섭 테마에서 제외했다.

당일 날 교섭 경과를 보면, 첫머리에 첫 대면의 짧은 인사를 교환한 뒤 하야시 전권은 "연료, 물, 식료품과 표류민 구조는 이미 말한 대로 운용되고 있으며 석탄은 앞으로 요청이 있으면 공급해도 좋다. 그러나 통상은 일절 들어 줄 수가 없다."라고 짧게 회답했다. 즉, 표류민 구조는 교섭 초반에 이미 해결을 본 테마이므로 페리는 즉시 통상을 테마로 삼아야 했다. 그런데 미 국무부의 '일반명령'은 소개한 바와 같이 우선 표류민 구조 문제로 강경 발언을 한 뒤, 그 여세를 몰아 통상도 요구하도록 지시하고 있다. 본래 '일반명령'은 원칙적인 명령이고 현장에서는 임기응변이 요구되었으나, 페리는 굳이 일반명령을 준수한 것이다. 그 때문에 페리의 강경 발언은 앞서 살펴보았듯이, 하야시 전권으로부터 교묘하게 요구를 회피당하고 오히려 역으로 이용당했다.

페리가 통상 문제에서 양보한 것에는 서양이 일본보다 인구가 약 10배 많은 중국시장에 관심이 있어 일본시장을 중시하고 있지 않았다는 큰 배경이 있다. 그러나 소개한 것처럼, 일본의 외교교섭 수완도 중요한 역할을 한 것이다.

우리에게는 불평등조약 체결이라는 점에서 막부 측의 연약, 비굴한 외교라는 선입관이 있지는 않을까. '대화서'를 일독하고 느끼는 것 중 하나는 강력한 군사적 배경이라는 틀 속에서 페리의 외교에는 유연성이 결여되어 있다는 점이며, 다른 한편으로 매우 낮은 평가밖에 받아 오지 못한 막부 관리들이 완전한 군사적 열세 속에서 솔직하고도 능수능란한 외교를 했다는 점이다.

미일화친조약 체결

미일화친조약 전 12조는 1854(가에이 7)년 2월 10일부터 3월 3일까지 20여 일간 막부의 전권 사절과 페리 사이에 4번의 정식 회담을 거쳐서 체결되었다. 조약 교섭에 들어가면서 군사적인 긴장감도 순식간에 완화되었다. 식량, 물, 연료, 석탄 및 기타 부족한 물품의 공급, 표류민의 구조와 보호, 시모다(下田)·하코다테(箱館) 항의 개항, 영사 주재, 편무적 최혜국 대우 등을 결정했다. 부족한 물품의 공급과 표류민 구조 및 보호, 개항은 막부 전권도 인정한 것처럼 보편적인 도리와 관계된 조항이었다.

문제점의 하나는 영사 주재에 관한 조항이었다. 서양에서는 조문의 문언(文言) 그 자체가 현실적인 효력을 엄격하게 규정하기 때문에 정본은 하나의 언어로 작성된다. 그런데 정본이 일문과 영문으로 2통이 작성되고, 게다가 일문과 영문에는 차이가 있었다. 조약의 제11조,

영사 주재에 관한 조항이 일문에 미일 양국이 인정하면 영사를 둘 수가 있다고 되어 있다. 반면 영문에는 어느 한쪽이라도 인정하면 영사를 둘 수가 있다고 되어 있다. 일본은 영문과 일문의 차이를 교섭 당시에는 몰랐던 것이다. 결국, 일본은 영사 주재를 인정하지 않을 수 없게 되었다.

제9조의 편무적 최혜국 대우는 페리가 '가장 중요한 조항'이라고 평가한 조항이다. 서양에서는 쌍무적인 최혜국조약이 일반적인 것을 일본은 몰랐다고 생각한다. 명백한 불평등조약이었다.

조약에 이처럼 군사력에 의해 강요된 배경이 있다고 하더라도 교섭 현장에서 군사적인 압력은 완화되어 있었으며, 다음에 소개하는 예처럼 힘을 다하여 의논한 끝에 일본에 유리하게 합의한 조항이 있었다는 점도 중요한 사실이다.

교섭 범위에 대한 논쟁

화친조약 제5조는 미국인의 상륙을 인정하고 시모다에서 통행할 수 있는 '유보(遊步)' 범위를 '7리'로 규정하고 있다. 이 유보 범위를 두고 미국과 일본 사이에 논쟁이 벌어졌다. 페리는 처음에 10리를 요청했고 일본은 5, 6리를 주장했다. 결국, 하루 동안에 왕래할 수 있는 거리라는 관점에서 쌍방이 합의하여 7리로 결정했다. 10리이면 이즈반도(伊豆半島) 중간쯤인 이토(伊東)까지이며, 5, 6리이면 아마기고에(天城越え)까지이다. 에도 만에서 100킬로미터 이상 떨어진 시모다에서는 그 정도 차이는 대세에 영향이 없었지만 막부는 유보 범위를 한정하는 데 전력을 기울였다.

막부가 강력한 교섭자의 면모를 발휘한 한 가지 예가 하코다테에서의 유보 범위에 관한 것이다. 유보 범위는 5리로 결정되었다. 광대한 배후지를 가지고 있으며, 지브롤터로 비유되는 아름다운 항구 하코다테의 유보 범위가 시모다보다도 좁았던 것은 이유가 있었다.

페리는 하코다테의 광대함을 이유로 10리 또는 시모다와 마찬가지로 7리를 요구했다. 일본은 교섭에 응하지 않고 직전에 있었던 하코다테 항해에서 페리가 한 약속의 위반을 추궁했다. 시찰만 하겠다고 약속한 페리는 하코다테에 상륙하자 마쓰마에 번(松前藩)과 조약의 세칙에 관한 교섭을 하고, 게다가 요구에 응하지 않으면 항해경비 '1만 금(一萬金)'의 배상을 하야시 전권에 요구할 것이라는 등 협박했다(그림 1-3).

시모다에서의 응접은 그로부터 10일 후에 이루어졌다. 막부는 특급 우편(飛脚便)으로 일찍이 '하코다테 대화서(한문)'를 입수하여 페리의 약속 위반을 추궁했다. 페리는 관리가 도달하기까지 50일은 걸릴 것이라고 들었으므로 막부가 '대화서'를 사전에 입수한 것을 신용하지 않았고, 하야시 전권으로부터 특급 우편 시스템에 대해 설명을 들었다. 페리는 "곤란한 모습으로 탄식하며 웃지 않을 수 없는 모습이었다."라고 당시의 모습이 대화서에 기록되

▶그림 1-3. 하코다테 만의 페리함대. 앞에서부터 2척이 미국 소형선으로 안쪽의 2번째가 기함인 포하탄 호. 화가는 하이네이다(『페리 제독 일본 원정기』 삽화).

어 있다. 당황한 페리는 실수를 한문 통역으로 페리에게 고용된 중국인 라삼(羅森)의 오역 탓으로 돌리려고 했다고 일본 측 대화서와 미국인 중국어 통역 윌리엄스의 기록 『페리 일본 원정 수행기』의 양쪽에 기록되어 있다.

바로 이때 하야시 다이가쿠노카미는 "1리 정도로 좋다고 한다면 지금 즉시 결정할 수 있다."라고 제안했다. 이렇게 하여 하코다테의 유보 범위는 시모다보다도 좁은 5리로 결정되었다. 일본인 출입도 제한되고 있던 에조치(蝦夷地) 깊숙한 곳으로 서양인의 침입은 저지되었다. 페리 측이 완전히 당당하다 또는 근엄하다고 표현한 하야시는 실은 만만찮은 교섭자였다.

외국인의 국내 통행권은 문명국끼리라면 원칙적으로는 자유 통행이다. 그러나 막부는 외국인의 자유 통행을 인정하지 않을 것, 그리고 통행 범위를 좁힐 것에 전력을 기울였다. 이것은 나중에 통상조약에서 거류지 무역의 규칙과 외국인의 유보 범위 한정과 어우러져서 외국 상인의 국내시장 진출을 저지하고 일본 국내시장을 방어하는 중요한 사항으로 전개되었다. 서양에서는 서양인의 당연한 권리를 일본이 제한한 것이었다. 미일화친조약은 이렇게 하여 한 달 남짓한 동안 교섭을 거쳐 논의를 다하여 체결되었다. 일본으로서는 어쩔 수 없이 체결한 조약이지만, 강요되었다고 하는 측면만으로 낮게 평가하는 것은 일면적이다.

러시아의 내항

　1853년 7월에 전달된 네덜란드 별단풍설서는 페리 내항과 동시에 러시아가 동해로 나갈 준비를 했다고 알렸다. 러시아는 페리의 일본 원정을 알고 준비에 들어갔다. 일본을 둘러싸고 서양 열강의 대립과 협조의 시대가 시작된 것이다. 푸탸틴(1804~1883)은 페리가 우라가에 내항한 1개월 반 후인 늦은 7월 중순에 발라드 호 이하 4척으로 나가사키에 들어왔다. 러시아와의 교섭에는 경험이 풍부한 2명의 막신(幕臣), 쓰쓰이 마사노리(筒井政憲)와 가와지 도시아키라(川路聖謨)가 러시아 응접 담당자로서 담당했다(그림 1-4).

　러시아 재상 네셀로데의 서한은 당시에 세계가 여러 가지로 변화했다고 지적하고, 미국 대통령의 서한과 마찬가지로 19세기 세계의 대변동을 전달하고, 양국의 경계지를 분명히 하고자 한다고 국경 교섭과 통상을 요구했다. 한편으로, 네셀로데는 일본의 국법을 준수하겠다고 언명했고 푸탸틴도 그것에 따랐다. 이 때문에 가와지 등은 러시아를 온건한 나라라고 평가하여 국토를 접하는 인접국으로 자리매김하고, 우호 외교 수법으로 막부 수뇌의 지시대로 교섭 지연을 꾀했다.

　일본의 북방 가라후토(樺太, 사할린)와 지시마(千島, 지시마 열도)의 국경은 확정되어 있지 않았다. 국경 교

▶그림 1-4. 1853년 12월 21일, 러시아와 일본의 최초 회견. 위쪽에서 오른쪽이 푸탸틴 사절. 대면하는 왼쪽 위에서부터 쓰쓰이 마사노리, 가와지 도시아키라. 위쪽 두 사람의 오른쪽이 나가사키부교 미즈노 다다노리(「長崎西役所露国使節応接之絵図」, '대화' 그림. 『대일본고문서 막말외국관계문서 3』).

섭이 다른 열강에는 없는 제1의 교섭 의제였다. 예를 들면, 이투루프 아이누가 일본 소속이므로 이투루프 섬은 일본령이라는 가와지 도시 아키라의 주장에 대해서 푸탸틴은 이투루프 북부 아이누의 러시아 지배를 주장했다. 러시아는 이투루프 섬의 절반(折半)과 가라후토 섬 영유를, 일본은 가라후토 섬의 남북 분할과 지시마 전체 영유를 주장하여 서로 양보하지 않았다.

북방 선주 소수민족·아이누 민족

홋카이도와 거의 같은 면적의 광대한 사할린 섬 전역은 북쪽으로부터 니브히족, 윌타족, 사할린 아이누 민족의 생활 영역이었다. 장대한 지시마 열도 전역도 북지시마 아이누와 남지시마 아이누의 생활 영역이었다. 이들 북방 소수민족은 오호츠크 해와 동해가 둘러싸고 있는 자원에 의해 수렵, 고기잡이, 채집, 유목, 교역을 영위하며 집거(集住)를 피해 산거(散居)를 했고, 물고기 등을 필요 이상으로 포획하지 않는다는 불문율이 있었다.

이 지역으로 러시아가 남하한 것은 18세기 초엽이었다. 처음 지시마 열도 북단부의 슘슈 섬에서, 18세기 후반부에는 우루프 섬에서 북지시마 아이누와 남지시마 아이누가 러시아와 격렬하게 전투를 벌여 우루프 섬에서는 러시아가 철수했다. 이렇게 하여 1799(간세이 11)년에 러시아는 러미회사를 설립, 북지시마 열도, 알류샨 열도, 알래스카로의 이민을 권장하여 여러 소수민족에 대해서는 병합정책으로 전환했다.

막부는 가라후토 남단과 지시마 열도 남부의 이투루프 섬에 일본인 경영의 어장을 열었고, 1789(간세이 원)년에 홋카이도 동부에서 아이누 민족과 일본인 사이에 구나시리·메나시 전투가 일어났다. 1899년, 러시아가 러미회사를 설립한 시기와 같은 해에 동에조치를 임시 직할로 삼고, 마침내 에조치 전역을 직할로 지배하여 아이누 민족에 대한 일본화 정책을 시작하지만, 아이누 민족의 저항으로 진전되지 않았다.

오호츠크 해를 둘러싼 일대는 청어, 연어, 송어, 사슴, 곰, 미역이 풍부하게 잡혔다. 일본인의 침출(浸出)이 진행되기는 했으나, 여전히 연안부의 어업에 머물고 있었다. 아이누 민족은 마쓰마에 번과 막부, 일본인에 의해 강력한 압박을 받고 있었는데, 내륙부 수렵과 하천 어업은 아이누 민족의 영역이었으며, 해안부에서도 자급자족 생활을 위하여 어업을 유지하고 있었다. 이렇게 하여 막부가 인정한 '아이누에 관한 것은 아이누의 의향에 따라서'라는 원칙은 살아 있었다.

일본인이 사할린 섬을 유라시아 대륙의 반도가 아니라 섬이라는 것을 확인한 것도 19세기 초였으며, 서양인이 이러한 사실을 알게 된 것은 겨우 19세기 후반에 들어설 무렵이었다. 동쪽과 서쪽, 북쪽으로 구분되어 있던 에조치, 아이누모시리는 아이누말로 '인간의 조용한 대지'인 채로였다.

위와 같이 러일 양국은 국경교섭에서 선주 소수민족의 소속을 다투기 시작했다. 그리하여 선주 소수민족인 아이누 민족의 고유한 생활 영역과 독자적인 문화를 무시한 것이다.

'국가의 손실'

    통상을 둘러싼 교섭을 '대화서' 등에서 살펴보기로 한다. 푸탸틴은 통상이란 국가를 부유하게 하는 것이지 국가를 해롭게 하는 일은 아니라고 주장했다. 한편, 가와지는 우리 측에서 한 가지 질문하고 싶은 것이 있다며 서양과의 차이를 지적했다. "일본은 다른 나라로 갈 수가 없다. 그 때문에 이국 통상(무역)은 국가의 손실이 된다."라고 반론했다. 그러자 푸탸틴은 교역이란 그 나라의 싼 물건을 다른 나라에 팔고, 다른 나라의 싼 물건을 가지고 와서 비싸게 파는 것이므로 이익이 적지 않다고 주장했다. 그리고 캄차카에 생선은 풍부하지만 소금이 부족하다는 예를 들었다.

    가와지는 푸탸틴의 설명에는 도리가 있다고 인정하면서 "그러나 한 가지 더 할 이야기가 있다."며 전날 가와지에게 증정된 값비싼 물

▶그림 1-5. 일기에 스케치된 탁상 천문시계(「가와지 도시아키라 자필의 나가사키 일기」, 1853년 12월 21일조, 「대일본고문서 막말외국관계문서부록 1」).

건은 가와지가 좋아하는 물건으로, 이것을 사들이기 위해서는 지금 입고 있는 추위를 막을 수 있는 의복과 바꾸어야 할지도 모른다며 반론했다. 그때가 음력 12월로 가와지에게 증정된 물건은 멋진 탁상 천문시계와 과자가 들어있는 황색 유리병 등이었다(그림 1-5). 게다가 푸탸틴은 러시아제 튼튼한 유리병과 일본의 찢어지기 쉬운 종이의 교환을 예로 들면서 압박했지만 가와지는 "그것도 일리가 있다고 할까."라고 말했을 뿐 받아들이지 않았다.

푸탸틴의 비서로서 동석하고 있던 문호(文豪) 곤차로프의 『일본 도항기』에 따르면, 활달하고 밝은 가와지는 멋진 증정품을 예로 들면서 일본인은 무엇이든지 전부 넘겨주고 벌거숭이가 될 것이라며 러시아 측 전원에게 웃음을 자아내고 자신도 웃으면서 교섭을 중단하고 귀족답게 유연하게 자리에서 일어났다.

인상 깊은 장면이지만 가와지의 응답은 확실한 도리를 말하고 있었던 것이다. 무역이 국가를 부유하게 한다는 설에 가와지는 동의하지 않았다. 한편, 값싼 것을 교환하는 것이 이익이 된다는 설에는 '도리'라고 찬성의 뜻을 표시한다. 이것은 푸탸틴이 말한 대로이다. 그러나 무역이 국가를 부유하게 한다는 설은 국가 간의 경제력 격차가 클 경우, 준비하지 않고 무역 관계에 들어가면 후발국의 재래 산업은 심각한 타격을 받게 된다는 것으로, 그것은 곧 '통상은 국가의 손실'이 되는 것이다. 그것은 무역 주도권의 유무와 경제 발전 격차에 의한 것으로, 그 점에서 일본 해운력이 뒤처져 있는 점과 값비싼 물건, 공업 제품을 서양이 제조하고 있는 점은 가와지가 지적하고 있는 그대로이다. 그것에 머물지 않고 러시아와 미국이야말로 당시 세계 공장, 영국의 자유무역론에 대해 발전하고 있는 자국 산업을 육성하기 위하여 보호무역론으로 대항하고 있었던 것이며, 통상이 나라를 해롭게 한다는 것은 사실 충분히 알고 있었을 것이다.

러일 외교는 영토 문제를 포함한 험준하고도 장기간에 걸친 교섭이 되었다. 일본 대표인 쓰쓰이 마사노리와 가와지 도시아키라는 모두가 개명적이고 유능한 관리(能吏)였다. 나이가 있고 경험이 많은 쓰쓰이는 덴포개혁 시 마치부교(町奉行)를 역임하고 정쟁의 수라장을 뚫고 나온 인물로, 페리가 내항했을 때에 구리하마에서 서양식 총진(銃

陣)을 지도하고 있었던 시모소네 긴자부로의 친아버지이다. 가와지도 최하급 무사에서 등용되어 막부의 간조가타(勘定方)로 민정과 재무, 사법의 현장을 누비며 간조부교(勘定奉行)로까지 승진한 인물이며 노련하다고 알려져 있었다. 가와지는 푸탸틴의 불굴의 정신에 경복(敬服)했지만, 러시아 측도 가와지의 됨됨이를 평가했다. 곤차로프는 "가와지는 매우 총명했다. 그는 우리에게 반박하는 교묘하고도 지성이 번득이는 변론을 하였지만, 그럼에도 그를 존경하지 않을 수 없었다. 그의 일언일구(一言一句), 게다가 행동거지가 모두 양식과 기지, 형안(炯眼)과 숙련됨을 나타내고 있었다."라고 기록하고 있다.

단, 가와지의 노련함이 항상 성공한 것은 아니었다. 가와지는 이웃 나라 러시아에 대한 우호론을 자주 언급하며 사절의 체면을 세워주면서 지연 작전을 구사하여, "만약 통상 및 기타를 다른 나라에 허용할 때에는 이웃 나라 러시아에도 허용한다."라고 몇 번이나 되풀이했다. 푸탸틴은 기회를 노려 서면으로 약속해주기를 요구했다. 가와지는 서명하지는 않았으나 각서를 건네주어야 하는 궁지에 몰려, 사실상 러시아에 편무적 최혜국 대우를 허용하고 그 후에도 각서의 취지를 어기지 않았다. 게다가 이것은 미일화친조약 체결보다 2개월이나 빠른 체결이었다.

교섭이 진행되는 중인 1854년 2월, 크리미아전쟁에 영국과 프랑스가 참전했다. 양 적국을 피하여 푸탸틴은 연해주의 임페라토르 만으로 돌아가 교섭은 단속적으로 계속되었다.

사략선(私掠船)

극동의 북방 수역에서는 윤7월에 영불연합함대가 캄차카 반도 동쪽 해안의 페트로파블롭스크에 있는 러시아군 기지를 공격하고 1,000명 정도가 상륙했다. 페트로파블롭스크에는 러시아 태평양함대의 본거지가 있었다. 그 이틀 후에 영국 해군 사령관 스털링 제독이 나가사키에 내항했다. 스털링은 막부에 서한을 보내고 러시아함대를 괴멸시키기 위해 군함의 일본 기항을 요구했다.

당시 해전에서는 전함끼리 해전이 벌어졌지만, 그것과 마찬가지로 적국의 상선 포획도 중요시되었다. 전함에 의한 적국의 상선 포획은 오늘날의 전쟁에서도 '해상 포획'이라 불리며 시행되고 있다. 게다가 당시는 사략선(私掠船)이라고 불리는 '포획 증서'가 수여된 경무장을 한 상선들도 포획을 수행했다. 또한 '포획 증서'가 수여된 제3국의 경무장 상선이 포획을 수행해도 괜찮았다. 게다가 포획품 모두를 해병과 선원들이 전부 나누어 가졌다. 이처럼 19세기 중반까지의 서양의 해전은 해적과 마찬가지로 야만적인 전투였다.

해적과 마찬가지인 사략선으로부터 자국 상선을 보호하는 것은 대영제국의 해군으로서도 매우 부담되는 일이었다. 이 때문에 크리미아전쟁에서 영불 양국은 중립국에 대한 포고를 발포하고, 양국이 사략선을 그만둔다고 선언했다. 영불의 사략선 폐지 포고는 크리미아전쟁 후 파리회의에서 인정되어 해전의 문명화를 이끌었던 것이다. 이 포고는 에도에도 보내졌다. 단 러시아는 그와 같은 선언을 하지 않았기 때문에 러시아에 의한 사략선의 위험은 계속되었다. 물론 군함에 의한 포획은 이전과 변함없이 계속되고 있었다.

영국은 중국 무역에서 아편 밀매 등으로 엄청난 이득을 얻고 있었다. 이 상선단을 러시아 측의 해상 포획으로부터 지키기 위하여 영국함대는 북방 수역 주변에 전개하는 러시아 태평양함대를 섬멸할 필요가 있었다. 영국함대는 러시아 군함과 싸우기 위하여 중국 각지의 항구에서 일본 북방 수역으로 전개했고, 중립국과 같은 위치에 있었던 일본으로의 기항을 요구했다. 전시 국제법은 교전국의 군함이 중립국에 기항하는 것에 많은 제한을 두었지만 인정하고 있었다.

크리미아전쟁과 일본

당시 세계 최강국은 빅토리아 여왕 시대 중기로 최전성기를 맞이한 대영제국이었다. 네덜란드로부터 침략적 성격에 대해 충고받던 그 영국함대의 내항이다. 막부의 가장 중요한 외교였다. 이 영국 외교를 담당한 나가사키부교(長崎奉行) 미즈노 다다노리(水野忠德)는 막부 신하 중 뛰어난 인재로 '신중(愼重)한 사람'이라는 정평이 나 있었다.

스털링 제독의 서한은 러시아와 싸우기 위해 일본에 입항을 요구한다고 명언이 되어 있다. 이미 영국 외교사가 등이 지적하는 것처럼 이 서한의 네덜란드어에서 일본어로의 중역은 서한 후반부의 일본에 입항을 요구하는 부분으로, 중립국으로의 일시적인 기항을 요구하는 본래 취지가 명쾌하지 않았다. 다시 말하면, 일본어 번역문에서는 '이번에 크리미아전쟁에서 러시아와 싸우기 때문에 영국 해군이 기항하는 것은 허용하기를 바라며 전쟁을 위하여 일시적이 아니라, 일반적인 개항을 요구했다'고도 읽을 수 있게 번역되어 있었다. 영국과 일본의 외교 역사가는 이 오역을 받은 미즈노가 도를 넘어 필요하지도 않은 일반 조약을 체결하고 말았다고 혹평하고 있다. 그러나 이것은 막부 외교가 졸렬하다고 하는 속설에 좌지우지된 잘못된 견해이다.

스털링 서한을 받은 나가사키부교 미즈노의 대응은 신중한 숙려를 거친 것이었다. 미즈노는 즉시 막부 로주에게 '품의서'를 보내어 의견을 상세하게 보고했다. 페리가 내항했을 때에도 우라가부교가 '품의서'로 의견을 상세하게 보고했는데, 그것이 당시 막부 정치의 통례였다. 현장 담당 관리의 의견은 막부 정치에서는 충분히 존중되어야 하는 것이었다. 막부의 이러한 통합 시스템이 최근에 재평가되고 있다.

미즈노는 네덜란드 별단풍설서에 의해 크리미아전쟁이 일어나고 있는 것을 확인한 다음, 러시아와 일본이 이미 우호적인 '간절한 응접'을 하고 있기 때문에 러시아의 적국인 영국을 가까이하면 러시아에 대한 신의를 저버리게 되어 가능하다면 거부하고 싶지만, 지금의 시세로는 어느 나라라도 원하는 취지를 강력하게 거절하기는 어렵다고 판단했다. 나아가, 러시아와 싸우기 위하여 영국 군함이 일본 근해를 왕래하는 일은 있을 수 있지만, 그 때문에 곳곳에 부정기적으로 마음대로 기항을 일본에 요구하는 것은 의심스러운 일이며, 재차 서한의 문의(文意)가 불분명한 점을 질문하여 확인했다. 그리고 입항의 청원이 틀림없다면, 하코다테는 미국에도 허가하고 있기 때문에 나가사키와 두 개의 항구를 허용하여 담판을 짓고 로주에게 명령이 내려오기 전까지 취급은 모두 러시아 내항 시의 선례에 따른다는 것이 미즈노의 의견이었다. 러시아와의 관계와 일본의 국력 등을 배려한 신중한 외교 의견의 상신이었다.

로주의 명령은 더욱더 신중했다. 러시아뿐만 아니라, 외국의 전쟁을 위하여 주장하는 것을 인정한다면, 원한도 없는 나라에서 신의를 잃기 때문에 원한을 산게 된다는 것을 충분히 설명하고 일반적인 연료, 물, 식량의 제공과 선박 수리를 위해서라면 나가사키와 하코다테로 입항을 허용한다. 어쩔 수 없는 경우라면 시모다도 허용해도 좋다. 전쟁을 위해서라는 서면(書面)은 서면을 교체하던지, 정정해서 제출하도록 하고 영문 원문은 반환하라는 명령이었다.

부속 문서에는 이전부터 조잡하고 거칠다고 소문난 영국에 관한 일임으로 평정소(評定所)에서 통상 로주, 와카도시요리(若年寄), 3부교 이외에 외국과 관련되는 우라가부교, 하야시 다이가쿠노가미(林大学頭), 오메쓰케(大目付), 해방담당자(海防掛), 시모다부교, 메쓰케(目付)를 포함하여 '재차 심사숙고하여 논의' 했다고 특별히 기록되어 있다. 에도성 평정소에서 막부 요인과 관계 관리가 회의한 다음 결정하는 구조는 앞에 소개한 페리가 내항했을 때와 같았다.

이러한 신중한 외교의 기본이 되어 있는 것은 "지금의 시세로는 어느 나라라도 원하는 취지를 강력하게 거절하기는 어렵다."라고 하는 국제 정세에 대한 의견이었다. 크리미아전쟁이라는 유럽 열강들이 전쟁하는 이러한 시기에 일본은 어느 열강의 개항 요구도 거절할 수 없다는 판단이다.

미즈노는 스털링과의 응접에서 "서한의 의미, 대략적인 것은 알겠지만 그래도 만나서 상세하게 듣고 싶다."라고 말하고, '뜻이 서로 어긋나는 부분' 에 대해서 교섭을 반복했다. 영일협약에서는 나가사키와 하코다테 항구를 개항하는 것으로 협약이 체결되었다. 크리미아전쟁 중에 막부는 위와 같이 원한도 없는 나라에 신의를 잃어버리는 일을 회피하고자 했던 것이며, 이는 서양 열강에 대한 의도된 등거리 외교였다고 할 수 있을 것이다. 열강들이 대전쟁을 치르는 정세 속에서 일본은 외교라는 시스템에 적극적인 의미를 가지기 시작했다.

러일화친조약

연해주에 있던 푸탸틴은 영일협약 체결 후인 1854년 9월에 오사카로 내항, 시모다로 돌아가서 일본 전권과 나가사키 이래로 중단되었던 조약 교섭을 추진했다. 12월 중순에 가와지는 시모다에 정박해있던 미국 배로부터 영불과 러시아의 대전투에서 러시아가 대승했다는 페트로파블롭스크의 전투에 관한 정보를 입수한다. 가와지는 "푸탸틴이 속으로 두려워할 만하다."라고 말하고, 러시아의 외교는 "시계나 기타 물품의 정교함과 마찬가지로 우리 측의 정교함으로는 좀처럼 따라갈 수가 없다", "일본은 도무지 미치지 못한다", "장래가 매우 우려된다"며 충격을 나타냈다.

그날의 교섭으로 쓰쓰이 등은 조약을 정리하고 싶다며 타결을 요청했다. 국경 문제는 지시마 열도의 경계를 이투루프와 우루프로 하고 사할린 섬(가라후토)은 경계를 '나누지 않기'로 합의했다. 사할린은 '나누지 않는다'라고 하면 후에 현상 변경이 있을 수 있는 잡거(雜居)이므로 국력이 약한 일본에 불리하다고 판단하여 '나누기 어렵다'며 현상 유지적인 잡거로 할 것, 혹은 사할린 아이누의 생활 범위를 일본령으로 할 것을 요구하였지만, 러시아가 거부했다. 한편, 러시아도 영국과 대결하기 위해서 일본과의 통상 관계를 간절히 바라고 있어 영토 문제에서 양보를 암시하기도 했지만, 합의를 보지 못했다. 일본은 미국에 양보한 정도는 인정하자는 선에서 방어했던 것이다. 나가사키, 시모다, 하코다테 등 3개 항을 개항하고 영사재판권이 쌍무적이라는 점 등의 차이는 있었지만 거의 미일화친조약에 따라 러일화친조약 9개 조항이 12월 하순에 체결되었다.

그리고 나서 2개월 후인 1855(안세이 2)년 2월 하순에 막부는 에조치 전도의 직할을 결정한다. 에조치의 직할은 1799년에도 한 번 시행한 적이 있기 때문에 제2차 에조치 직할이라고 불린다. 러시아 및 열강의 침출(侵出)에 대한 방지책을 세운 것이다. 막부는 영토 교섭에서 이용한 아이누 민족에 대하여 일본화 정책을 추진하게 된다. 단 막부의 정책은 아이누 민족의 저항이 강력하여 일부를 제외하고는 거의 진척되지 않았다.

등거리 외교

1855년 봄, 북극해가 해빙기를 맞이하자 전년도 여름에 페트로파블롭스크 전투에서 패배한 영불함대가 중국 각지의 항구에서 차례로 북상하기 시작했다. 엔카운터, 바라쿠타, 시빌, 호네트, 비탄, 스파르탄, 콘스탄틴 등의 거함이 오호츠크 해, 캄차카 반도, 지시마 열도 방면, 사할린 섬, 아무르 강 연안 방면으로 러시아 군함을 격멸하기 위해서 순항했다. 영불함대는 북방 수역의 거점이 되는 하코다테 항으로 빈번하게 입항을 반복하여 사실상 군사기지로 삼았지만, 교전국에 의한 사실상의 군사기지화는 근대국제법의 전시 중립법에 위반되는 작전이었다.

이해 3월 하순, 나가사키의 네덜란드 상관장 크루티우스로부터 이례적인 '비상풍설(非常風說)'이 전달되었다. 프랑스 대형군함 콘스탄틴으로부터 크루티우스가 입수한 크리미아전쟁의 급보였다. 11개월여에 걸친 세바스토폴 공방전 개시, 세바스토폴 요새의 69만 5,000명의 러시아군이 대포 3,000대를 갖추고 60만 발, 300만 파운드의 화약을 소비하고 2만 명의 사상자를 내는 등 처참한 대전쟁에 관한 상세한 정보였다. 기록되어 있는 수치는 정확했다. 이 '비상풍설'에서는 프랑스 해군 자체 정보로 페트로파블롭스크 전투에서 러시아 대군 때문에 영불이 퇴각한 사실도 정확하게 보도되고 있었다.

나가사키부교가 나가사키에 입항하고 있던 콘스탄틴 호의 프랑스 인도차이나함대사령관 모라벨에게 조약 체결 담판을 제안한 것은 4월 중순이었다. 모라벨은 왕명을 받지 않았다면서 거부했다. 모라벨과는 하코다테와 나가사키, 이 두 항구에 입항할 수 있는 것으로 당면의 합의는 보고 있기 때문에 나가사키부교는 굳이 왕명을 받고 있지 않은 상태에서의 조약 체결을 요구하였지만, 모라벨은 이것도 거절했다. 나가사키부교는 조약 초안을 보이면서 3번이나 요구하였지만, 역시 거부되었다. 나가사키부교가 초안은 영국의 예에 따라 작성한 것이라고 분명히 밝혔듯이, 일본의 초안은 작년 여름에 체결된 영일화친조약과 같은 내용으로 영일조약에 따라 조약을 체결할 것을 일본이 강력하게 요구했다. 이렇게 하여 1855(안세이 2)년 4월에는 막부에 화친조약의 의미가 명백히 변화되어 있었다.

지난해인 1854년 10월, 일본 영역에서 러시아와 영국 사이에 전투가 시작되면 어떻게 대처할 것인가 하는 로주의 자문에 러시아 응접

담당인 쓰쓰이와 가와지는 무력 다툼은 할 수 없으므로 러시아, 영국이 내해로 들어와서 전쟁이 발발되면 그것을 방지할 수단은 없다고 막부에 분명히 밝히고, 그들이 하는 대로 내버려 둘 수밖에 없다고 상신했다. 이것도 막부가 자신을 약국(弱國)으로 인정한 말로 평가할 수 있을 것이다.

1855년 봄, 사할린 섬 맞은 편 해안인 데카스트리 만(灣)에서 영국 해군에 포위된 러시아함대는 영불에는 알려지지 않은 마미야(間宮) 해협을 따라서 북쪽으로 탈출했다. 스털링은 작전이 졸렬했다는 본국 여론의 뭇매를 맞고 다음 해에 해임되었다. 크리미아전쟁에서 동유럽의 러시아군은 패배하였지만, 러시아 태평양함대는 격침되지 않았다. 크리미아전쟁 패배 후 흑해로의 출구를 봉쇄당한 러시아는 태평양 방면으로의 진출에 다시 힘을 쏟았다. 이렇게 하여 크리미아전쟁 후에도 오호츠크 해의 러시아와 동중국해의 영불은 서로 버티며 대항하는 상황이었다.

지리적 조건

막부는 어느 열강과도 일반적인 조약을 체결하여 전쟁에 휩쓸려 들어가는 것을 피하고 등거리 외교를 추구하는 노선을 취했다. 이 정책은 19세기 중엽의 외교 선택으로서 큰 의미가 있다. 19세기 전반에 유럽에서 독립을 쟁취한 그리스와 벨기에를 보더라도 알 수 있듯이, 영국, 프랑스, 러시아라고 하는 열강의 세력 균형이 소국 일본의 독립을 위해서는 필요했다.

일본에 대한 열강의 압력은 중국보다는 꽤 약했다. 중국은 일본의 약 10배인 인구와 20배가 넘는 국토를 가지고 있었다. 열강의 관심은 일본보다 시장으로서의 경제적 가치가 훨씬 큰 중국에 집중되어 있었다. 게다가 열강의 경제 진출에 대한 중국 재래 산업의 저항은 강력했고 대영제국 제1의 상품인 목면의 판매조차 성공할 수 없었다. 그리하여 영국은 거액의 무역 적자가 누적되었기 때문에 아편전쟁을 시작하게 되었다.

한편, 해양 국가인 일본은 극동의 동쪽 끝에 자리 잡고 있는 열도이며, 멀리 떨어져 있는 데다가 작아서 열강이 시장으로 기대하고 있지 않았다. 거대한 경제 시장인 중국(대륙 국가)의 동쪽에 있는 긴 활같이 생긴 열도라는 지형적 조건과 더불어 이 활같이 생긴 열도가 오호츠크 해 쪽의 러시아, 동중국해 쪽의 영국·프랑스, 태평양 쪽의 미국 등 각각의 교두보 위치에 해당하여, 그 때문에 일본은 열강의 세력 균형이라고 하는 지형상의 고유 조건을 갖추고 있었다.

3. 두 가지의 개국론

개명파의 등장

페리가 내항한 1853(가에이 6)년에는 이즈(伊豆) 니라야마(韮山)의 대관(代官)인 양학자 에가와 다로자에몬(江川太郎左衛門)의 지휘하에 에도 만 앞바다에 7개의 포대가 축조되기 시작하여 다음 해인 1854년에 그 중 5개가 완성되었다. 75만 냥의 축조비가 투입되어 서양식을 채택한 리니식, 오각형으로 한 개에 대포 20, 30문이 갖추어져 있는 소형 요새의 규모였다.

1855(안세이 2)년에는 나가사키에 해군전습소가 개설되었다. 네덜란드 해군 사관이 지휘를 담당하고 전습생으로는 막신(幕臣)뿐만 아니라 여러 번, 특히 서남 유력 번들의 무사가 많이 참가했다. 막부의 신하로는 가쓰 가이슈(勝海舟)와 나카지마 사부로스케가 참가했다. 다음 해인 1856년 양학연구소에 해당하는 번서조소(蕃書調所)도 개설되어 나중에 개성소(開成所)로 개명되었다. 번서조소는 서양 서적을 번

역하여 출판하는 곳이었는데, 특히 중국에서 수입한 한역(漢譯) 서적의 출판 간행은 눈부실 정도였다. 『해국도지(海國圖志)』와 『만국공법(萬國公法)』, 『연방지략(聯邦志略, 미합중국 지리서)』 등 막말 일본에 큰 영향을 끼친 중국의 한역본(漢譯本)도 출판, 간행되었다.

1855년, 개명적인 로주였던 아베 마사히로(阿部正弘)에 이어 서양 마니아(蘭癖)로 평가될 만큼 난학에 경도되어 있었던 홋타 마사요시(堀田正睦)가 로주 수좌(老中首座)에 취임했다. 무역을 허용해야 하는 사태에 대비한 것이었다.

페리 내항 전부터 이미 시작되고 있었던 사가번의 대포 제조소와 사쓰마 번 집성관의 서양식 군사공장, 방직공장, 유리공장, 앞서 소개한 에가와대관에 의해 개설된 니라야마의 반사로(일종의 정연로[精鍊爐]) 등, 각지의 서양 군사, 민수(民需) 기술의 도입 움직임, 나아가 뒤에 서술하는 에도시대 후기부터 활발해진 여러 번에서의 국산방(國産方)과 산물방(産物方) 등 번 경영의 무역을 예로 들 수가 있는데, 그러한 기반 위에서 개국과 무역으로의 움직임이 등장하게 된다.

1856년 막부는 "무역이 부국강병의 기본인가."라고 자문하게 된다. 러일 외교의 전권인 쓰쓰이 마사노리가 자유무역을 수용하는 선구적인 헌책(獻策)을 하는 것이 같은 해 후반기이다. 이미 이 무렵에는 사쓰마 번의 시마즈 나리아키라(島津齊彬)도 명백히 적극적

▶그림 1-6. 『해국도지』의 표지와 미국편의 서두 부분. 임칙서가 의뢰, 위원(魏源)이 편찬. 60권본은 1847년에 간행. 막부도 60권의 번각본(翻刻本)을 내고 있다.

개국론으로 바뀌어 있었다. 마침내 막부의 메쓰케(감찰관)로 우수한 관료인 이와세 다다나리 등이 민간무역에 의한 부국론, 즉 적극적 개국론을 주장하게 된다. 이에 비해 막부의 실무 관료 중심이 되어 있던 해방담당자(海防掛)인 간조부교(勘定奉行) 가와지 도시아키라 등은 '어쩔 수 없는 개국'이라며 당시 용어로 온건책, 즉 소극적 개국론을 주장했다.

막부가 외교방침을 결정하는 데에는 페리와 외교교섭 시 전권이었던 하야시 다이가쿠노카미가 페리 내항 전에 편찬을 마친 에도시대 대외관계에 관한 『통항일람』(345권), 그리고 네덜란드 별단풍설서와 번서조소가 수집하여 번각한 서양 서적, 그 후에 에도성에 집적된 '대화서' 등의 외교 문서가 중요했다. 예를 들면 전 60권이라는 많은 분량의 『해국도지』도 실제는 12부가 평정소 등에 비치되어 있었다고 한다.(그림 1-6) 이러한 정보들도 뒷받침된 개국책이 적극, 소극이라는 차이는 있어도 우세를 점하여 갔다.

해리스 내일(來日)

'오역(誤譯)'을 포함하여 영사 주재를 규정한 미일화친조약의 결정에 따라 해리스(1804~1878)가 1856(안세이 3)년 여름 미국 총영사로서 시모다에 착임했다. 해리스는 휴스캔을 동반했을 뿐이었지만 강경한 외교를 전개하여 가키자키 촌(柿崎村)의 교쿠센지(玉泉寺)에 영사기를 게양했다. 해리스의 일기 『일본체재기』에 '영사기(領事旗)를 게양한다—엄숙한 반성—변화의 전조—의심할 바 없이 새로운 시대가 시작된다. 굳이 묻겠다—일본의 진정한 행복이 될 것인가.'라고 의미심장한 '해리스의 반성'을 기록하고 있다. 이윽고 시모다부교 이노우에 기요나오(井上淸直) 등과 불평등한 편무적 영사재판권을 포함한 개항에 관한 세칙, 시모다조약을 체결한다.

해리스는 외교관의 에도 주재와 통상을 요구하기 위하여 일반적인 국제 관행이라며 쇼군과의 알현을 요구하고, 거절한다면 군함으로 에도에 직행하겠다고 다그쳤다. 시모다부교 이노우에 기요나오는 훗날 해리스로부터 외교 능력을 높이 평가받은 무사인데, 해리스의 국제 관행이라는 주장에 대해 일본에는 일본의 제도가 있다고 계속 주장했다. 해리스는 1857년 봄에 본격적으로 개전한 영불 연합군과 중국과의 애로호전쟁을 일본과의 교섭을 열려는 압력으로 이용했다. 그뿐만 아니라 그 후에 일어난 무굴 황제도 참가한 영국에 대한 인도의 대반란(세포이의 난)도, 반란 토벌이 끝나면 그 군사를 일본으로 돌린다며 압력으로 사용했다. 한편, 이노우에 기요나오는 그때마다 해리스로부터 영국의 병력, 사령관의 이름, 전황, 지리 등의 정보를 상세히 수집했다. 애로호전쟁과 인도의 대반란은 일본에 대한 압력이라는 측면이 있는 한편, 두 전쟁 모두 장기화되어 영국으로서는 무거운 족쇄가 되고 있었다.

막부는 애로호전쟁에서 아편전쟁으로 이어진 대국 중국의 거듭된 패배에 위기를 느낀 것은 사실이며, 막부는 에도에서의 쇼군 알현과 교섭을 '만국의 상례'로 인정하게 된다. 쇼군 이에사다(家定)와의 알현이 1857년 10월에 이루어졌다. 이어서 로주 수좌 홋타 마사요시 등 막부 수뇌와의 면담에서 해리스는 예고하고 있던 일본의 중대 사건에 대해 2시간에 걸친 대연설을 했다.

일본의 중대 사건

대연설의 구성은 '대화서' 기록에 따르면 다음과 같다.

"일본을 '친구'로 생각하고 있는 미국은 다른 곳에 영토를 획득하는 것을 금지하고 있으며, 전쟁으로 영토를 획득한 적이 없다. 19세기에 들어서자 서양은 여러 가지로 변화를 거듭했으며, 증기선이 등장하고 무역으로 번영하면서 서양 각국은 세계와 하나가 되었다. 해리스에게는 두 가지의 소원이 있으니, 외교관이 수도 에도에서 주재하는 것과 자유무역을 하는 것이었다."

이어서 일본의 위기에 대해서 말했다. 영국은 스털링이 체결한 영일협약이 불만이며, 영국의 위협이 다가오고 있다. 러시아는 사할린과 에조치에 대한 영토적 야심이 있다. 지금 애로호전쟁을 수행하고 있는 영국, 프랑스의 위협이 일본으로 다가오고 있으며, 아편무역을 하는 영국의 해악도 있다. 어느 전쟁에도 가담하지 않은 미국 대통령은 일본을 위해서 아편을 전쟁보다도 위험하게 생각한다며 영국의 위험과 미국의 우호, 평화를 강조했다.

"미국과의 조약이 있으면 걱정할 필요가 없으며, 무역은 이익을 얻을 것이라고 단언한다. 유럽 제국과 분쟁이 발생하면 미국 대통령이 중재를 선다. 게다가 군선, 증기선 기타 어떠한 무기류 또는 해군·육군의 사관·보병 수백 명이라도 막부가 요구한다면 제공할 것이다."라고 미국의 우호 외교 방침을 말했다. 그리고 마지막으로, 현재의 애로호전쟁이 끝나면 일본에 불만이 있는 영국군은 곧바로 일본으로 향할 것이며 통상조약을 재빨리 체결해야만 한다고 설득했다.

이러한 일본의 중대 사건에 관한 해리스의 주장은 '대화서'에 173개 조로 정리되어 로주로부터 평정소 일동 이하, 해방 담당관인 간조부교, 오메쓰케·메쓰케 등에게 논의를 한 다음 의견을 올리도록 명령받았다. 여기서 크게 나누면 두 개의 대립하는 의견이 제출되었다.

두 가지의 의견

앞서 소개한 적극적 개국론과 소극적 개국론이 그것이다. 적극적 개국론은 메쓰케인 이와세 다다나리 등으로부터 제출되었다. 가나가와·요코하마를 자진해서 개항하고 오사카에 있는 천하의 이권을 에도로 가져오는 '중흥일신의 사업'으로 막부의 부국강병을 이룩하자는 의견이었다. 서양의 신기한 발명품을 간단히 배울 수가 있다고도 기대했다. 이 참신한 개명론은 종래부터 주목을 받고 있었다.

이것에 대하여 가와지 등 간조부교들은 거절하면 전쟁의 발단이 되므로 현재의 형세를 보아서는 온건한 조치 외에는 없다고 하는 의견서를 제출했다. 네덜란드 별단풍설서와 번서조소에서 번각한 한역 서양 서적, 집적된 '대화서' 등을 근거로 하여 해리스의 대연설을 상세하게 점검한 것이다. 다른 곳에 영토를 획득하는 것은 금지한다며 미국은 비침략국이라고 해리스가 설명한 조항에 대해서는 네덜란드 별단풍설서로 검토하고, 멕시코전쟁에서 미국이 캘리포니아를 약취한 것, 그 후, 배상금 대신에 뉴멕시코를 빼앗았다고 하는 기사를 근거로 사실이 아닌 것을 지적했다.

해리스가 영국의 중국에 대한 아편 판매를 수 개조에 걸쳐 비판하고, 미국 대통령은 일본을 위해서 아편을 전쟁보다도 위험하게 생각한다는 미국우호론을 주장한 부분에 대해서도 간조부교는 북경에서 한역된 『해국도지』 기사 속에서 미국이 터키 아편 천여 상자를 매년 중국으로 반입하고 있다는 기사를 찾아내 해리스의 거짓말을 입증했다. 미국 상인이 광둥 하류에 있는 영정도(伶汀島)부근에서 무장한 거룻배에 터키 아편을 저장해두고 대규모로 밀매한 사실은 『해국도지』에 정확하게 기술되어 있다.

영사가 주둔하면 문제가 없다고 하는 해리스의 설명에도, 최근 7·80년 이래로 유럽은 편안할 날이 없었으며, 영사는 그다지 쓸모 있는 것이라고 듣지 못했다며 전란을 거듭하는 유럽 역사를 개관하면서 비판했다. 그 외에 해리스의 연설은 전체를 상세하게 검토하여 증거가 되는 '자료편'을 첨부하여 상신되었다. 간조부교는 작성한 장문의 발췌에 권수 등을 기재하고 있지는 않지만, 미국이 아편을 운반하고 있다는 기사 원문은 『해국도지』 120권본 제83권, '화사이언녹요(華事夷言錄要, 중국 관계에 관한 서양인 논설의 발췌라는 의미)'의 20단락째, 영국인 데이비스의 저서 『중국인』의 초록으로 간조부교의 발췌와 한 글자도 다르지 않음을 알 수가 있다.

한편, 메쓰케 등 막부의 부국강병을 추구하는 적극적 개국론의 문제점 중 하나는 해리스의 연설에 대해서 지나치게 협조적이라는 점이다. 미국 대통령이 일본을 위하여 깊이 걱정을 하고 있다는 해리스의 말을 "외국관계 일은 불편함이 없도록 취급하자고 말하고 있다. 하늘에 맹세하고 말하고 있기 때문에 거짓은 아닐 것이다. 가령 거짓일지라도 일본 쪽에서 의리를 가지고 접하면 지각이 있는 자들은……." 등과 같이 진술한다. 지나치게 낙관적인 서양관이 두드러지고 있다.

그런데 해리스의 『일본체재기』에는 해리스 자신의 요약이 기재되어 있다. 막부 측의 '대화서'와 정확히 부합하고 있는데, 다만 해리스는 미국평화론, 영국위협론을 요약에서는 모두 삭제했다. 서양의 상식에 반하는 설명으로 반미개국 일본용으로 사용한 교섭 테크닉에 지나지 않았던 것이다. 간조부교들의 미국평화론에 대한 비판적 점검이 정확했다.

중의(衆議)와 점진(漸進)

두 개의 의견은 외교뿐만 아니라 정치적으로도 대립했다. 적극적 개국파는 개국을 하는 것은 세계의 형세를 알 수 있는 사람들만 관계해야 한다며, '대화서'는 다이묘들에게는 보여주기만 하고 로주들이 결정할 것을 주장했다.

한편, 로주는 간조부교에게 해리스와 진위를 논쟁해야만 할 것인지 자문했다. 소극적 개국파인 간조부교는 연설의 거짓은 '알고 있으면서' 교섭에 임하면 된다며 어쩔 수 없이 해리스의 요구를 수용하는 것이므로 사전에 다이묘 전원의 의견을 청취하여 중의로 결정하도록 상신했다.

그 다음 날, 로주는 간조부교의 의견을 받아들여 다이묘들에게 '대화서'를 보여주고 자문하게 된다. 비상시이며, 중흥의 대업을 세우고 국위를 만회할 것, 그리고 '사람들의 합의'가 중요하며, 해리스의 요구는 가능한 한 물리친다고 설명하고 다이묘들의 의견을 자문했다. 대략적으로는 간조부교의 신중론을 수용하고, 그러면서도 적극적 개국론을 버리지 않았다.

　이렇게 하여 해리스와의 조약 교섭에는 적극적 개국론의 이와세 다다나리와 가와지 도시아키라의 친동생으로 중립파인 이노우에 기요나오 두 사람이 임하기로 결정되었다. 13회의 교섭으로 논의를 다하여 1857(안세이 5)년 12월, 미일수호통상조약 초안이 합의되었다. 자유무역, 가나가와·나가사키·하코다테·니가타·효고의 개항, 에도·오사카의 개시(開市), 미국인의 유보 범위** 한정, 협정 관세, 아편 수입 금지 등에 관한 합의였다.

　중요한 것은 편무적 최혜국 조항과 영사재판권이 포함된 점이다. 근대국가는 배타적인 법권·재판권을 가지며, 관세자주권을 가지는 것이 원칙인데, 통상조약에서 일본은 이 두 가지 권리를 빠뜨리고 있었다. 문자 그대로 불평등조약이었다. 그러나 일본에서는 외국 상인이 거류지 이외에서의 상행위(商行爲)를 금지한 것이 중요했다.

외국인 유보 범위 제한의 의의

　편무적 영사재판권의 문제도 사실은 외국인에게 막부의 사법을 적용하는 사태가 되면 일본 사법에 대한 서양제국의 간섭이 훨씬 더 격렬해 질 것이 쉽게 예상되었고, 게다가 막부도 이 조항을 바라고 있었으므로 주권 국가라는 척도만으로 해결될 수 없는 문제를 내포하고 있었다. 또한, 협정관세이기는 하였으나, 중국의 톈진조약에서는 수입

** 10리 이내, 한국의 100리. 이상 역자.

세가 종량세(원가의 5%), 이것에 비하여 미일조약은 대다수 상품에 종가세(원가의 20%)를 부과하여 물가의 등귀에 대응하는 세법이었으며, 게다가 세액이 무거웠던 점도 1866년 개세약서(改稅約書)까지 지속되었다. 일본에 유리한 점이었다. 종량세는 무게, 종가세는 가격에 관세가 부과되는데, 종량세는 무역 개시 후 발생하는 인플레이션에 대응할 수가 없었다. 종가세에 의한 고관세로 일본이 열세인 재래 산업은 어느 정도 보호를 받았던 것이다.

외국인 유보의 범위가 10리 이내로 한정된 것은 미일화친조약 때부터 계속된 외국인에 대한 제한이었다. 일본 전권이 재차 해리스를 질리게 할 정도로 완강하게 주장한 결과였다. 미일수호통상조약 전에 체결된 중국의 톈진조약에서 외국인의 국내 자유통상권이 인정된 것과는 크게 다른 일본에 유리한 점이며, 뒤에 언급하는 것처럼 무역 개시 초부터 일본의 국내시장을 지키는 중요한 역할을 다하게 된다. 대국적인 견지에서 보면 애초 무거웠던 관세, 그리고 유보 범위의 제한이라고 하는 조약에서 일본에 유리한 점은 일본이 국가 독립을 지키고 에도시대 후기에 시작되고 있었던 자립적인 자본주의의 형성을 지속하는 조건의 하나가 되었다.

제2장 존양(尊攘)・막부 토벌(討幕)의 시대

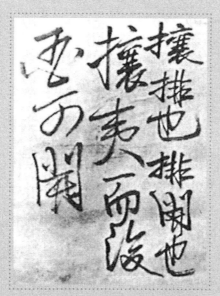

조슈 번의 지도자 스후 마사노스케(周布政之助)의 양
이사상. '양이를 한 다음은 국가, 열어야 한다'(스후의
글, 『스후마사노스케 전』(상) 도쿄대학출판회).

1. 부상하는 고메이 천황(孝明天皇)

다이묘와 조정에 조약 자문

미일수호통상조약 체결에 직면하여 막부는 앞 장에서 살펴보았듯이 다이묘에 대한 자문을 반복했다. 조약 체결이 어쩔 수 없다고 인정한 1857(안세이 4)년 11월 초순경, 교섭에 돌입하는 것을 결정한 같은 달 중순, 조약의 초안이 완성되는 12월 중순, 그리고 조약 내용이 확정되는 연말에는 쇼군의 임석 하에 로주 수좌인 홋타 마사요시가 등성한 다이묘들에게 그동안의 경과를 설명하고 의견을 구했다. 실로 네 번에 걸쳐 다이묘들에게 자문이 반복되었다. 간조부교는 다음과 같이 제안했다.

"수십 척의 군함이 내항했을 때 거절하면 전쟁으로 발전되어 만민의 생명과 연관된다. 전쟁을 피하고자 불리하지만 조약을 허용한다. 이전에 없었던 '제도의 변혁'이며, 사전에 다이묘에게 자문할 필요가 있다. 여러 사람의 마음을 일치시키기 위해서이다. 전쟁을 하자는 주장도 나오겠지만 '중의(衆意)'로 결정하는 것을 두려워하지는 않는다. 자문의 전후야말로 인심의 향배와 관련이 된다."

간조부교는 통상조약 체결이라고 하는 제도의 대변혁을 목전에 두고 '중심(衆心)일치', '열후, 제번에 이르기까지 인심의 합의'를 위하여 조정에도 자문을 요구했다. 그것을 위하여 홋타 로주 자신이 교토에 올라갔다.

덴포(天保)개혁에서 유력 번(雄藩) 연합으로

막부가 다이묘와의 협조를 중시하게 된 배경에는 일본 열도의 경제적 성숙이 있었다.

19세기에 접어들 무렵, 에도에서는 상품 경제가 진전하여 국내시장이 형성되기 시작했다. 그때까지의 에도, 오사카, 교토라는 삼도(三都)를 중심으로 하는 원격지 간의 시장에서 조카마치(城下町) 등 무수한 지방 도시를 핵으로 하는 세밀한 그물눈과 같은 시장으로 경제 구조가 진화하고 있었다.

다이묘도 시골 관리와 시골 대상인(大商人) 등을 조직하여 산물 교역을 전개했다. 오사카를 거치지 않고 에도로 직송한 히메지 번(姫路藩)의 목면 전매는 잘 알려진 사례이다. 사쓰마 번은 훨씬 더 대담한 무역을 했다. 류큐(琉球)를 위장막으로 활용하여 청국으로부터 중국 제품의 밀수입, 에조치의 다시마를 청국으로 밀수출하는 등 에조치에서 동해, 니가타와 도야마를 거쳐 사쓰마에서 류큐로, 그리고 중국으로 이어지는 밀무역 루트를 구축하여 번(藩) 재정수입의 절반 이상을 차지했을 것으로 추정되는 수익을 올렸다. 밀무역 규모에서도 사쓰마 번은 유력 번의 거두였다.

돌이켜보면, 아베 마사히로가 로주 수좌에 취임하기 전에 막부의 덴포개혁은 실패하고 있었다. 덴포개혁 시 유력 번에 대한 정책으로 에도와 오사카의 다이묘 영지와 하타모토 영지를 막부 직할로 하려는 조치와 서일본 여러 다이묘의 전매 단속령이 있었다. 다이묘와 하타모토를 다른 지역으로 이주시키거나 혹은 다이묘의 산물정책을 금지하는 등의 희생으로 막부 지배와 방위 강화를 도모하려고 했다. 사쓰마 번의 밀무역은 니가타 포구 등에서 막부에게 탄압받았다. 그러나 다이묘는 이미 지역 경제를 성숙시키고 있었으며, 개혁은 다이묘의 반항이 하나의 원인이 되어 실패로 끝났다. 그 후에 등장한 아베 로주가 다이묘와의 협조 노선, 특히 사쓰마 번 등 유력 번과 연합하는 정치를 추진한 것은 필연적이었다. 이렇게 하여 유력 번들이 다시금 힘차게 등장을 하게 되었다.

아베 로주는 인재도 모았다. 앞 장에서 소개한 것처럼, 노련한 가와지 도시아키라나 근엄한 미즈노 다다노리를 비롯하여 다채로운 능리가 하급 막신에서 발탁되었다. 또 이 무렵 로주와 해방 담당자 사이에 솔직한 논의가 교환되었다고 한다. 아베, 홋타가 이끄는 막부 수뇌는 개명적인 정권이었다.

다이묘의 여론

　페리가 내항했을 때도 아베 로주는 다이묘에게 외교에 대한 의견을 자문했다. 다이묘의 의견은 강경한 격퇴부터 적극적 통상까지 정말로 다양했다. 그 후 국내에서 다이묘의 산물교역이 진전하고 있었으므로 통상을 인정하는 개국론의 다이묘가 압도적으로 늘어났다.

　적극적 통상으로 의견을 바꾼 최초의 다이묘는 개명적인 사쓰마 번주 시마즈 나리아키라(島津齊彬)였다. 해리스가 일본에 왔을 무렵 나리아키라는 '교역이 활발하여 무비가 충분히 되어 세계 강국'을 목표로 한다고 말했다. 개혁파의 지도자인 에치젠 번주(越前藩主) 마쓰다이라 요시나가(松平慶永)도 쇄국을 유지할 수 없는 것은 눈이 있는 자로서는 명백한 일이며, 일본 쪽에서 항해하여 세계로 무역을 하러 나아가야 한다는 통상 의견을 상신했다.

　마지막까지 격퇴책를 주장했던 다이묘는 소수로 도쿠가와 가문의 오와리 번(尾張藩), 미토 번(水戶藩), 그리고 돗토리 번(鳥取藩), 가와고에 번(川越藩) 등 4개 번이었고 한다.

　그러나 오와리 번은 로주의 마지막 자문에 "누차의 자문을 거친 후 특단의 조치를 취하였기에 지금 새삼스럽게 할 말은 없으며 일본의 어려움이 예상됨으로 충분한 조치, 숙려를 해주시길"이라고 상신하여 조약 승인에 타협하는 의견을 제출했다. 양이론의 중심이었던 미토 번의 도쿠가와 나리아키(德川齊昭)조차 조약에 대한 칙허가 요청된 후에는 이유 없는 격퇴는 불가능하다는 의견을 조정에 보냈다. 해리스의 무례한 요구는 적지 않으며 통분을 금할 수 없다며 조약 비판파(批判派)였던 도사 번의 야마우치 도요시게도 뒤에서 살펴보듯이, 그다음 해에는 싸울 수 없는 병사에게 전쟁을 요구하는 것은 무모하며 지금은 조약 승인을 요구한다는 의견으로 조정을 설득한 것이다.

전쟁론도 주장되었지만, 중의(衆議)를 거듭하여 조약은 피할 수 없다는 다이묘들의 합의가 형성되었던 것이 조약 승인 문제의 진상이다. 그것이 다이묘들의 여론이었던 것이다. 통상조약에 관한 시비는 일본 '만민의 생명(간조부교)'에 관련된 현실 문제이며, 오와리 번과 도사 번과 같은 거절론 혹은 비판론을 주장하던 유력 번도 거듭되는 자문을 거친 후에는 중의에 따르게 되었다.

쇼군 후계자 문제

조약 칙허의 요청과 동시에 쇼군의 후계자 문제를 둘러싼 정쟁이 진행되었다. 페리가 내항한 바로 1853년 6월, 만년(晩年)은 유력 번과의 협조 노선을 추진한 12대 쇼군 이에요시(家慶)가 갑자기 세상을 떠났다. 후계 쇼군인 이에사다(家定)는 병약하고 후사가 없었다. 이 때문에 시마즈 나리아키라(島津斉彬)와 마쓰다이라 요시나가(松平慶永), 다테 무네나리(伊達宗城, 宇和島藩[우와지마 번])와 야마우치 도요시게(山内豊信) 등과 같은 유력 다이묘는 막부의 유력 번 협조책에 부응하여 이에사다 후계자로서 3경(三卿)인 히토쓰바시 요시노부(一橋慶喜)를 옹립하는 운동을 시작했다.

원래 유력 후보는 혈통을 중시하는 원칙에서 보면 이에사다의 종형제인 기슈 번주 도쿠가와 요시토미(德川慶福)였다. 그러나 당시 12세의 어린 번주였다. 마쓰다이라 요시나가 등 개혁파 다이묘들은 이

때 20세인 도쿠가와 나리아키의 7번째 아들로 전(前) 쇼군 이에요시도 기대하고 있던 활달한 히토쓰바시 요시노부를 옹립했다. 요시노부 옹립을 계획한 유력 다이묘는 히토쓰바시파라고 불렸다. 히토쓰바시파에는 아베에 의해 등용되어 외교를 담당한 개명적인 막신 가와지 도시아키라와 미즈노 다다노리, 이와세 다다나리 등도 속해 있었다. 이에 대해 유력 번의 대두를 경계하는 후다이(譜代) 다이묘로 에도성 내 대기실이 다마리노마(溜間)인 이이 나오스케(井伊直弼) 등은 요시토미를 옹립하고, 이들은 남기파(南紀派)라 불리었다.

히토쓰바시파인 유력 다이묘를 지지한 로주 아베 마시히로는 시마즈 나리아키라의 양녀 아쓰히메(篤姫)를 쇼군 이에사다의 부인으로 들이는 것에 성공했다. 그러나 개혁파의 중심이었던 아베가 37살에 병사한 것은 히토쓰바시파에게는 타격이었다.

그러나 1858년 초엽의 정세를 보면, 시대는 막부와 다이묘가 협조하는 방향으로 착실하게 진행되고 있었다는 것을 알 수 있다. 다이묘들에게 조약에 관한 자문이 반복되고 로주 수좌인 홋타가 조정의 승인도 얻으려고 1월 하순 히토쓰바시파 막신 가와지와 이와세를 대동하고 상경길에 올랐다. 로주는 조정의 조약 승인이 엄숙한 의식에 지나지 않는다며 해리스에게 설명하였지만, 조정의 조약 승인이 무사히 끝난다면 쇼군이 요시토미로 결정된다 하더라도 홋타 로주와 개명파 막신들의 개국과 협조 노선의 정당성은 확실한 것으로 되었을 것이다. 개혁파인 히토쓰바시파 유력 다이묘와 막신은 신속한 조약 승인을 간절히 바라고 있었다. 그런데 조정은 조약 승인을 거부했다.

고메이 천황의 서한

▶그림 2-1. 고메이 천황의 1858년 정월 17일 자 자필 서한 (전후 생략). 4번째 줄 3번째 글자 '나의 대부터'의 문장. '간파쿠님께, 극히 내밀하게 라는 수취인 명 밑에 천황이 '차화(此花)'라는 아호(雅号)로 서명(『대일본 유신사료』 메이지서원).

고메이 천황은 1858(안세이 5)년에는 26살의 젊은 나이였다. 처음에는 통상조약을 국가의 큰 대사라고 하면서 "뭐라 표현할 수 없을 만큼 곤란하며 걱정이다."라고 말했다. 또 "나의 대부터 외국과 외교와 통상 관계가 성립된다면 훗날까지 수치 중에 수치일 것이다."라고 불만을 토로하면서도 섭관제도의 통례에 따라 간파쿠에게 대응을 일임하고 있었다. 그림 2-1은 천황 자필의 '나의 대부터……'라고 하는 부분이다. '차화(此花)'라고 서명하고, 상급 귀족의 예법대로 긴 여성 문자로써 기록하고 있다. 천황의 일상은 덴지(典侍), 나이시(內侍), 묘부(命婦), 뇨쿠로도(女藏人), 오사시(御差), 오스에(御末)라고 하는 여관(女官)들에게 둘러싸여 있었으며 귀족 이외의 사람들과 응대하는 일은 없었다.

조정의 정무는 간파쿠가 통괄하고 삼공이라고 하는 좌, 우, 내대신과 함께 양역(兩役)인 무가전주와 의주에 의해서 행해졌다. 천황은 이 정무에 임하는 공가(公家, 귀족)에게 의견을 자문한 다음, 1월 하순에 간파쿠인 구조 히사타다(九条尚忠)에게 처음으로 적극적인 의향을 표명했다.

"개항, 개시에 관하여, 홋타 로주가 상경한 다음 어떤 식으로 연설을 하더라도 단호하게 허용하지 않도록……. 나로서는 승인하기 어렵다. 누구라도 허용하는 일이 없도록 할 것, 오랑캐들이 (통상조약) 거절을 받아들이지 않으면 그때는 격퇴(전쟁)가 필요하다고까지 나로서는 결심했다(1월 26일)."

단호하게 허용하지 않겠다는 거절 의견이다. 그 후에도 고메이 천황은 조약을 승인하지 않을 것이며 '격퇴(전쟁)'도 불사하겠다는 의향을 바꾸지 않았다.

천황과 귀족

조정에서는 섭관제도가 900년 이상이나 계속되고 있었다. 천황은 '오카미', '주상'이라고 불렸다. 간파쿠는 모든 정치에 관여하여 의견을 말하는 '제1인(一の人)' 또는 '전하'로서 정무를 통괄하고, 막부로부터 지급되는 급료는 1,000석, 천황과 귀족을 통제하는 역할이 부과되었다. 막부의 위광을 받는 간파쿠의 권세는 천황에 뒤지지 않았다.

공가에는 섭가, 청화가, 대신가, 그 이하의 평공가라고 하는 엄격한 가격의 서열이 있었으며, 섭가는 고노에(近衛), 구조(九条), 니조(二条), 이치조(一条), 다카쓰카사(鷹司)의 5가를 말한다. 간파쿠에 취임할 수 있는 것은 섭가만으로 고노에가 귀족의 필두였다. 간파쿠에 이어 3공, 즉 좌, 우, 내대신에 취임할 수 있는 것도 섭가와 청화가 뿐이었다. 또 친왕가(親王家), 천황의 일족으로 후시미(伏見), 간인(閑院) 등 4가가 있었는데, 좌석순은 막부가 규정한 '금중병공가제법도(禁中並公家諸法

度)에 의해서 3공의 밑, 즉 섭가 밑에 머물러 있었다. 한편 각각의 섭가에 신종(臣從)하는 평공가는 근세 후기에 그 수를 128가로 늘려 마침내 열참(列參)이라는 형태로 분출하는 '다수의 힘'을 축적하고 있었다.

섭가는 유력 무가와 연가(緣家)라 불리는 두터운 혈연관계를 맺고 있었다. 고노에가와 시마즈가, 다카쓰카사가와 미토 도쿠가와가, 니조가와 도쿠가와 쇼군가, 산조가와 야마우치가의 관계 등이 유명하다. 상급 귀족과 다이묘의 연가 파이프에 의해서 다양한 의견과 압력이 조정으로 들어갔으며 조의(朝議, 조정의 방침)를 움직였다. 이 파이프가 막말 정치의 중요한 역할을 하게 된다.

연가(緣家)

시마즈 나리아키라(島津齊彬)는 연가인 좌대신 고노에 다다히로(近衛忠熙)와 내대신 산조 사네쓰무(三条実万)에게 조약을 "신속하게 허용하는 것이 양책"이라는 서안을 보냈다. 양이론으로 유명한 도쿠가와 나리아키(徳川齊昭)도 훗타가 에도를 출발한 당일, 연가인 다카쓰카사 마사미치(鷹司政通) 다이코(太閤)에게 "이유도 없이 격퇴할 수는 없는 일"이라는 내용의 서안을 보낸다. 야마우치 도요시게(山内豊信)도 연가인 산조 사네쓰무에게 "전쟁이 일어날 위험이 있다. 조약 체결은 최하책이지만 어쩔 수 없다. 이 부분은 막부에 맡기도록"이라는 내용의 편지를 보냈다. 그리고 마쓰다이라 요시나가는 측근인 하시모토 사나이(橋本左内)를 교토로 보내 조약 승인과 쇼군 후계자로 히토쓰바시 요시노부(一橋慶喜)의 천거를 요청했다. 이처럼 히토쓰바시파의 다이묘는 이전에는 조약을 인정하지 않았던 나리아키나 도요시게를 포함하여 조정에 대해 조약 승인을 요구하고 있었다.

한편 섭가 쪽도 다이묘가 조약을 승인한 것을 알고 있었다. 정무에 임하는 공가에 대하여 자문했지만, 귀족의 필두인 고노에 다다히로는 막부가 해리스와 수차례 응접하였으며, 어찌할 수 없는 사정으로 조약을 인정한다는 의견서를 천황과 간파쿠에게 제출했다. 정무공가들의 의견으로는 거부한다는 의견은 소수이며 어쩔 수 없이 승인한다는 자가 다수였다.

중요한 것은 다이코 다카쓰카사 마사미치의 존재였다. 다카쓰카사는 34년간 간파쿠를 역임하고 그 사이에 고메이 천황의 섭정도 역임했으며, 간파쿠를 사임한 후에는 특례에 의해서 다이코에 임명된 실력자이다. 페리 내항 시부터 미국 국서를 매우 평온하고 인자하여 중오해서는 안된다고 평가하고, 교역하여 이익을 얻는 쪽이 상책이라는 개국론을 말하고 있었다.

대외 강경파로 알려진 도쿠가와 나리아키도 앞에서 본 것처럼 홋타가 에도를 출발한 당일에 연가인 다카쓰카사 다이코에게 편지를 보내 막부가 해리스에게 등성을 인정한 것은 깊은 의미가 있으며, 이미 격퇴할 수 없다며 조약을 인정하는 의견을 보냈다. 다카쓰카사는 깊이 수긍되는 부분이 있다며, 내밀하게 천황에게 그 편지를 보여주었던 것이다. 다카쓰카사는 조약통상 승인 문제에 대해서는 다이코 30여 년을 근무한 의미가 이 한 가지 일에 달려있다고 말할 만큼 적극적이었다.

조약 체결에 관한 사정 설명

가와지와 이와세를 대동하고 상경한 홋타 로주는 2월 중순에 조정의 정무을 담당하는 무가전주(武家傳奏)와 의주(議奏)인 두 관리와 회견을 하고 조약 체결 사정을 설명했다. 그러던 중 현재 국제 정세가 긴요하다며 31개 조로 된 대략적인 각서를 조정에 제출했다.

1815년의 나폴레옹전쟁 종료로 유럽에서 빈체제가 안정되었다는 점, 교역이 전 세계로 확장되었으며 청나라도 조약을 체결하였다고 설명했다.

미국의 독립으로 태평양이 미국과 중국의 통로가 되었다는 점, 네덜란드의 권고가 아편전쟁의 재앙을 경고했다는 점, 러시아의 사할린 남부 쿠슌코탄 점령, 푸탸틴의 내항, 또 패리 내항이 전쟁으로 비화될 양상을 보였다는 점 등을 설명했다. 스틸링의 내항에 대해서는 영국이 영일협약을 잘 모르고 있었다고 설명하고, 네덜란드의 교역 권고, 해리스의 내항, 에로호전쟁, 해리스의 연설, 크리미아전쟁 등을 차례로 이야기했다.

설명은 여러 분야에 걸쳐 이루어졌다. 예를 들면 애로호전쟁과 인도의 대반란으로 영국의 내항이 늦어지고 있다고 설명하고, 또 패전하여 조약을 체결한 사례로 청국과 멕시코를 들었다.

서양인이 말하자 협박만은 아니라는 것을 차츰 알게 되어 승낙하지 않던 다이묘들도 차츰 양해하여 쇄국을 할 수 없다는 것을 깨닫게 된 것은 열 명 중 여덟아홉에 해당한다고 말했다.

설명에 임했던 가와지는 "서양의 모습 등을 상세하고 세밀하게 말씀드렸다."라고 일기에 기록하고 있듯이, 홋타는 충분히 정성을 다하여 설명했다. 막부는 조정의 승인을 도리에 따라 순조롭게 얻을 수 있다고 확신하고 있었다. 그런데 고메이 천황은 앞에서 말한 것과 같이 막부 당국자에 의한 외교 사정을 설명받기 전에 조약 거부라는 의향을 표명하였고, 그 후에도 조약을 거부하도록 섭가를 계속하여 질타하고 격려했다.

고메이 천황과 다카쓰카사 마사미치

다카쓰카사 마사미치는 막부 수뇌와 협조하여 조정의 부흥을 도모하고 공가의 대우 개선을 유도하는 데 노력한 영리하고 원숙한 정치가였다. 고가쿠(光格), 닌코(仁孝), 고메이의 간인노미야(閑院宮) 계통의 3대 천황에게 봉사하고 1856(안세이 3)년에 구조 히사타다에게 간파쿠를 물려주었지만, 내람(內覽)에 임명되고 특별히 다이코(太閤)라는 칭호가 허용되었다. 고메이 천황보다 42세 연장자로 권세는 천황을 능가했다. 유명한 이와쿠라 도모미(岩倉具視)도 마사미치를 따라 그의 뛰어난 정치력을 연마했던 것이다. 통상조약 불승인을 관철하고자 하는 고메이 천황으로서는 이전에 천황의 섭정을 역임하고 개국 의견을 가진 다카쓰카사는 기피 인물이었다.

고메이 천황은 간인노미야가 출신이다. 조부 고가쿠 천황은 고모모조노(後桃園) 천황 말기에 양자가 되어 간인노미야가를 이루었다. 혈통이 중시된 당시, 간인노미야가는 방계(傍系)였다. 그 때문에 고가쿠 천황은 부친인 스케히토(典仁) 친왕에게 다이조 천황의 존호를 추정하여 자신의 혈통을 강화하려고 했지만, 존호일건(尊號一件)으로 막부의 로주 마쓰다이라 사다노부에게 저지당했다. 기이하게도 그때 조정 안에서 로주에 협조하여 존호추존을 거부한 것이 다카쓰카사 마사미치의 조부로 전 간파쿠가었던 스케히라(輔平)였다. 존호일건 후 다카쓰카사가는 막말에 이르는 약 70년 동안, 실로 50여 년간 간파쿠직을 독점하여 로주의 신임이 두터웠다.

그때까지는 젊은 고메이 천황은 무슨 일이라도 다이코가 말하는 대로 따랐다. 또, 의논할 일에 관해 천황이 한마디 하면 다이코는 수 마디를 하며 말을 가로막았을 정도로 다이코 쪽이 우세하였던 것이다. 그러나 이 조약 칙허 문제에 대해서 천황은 다이코가 간파쿠에게 무슨 말을 하더라도 절대로 따르는 일이 없도록 하라며 다카쓰카사가에 대항하도록 섭가를 질타, 격려하기 시작했다. 2월 하순에는 크게 분노하여 천황의 거처로 온 다카쓰카사와 고메이 천황이 충돌하여 천황은 구조 간파쿠 앞에서 다카쓰카사에 대한 불신을 확실히 표명했다.

열참(列参)*

조정을 통제하는 간파쿠에 대하여 홋타 로주와 다카쓰카사가에 굴복하지 않도록 고메이 천황은 계속 격려했다. 그러나 구조 간파쿠는 막부 지지로 돌아서고 조약을 승인하는 취의서를 작성했다. 천황이 변심의 이유를 묻자 구조는 '공무(公武, 천황·조정과 막부)'의 결렬이

---

* 발언권이 제한된 평공가들이 자신들의 요구를 실현하기 위해 궁중에서 행한 집단 농성. 이상 역자.

너무나 걱정된다며, 간파쿠가 되면 마음속으로 무엇을 생각하더라도 또한 어떻게 할 수가 없다고 대답했다. 구조가 천황의 의향을 가로막은 것은 막부로부터 간파쿠에 부과된 천황과 공가를 통제하는 간파쿠의 책무 때문이었다. 구조 간파쿠는 고노에와 산조에게 불온한 언동이 있었다고 하여 천황에 대한 면회를 금지했다. 고립된 천황은 타협 쪽으로 기우는 고노에와 산조를 질타했다.

천황은 측근인 의주(주로 중급 귀족이 취임한다)와 합의하여 현임공가(참의 이상의 공가)의 의견서를 요구했고, 13명의 공가로부터 조약을 용인하는 취의서의 개서를 요구하는 의견서가 제출되었다. 이것을 계기로 평공가 88명이 입궐하여 구조 간파쿠에게 다수의 힘으로 열참(强訴)하기에 이르러 조약 거부를 주장했다. 이때, 천황 측근으로서 의주의 필두였던 고가 다케미치(久我建通)와 이와쿠라 도모미가 등장한다. 중세에는 귀족의 강소가 전통이었다. 열참은 에도시대 존호일건 때 단 한 번 전례가 있었지만, 이번은 그보다 훨씬 더 격렬하게 밤까지 이르렀다. 어느 공가의 일기(하시모토 사네아키라〔橋本実麗〕일기)는 "소란스러운 상황이 실로 전대미문의 일이었다."라고 기록하고 있다.

섭가로부터 억압받고 있던 평공가들은 조정과 막부가 생각한 대로 하여서는 천하의 인망이 막히게 된다며 이의를 제기했다. 단 평공가들은 동시에 내란도 걱정했다. 열참을 받아들여 조정회의가 열려 산조 사네쓰무가 천황의 뜻을 받들어 초안을 작성하고 수호통상조약으로는 국위가 서기 어렵다며 명확하게 조약을 거부하는 문장을 추가한 다음, 다시금 중의(衆議)를 하여 상신하도록 막부에게 명령했다. 이렇게 하여 수호통상조약 칙허는 천황이 주도하여 거부되었다.

히토쓰바시파의 천황 비판

앞 장에서는 막부의 외교에 대해 연약·비굴하다던가, 무위·무책이라는 평가가 잘못되었다는 것을 설명했다. 단호하게 조약을 거부하여 막말 일본의 여론이 비등하고 그것으로 정론(正論)을 주장하는 조정·천황이 부상한다는 널리 알려진 이야기도 이처럼 사실과는 다르다. 중요한 것은 천황과 조정의 조약 승인 거부에 대한 히토쓰바시파 다이묘들의 통렬한 비판이다.

조정 공작을 하고 있던 에치젠 번 하시모토 사나이(橋本佐內)는 "이러한 열참은 남북조이래 조정의 폐습으로, 사안의 옳고 그름보다는 걸핏하면 이러한 일을 하려고 한다. 왕도가 부진하는 것은 이로 인하여 발생한다."라고 적고 있다. 열참은 조정의 폐습으로 조정 정치의 부진이 생긴다고 엄격하게 비판하고 있다.

야마우치 도요시게도 솔직하다. "천황의 생각은 서생과 같은 주장이며, 전쟁이 일어난 후의 대책은 어떠한가. 조정은 막연하며 대답을 제시하지 못한다. 이러한 태도는 국가의 대사에 즈음해서는 무모하다."라고 비판한다.

조정으로부터 칙허 거부라는 회신을 얻은 홋타는 조약을 거절하여 분쟁이 발생하면 어떻게 할 것인지를 의주들에게 묻고 있다. 조정은 서양과의 전쟁도 각오하겠다고 한다. 에도로 돌아오는 길에 오른 홋타는 에도의 로주에게 조정은 "제정신이라고는 생각되지 않는다(홋타서간)."라고 보고하고 있다.

막부는 앞 장에서 살펴본 대로 무비가 갖추어져 있지 않다는 것을 인정하고, 대국인 중국과 러시아와 비교해 일본은 '약국(弱國)'이라는 것을 냉정하게 인정하고 있다. 과거 중국은 3년에 걸친 아편전쟁에서 영국군에게 연전연패를 당하였지만, 내륙에 있는 청 왕조는 쓰러지지 않았다. 대륙 국가인 중국의 광대한 국토라는 지정학적 요인에 의한 결과이다. 한편, 만약 에도 만에서 한 번이라도 전쟁이 일어나면 막부가 걱정했듯이, 일본 열도 구석구석까지 번들이 분립해 있는 해양 국가 일본으로서는 틀림없이 막번체제의 통합이 깨졌을 것이다.

전쟁을 하려는 강력한 국가나 대국주의를 추구하는 것이 국가의 자립을 위한 유일한 길은 아니다. 일본 열도에는 서양 열강의 세력 균형이 빚어낸 고유의 지정학적 조건이 있으며, 개국에 대응하는 국내의 성숙도 있었다(후술). 조약에 의해 외교를 수립하는 것은 현실적인 선택이었다.

그러나 고메이 천황은 홋타가 돌아간 후에는 통상조약을 거절한 다음에 미국과 동맹을 맺은 여러 오랑캐가 함께 내습할지 모른다며 공가들에게 각오를 촉구하고 조정의 경비 절감과 기도를 명령했다. 천황은 그야말로 무모하고 현실적인 전쟁을 상정하고 있었다.

양이와 신국사상

조약 승인 거부 후, 천황은 자신이 생각하는 양이에 대해 다음과 같이 설명하고 있다.

"중국에서는 '현재(賢才)'를 골라서 제왕으로 삼지만, 일본에서는 진무제(神武帝)부터 황통이 연면한 일은 실로 다른 나라에는 예가 없고 일본에만 있는 일이다. 오로지 천조대신의 깊은 뜻(仁慮)에 의한 것으로, 대대의 천황 혈통이 바뀌지 않으므로 일본은 중국보다도 뛰어난 신의 나라(神州)이며, 그러므로 서양과의 수호통상조약은 신국의 흠이 되기에 허용할 수 없다."

막부의 현실적이며 과신하지 않는 대외관에 대해서는 앞에서도 설명하였지만, 고메이 천황 생각은 중국보다도 뛰어난 신국이라고 하는 진무제부터 황통이 연면하다는 신화에 근거를 둔 대국주의 사상의 하나이다. 거기에 천황의 양이론이 생겨나는 회로가 있다. 개국론의 다카쓰카사 다이코(太閤)와 구조 간파쿠 등의 섭가에 대항하는 고메이 천황은 혈통이 약한 간인노미야가의 천황이었으며, 그것도 천황이 새삼스레 '황통연면'을 강조하는 요인이었다. 이처럼 신국사상을 토대로 생겨난 외교론에 현실성과 합리성을 찾아 볼 수 없는 것은 당연하다.

조정의 조약 승인 문제에서 고노에, 산조, 고가는 천황의 의향을 받들어 조약 거부를 위해 활동했다. 이후에도 천황은 다카쓰카사 마사미치를 계속 불신했지만 그 다카쓰카사조차도 마지막에는 조약 거부로 돌아섰다. 그들은 원래 조약을 반대하지는 않았으며, 시마즈 나리아키라 등 히토쓰바시파의 조약 승인을 요구하는 의향을 충분히 알고 있었다. 그러나 인척 관계에 있는 다이묘들의 의향이 아니라 고메이 천황에게 동조한 것이었다. 섭가는 천황가와 혈연으로 진하게 연결되어 있었다. 고메이 천황의 부인(女御)은 구조 간파쿠의 딸이었다. 구조 간파쿠는 니조가로부터 양자로 들어왔으며, 당시 구조가의 양자로 다카쓰카사 다이코의 친아들이 들어와 있었다. 다카쓰카사는 이치조가에도 양자를 들이고 있었다. 다카쓰카사도 고노에, 이치조, 구조도 천황가로부터 친왕이 들어와 있어 '왕손(王孫)'이 되어 있었다. 이와 같이 귀족들은 궁궐(御所)이라고 하는 좁은 장소 안에서 대대로 뒤섞여 그들이 귀종(貴種)이라고 생각하는 농후한 혈족을 형성하고 있었다. 그것이 '구름 위의 사람들(雲上)'이었다(그림 2-2). 3월 초순 평공가들의 양이의견서에도 '만왕일계(萬王一系)의 신국'(『산조 사네쓰무수록』1, 나카야마 다다야스 이하 7명)이라는 어구를 볼 수 있듯이 다수의 위력을 과시한 평공가들도 구름 위의 사람들이 가지는 비합리적인 신국사상을 공유하고 있었다.

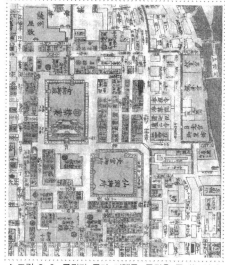

▶그림 2-2. 궁궐과 공가 저택들. 궁궐은 금리(禁裏)라고 표기된 부분. 동서 250m, 남북 450m. 마주한 구조가와 다카쓰카사가는 남쪽(그림의 아래쪽)에서 서로 이웃하고 있으며, 사쓰마 번의 연가(緣家)인 고노에가는 북쪽에 있다. 막부파인 니조가는 같은 이마데가와길(今出川通り)에 집 한 채를 사이에 둔 반대쪽. 사쓰마 저택이 가까우나, 이 저택은 막부 말기에 이 장소로 이전(「개정 경정어회도 세견대성〔改正 京町御繪圖細見大成〕」).

상세하게 살펴보면, 천황과 귀족 공동의 '운상'이라는 전통적인 신국사상에 비교해서 천황(고메이)이야말로 귀족(다카쓰카사와 구조)과는 달리 진무 천황 이래의 '만왕일계'를 잇는 귀종이라는 신화는 이때 탄생한 새로운 신국사상이다. 이러한 막말 정쟁의 전사(前史) 위에 메이지 헌법에서 '만세일계'라는 천황주의 사상이 창안된 것이다.

조약 승인 문제의 진상은 전쟁 전부터 만들어진 이야기와는 정반대였다. 온당하고 개명적이며, 현실적인 막부의 개혁파 세력이 진무제로부터 황통연면 신화에 근거한 대국주의 사상에 의한 천황 때문에 크게 좌절했던 것이다. 쉬울 것이라고 예상되었던 조정의 조약 승인을 받는 것에 실패하고, 홋타 마사요시와 가와지 도시아키라, 이와세 다다나리 등 개명파의 위신은 크게 실추당했다. 그들은 그 후 '교토에 서의 실패'에 따라 처벌당했다.

이이 나오스케의 등장

홋타 등이 조약 승인 문제로 고군분투하고 있는 동안 에도에서는 남기파가 득세했다. 홋타가 에도로 돌아간 직후, 무명이었던 이이 나 오스케(井伊直弼)가 대로에 취임했다. 1858(안세이 5)년 5월 하순, 쇼군 후계로 요시토미가 내정되고 후술하는 것처럼 미일수호통상조약 체 결 후 홋타 마사요시 등은 교토에서의 실패로 좌천, 추방된다.

그 당시 중국에서는 애로호전쟁으로 영불 연합군이 일단 승리했 다. 미국 군함은 영국이 일본에 내항하여 통상조약을 요구한다는 정 보를 가지고 시모다(下田)에 입항했다. 이 틈에 해리스는 조약 조인 을 요구했다. 조약 승인을 요청하여 실패한 홋타 마사요시와 이와세 다다나리 등 개혁파 막신(幕臣)은 칙허 없이 즉시 조인을 주장하여, 1858년 6월 19일에 미일수호통상조약이 조인되었다.

한편 중국은 쉽게 굴복하지 않았고, 제2차 애로호전쟁으로 발전 되어 영국 해군의 내항은 또다시 5년 늦어졌다. 해리스는 홋타의 관저 에서 한 연설에서 애로호전쟁이 영국 해군의 도래를 지연시키고 있다 고 설명하고 청국과의 전투가 장기전이 되지는 않을 것이며, 머지않아 일본으로 올 것이라며 중국은 머지않아 패배하고 영국은 곧 내항할 것 이라고 말했다. 인도의 대반란(세포이의 난)에 대해서도 이노우에 기요나오에게 소동은 크지 않았으며 물론 곧 평정될 양상이라며 진압이 끝났기 때문에 영국군이 일본으로 오는 것이 머지 않았다고 설명했다. 하지만 애로호전쟁도, 인도의 대반란도 해리스의 예측보다 확대되고 장기화되어 영국으로서는 무거운 짐이 되었다. 해리스 일행은 아시아의 역량을 과소평가하고 있었다.

무오밀칙과 천황

쇼군 후계 공표 이틀 전부터 히토쓰바시파인 도쿠가와 나리아키와 다이묘 등이 불시(무단)에 등성하여 이이 나오스케와 대결하여 '위칙' 조인을 비판했다. 다이묘의 강소이며 쇼군 후계 결정의 역전을 도모한 것이었다. 그렇지만 실제로는 홋타 등 히토쓰바시파의 막신 이야말로 무칙허조약 조인을 추진하였으므로 나리아키 등의 추궁도 맥없이 논파되었다.

통상조약 조인을 전해 들은 천황은 "걱정하고 통탄하며 절체절명의 때라며 비탄하기 이루 말 할수 없다."라고 격분하며 양위를 암시했다. 그러나 한편으로는 양위를 하면 다카쓰카사 다이코(太閤)가 어린 천황을 내세워 막부와 협의하여 마음대로 하는 것은 아닌가 하는 의심도 감추지 않았다. 나아가 다음 달 7월부터는 네덜란드, 러시아, 영국, 프랑스와의 수호통상조약이 차례로 체결되었다.

8월 상순, 천황은 막부의 횡포를 추궁하고 정무 공가에게 대응책을 명령하는 취의서를 발표했다. 이이(井伊) 대로가 상경한다는 소문에 천황은 "상경한다면 이미 지옥에 있기 때문에 귀신(이이를 말함)이 오기 전에 도망가고 싶다."라고 두려워하면서, 부디 밀서를 생각해달라며 밀칙 검토를 명령했다. 구조 간파쿠는 천황의 초안에 대해 "너무 엄격한 문체"라며 저항했지만, 천황은 양위를 주장하면서 양보하지 않았다. 이렇게 하여 무오밀칙(戊午密勅)도 천황의 주도로 내려졌다. 패전 이래 통설에는 이 경위를 미토 번과 사쓰마 번 유지들의 조정 공작에 의해서 만들어졌다고 전해졌지만, 그것은 천황 자신의 동향을 검토하지 않았기 때문이다.

천황이 내리게 한 밀칙은 지금은 국내의 '치란(治亂)'이야말로 문제라고 하면서, 이이 나오스케의 배척을 암시하며 막부 최고인사(人事)에 대한 개입을 꾀한 것으로, 그것을 문제의 미토 번 앞으로 내린 것이다. 천황과 조정의 일대 포부였던 것이다.

밀칙을 내린 천황에게 유력 다이묘들에 대한 기대가 있었던 것은 사실일 것이다. 밀칙을 내리기 전, 천황은 특히 좌대신 고노에 다다히로(近衛忠熙)에게 친족 다이묘인 사쓰마 번에 대한 기대를 말하고 있었다. 고노에가 사쓰마 번의 경비 출병을 타진했지만, 시마즈 나리아키라는 6월, 고안(弘安) 때의 몽골내침과 같은 수준의 문제는 아니므로 깊이 생각하도록 촉구하고, '내란의 양상'이 될 것이라고 경고했다. 또 교토로의 출병 요청에 대해서는 충분한 준비는 약속드릴 수 없으며 이러한 일에서부터 내란이 싹트게 된다며 확실히 거절했다. 그리고 나리아키라는 그러한 편지를 보낸 다음 달, 밀칙이 나오기 한 달 전 사쓰마 번지에서 갑자기 사망했다.

밀칙을 내린 후에도 천황은 사쓰마 번의 출병을 고노에에게 문의했다. 고노에도 조정에 이변이 발생했을 경우, 사쓰마 번의 경비 출병을 극밀한 조치로 다시금 내밀하게 부탁했다. 다음 달인 9월, 사이고 다카모리는 막부가 폭발했을 경우를 상정하여, 미토, 오와리 번과 오사카 조다이(大阪城代)를 참여시킨 거병 계획을 세웠다. 그러나 나리아키라의 후계 번주인 다다요시(忠義)를 후견하는 전전 번주인 나리오키(斉興)는 나리아키라의 정책을 모조리 부정한 신중파였다. 막부의 억압에 대항하는 점에서는 조금도 나리아키라에 뒤지지 않았지만, 중앙으로의 진출은 철저히 피했다.

사이고는 쇼군 후계 문제로 나리아키라의 밀명을 받아 막부의 오오쿠(大奥)에 공작을 하고 있었다. 나리아키라는 병사 3,000명을 인솔하여 상경할 준비를 하고 사이고에게 밀명을 내렸다고도 전해지고 있다. 훗날 이것이 '나리아키라의 유훈'으로 취급되었지만, 진상은 분명치 않다. 갑자기 죽음을 맞이한 나리아키라에 대해서 확실한 것은 앞에 말한 출병 사퇴 편지이다.

조정의 밀칙은 연가인 섭가로부터 만일의 경우에 대한 출경 의뢰도 포함하여 유력 다이묘에게도 회달되었다. 조정의 비상사태가 있을 때 군사를 출격시키도록 조정의 명령을 내밀하게 요청했던 것이다. 사쓰마 번, 조슈 번, 도사 번, 오카야마 번, 돗토리 번 및 그 외의 번에 보내어졌다. 사쓰마 번과 조슈 번, 오카야마 번은 조정의 내밀한 요청을 수락했지만, 안세이의 대탄압이 일어났을 때에 어느 번도 움직이지 않았다.

조슈 번은 11월에 번주가 임석한 어전회의를 개최하여 조정의 요청에 대하여 '준봉'과 '열번동정(列藩動靜)'에 따르는 두 가지 안 중 어느 한 쪽을 선택하기로 합의하고 후자인 열번동정에 따르는 안을 선택했다. 요컨대 조슈 번은 조정의 요청을 무시한 것이다. 다른 한편, 도사 번은 원래부터 조정의 요청을 수락하지 않았다. 돗토리 번도 번주가 재번 중으로 에도의 사정을 알 수 없다 하여 수락하지 않았다. 이처럼 조정의 명령을 수락한 번도 있었지만, 실제로는 어느 번도 움직이지 않았다. 다이묘는 천황, 조정의 동향을 냉정하게 보고 있었던 것이다.

히토쓰바시파의 패배

1858년부터 다음 해에 걸쳐 안세이의 대탄압이 이루어졌다. 때가 오기를 기다리고 있었던 이이 나오스케는 누구도 예상하지 못했던 과단성을 발휘했다. 고노에 다다히로 등 공가, 도쿠가와 나리아키 등의 다이묘, 이와세 다다나리 등의 막신, 하시모토 사나이(橋本佐內) 등의 번사와 낭사가 처분되고, 연루된 자가 100여 명에 이르렀다. 조정 측이 막부 수뇌(幕閣) 인사에 이의를 제기하고 '선전포고'를 한 것이며, 막부의 대반격은 예상했을 것이다. 왕년의 재야 사학자 오사타케 다케키(尾佐竹猛)의 무오밀칙론은 조정에 실로 엄격한 것이었다. 밀칙은 조정의 일대포부였지만, "미토 번의 힘을 과대시하고 막부의 힘을 과소평가하여 일반 정정에 대한 인식이 부족했다. 오히려 방법을 그르쳤다고 말해야 할 것이다."라고 평가했다. 오사타케다운 자유주의적 식견이다. 조정 인식 부족의 큰 요인은 오로지 고메이 천황의 정정에 대한 인식 부족에 의한 것이었다. 상경한 로주 마나베 아키가쓰(間部詮勝)는 "서양인(異人)은 금수와 마찬가지라고 말하여 왔지만, 지금에 이르러서 각국은 때때로 비상한 인재도 출현했다."라며 서양인을 금수와 같이 여기는 천황과 공가의 시각을 비판하고, 서양의 장점을 평가하며 세계 정세를 상세하게 설명했다.

막부의 위압에 굴복한 천황은 막부 외교를 지금은 오해가 풀렸다며 승인했다. 단, 장래에 '7~8년 또는 10년에 걸쳐' 양이를 하도록 양보하지 않았다. 천황은 양이에 집착하고 있었으며, 분명히 조약 칙허는 실현되지 않았다. 그러나 7~8년 또는 10년이라는 햇수는 막부 측의 제안이며, 실은 크게 의미가 담겨있는 장기적인 햇수를 인정한 것이다. 10년 후는 1868년 유신이 일어난 해이다. 10년 후 양이 약속은 실제로는 사실상 조약 승인에 가깝다. 그것을 천황이 본의 아니게 받아들였다고 하는 것이 자연스러운 평가일 것이다.

대국적으로 보면, 막부의 가와지나 이와세 등 개명파 막신이 일소된 것은 회복할 수 없는 손실이었다. 막정개혁은 전면적으로 실패했다. 한편 이이 다이로의 막부도 유력 다이묘로부터 완전히 고립되었다.

사쿠라다문 밖의 변

이렇게 하여, 덴포개혁의 다이묘 억압 정치가 재현된 듯이 보였다. 미토 번은 밀칙 반납을 명령받고 번 내가 소용돌이쳤다. 사쓰마 번에서는 나리아키라의 급사 후, 전전 번주 나리오키의 억압하에 중하급무사, 아리마 신시치(有馬新七), 오쿠보 도시미치(大久保利通), 마쓰가타 마사요시(松方正義) 등 40여 명이 결속하였다. 아마미오시마(奄美大島)에 숨어 지내고 있던 사이고 다카모리와 연락을 하고, 미토, 조슈, 에치젠 등의 여러 유지와 연계하여 다이로 이이 나오스케를 습격하려고 했다.

　번주 시마즈 다다요시(島津忠義)의 친아버지 히사미쓰(久光)는 탈번·거병(突出)을 그만두도록 번주의 친서를 내리고, 오쿠보 등을 성충조(誠忠組)라고 칭찬하며 자중을 요구했다. 탈번·거병을 중지한 오쿠보 등은 번과 함께 출병하는 길을 선택하고, 정충조(精忠組)로 개칭하고 사쓰마 번 내에 존왕양이파를 조직했다. 이후 오쿠보는 항상 사쓰마 번의 정치의 중추에 서게 되었다. 앞서 말했듯이, 유력 번은 아베, 홋타 등 전 로주 밑에서 산물교역 등을 크게 전개하고 있었으며, 덴포개혁 때와는 달리 이미 굴복에 만족하지 않았다.

　미토 번에서도 다카하시 다이치로(高橋多一郎) 등의 과격파가 거병을 계획하고 있었으며, 무오밀칙을 반납하라는 막부의 명령에 반발하여 이이 나오스케 습격 계획이 미토 번과 사쓰마 번의 과격파 사이에서 구체화 되었다, 그리하여 1860(안세이 7)년 3월 3일, 눈 내리는 아침에 미토 번사 17명과 사쓰마 번사 1명이 등성하는 이이 나오스케의 행렬을 사쿠라다문 앞에서 습격하여 이이를 암살했다.

천황과 가즈노미야

　이이 나오스케 암살 후, 로주 수좌에는 안도 노부마사(安藤信正)가 취임하고 히토쓰바시파라고 배척되었던 구제 히로치카(久世広周)도 로주에 재임되었다. 이들에 의해 계획된 것이 고메이 천황의 이복 여동생 가즈노미야(和宮)와 쇼군 도쿠가와 이에모치(德川家茂)의 결혼(和宮降嫁)이었다. 막부는 공가와 무가의 연합, 공무합체를 통해 권위를 회복하려고 했다. 그러나 천황은 막부와 조정 사이에 문제는 없다며 요구를 거절했다.

여기에서 막부의 요청에 응하도록 건의한 사람이 평공가인 이와쿠라 도모미(岩倉具視)였다. 건의는 다음과 같이 실로 이와쿠라다운 명쾌한 것이었다.

"막부는 조정의 위광으로 패권을 분식하려고 한다. 정권을 은연중에 회복하는 방책으로 대처하도록 하자. 다이로 암살 후의 막부에 여전히 양이를 요구하는 것은 '긴 장대로 하늘의 별을 두드려 떨어뜨리는 것'과 같은 것으로 불가능하다. 정권을 돌려받는 사업은 반드시 무력에 호소해야만한다. 그러나 막부는 아직 힘이 있으며 다이묘들은 막부 편에 서서 반격하거나 혹은 방관할 것이다. 천하의 대란을 초래하는 것이므로 시기가 도래할 때까지 기다려야 한다. 가즈노미야 한 몸은 제위(九鼎)보다도 무겁다. 명의(名義)는 막부, 실권은 조정이 쥐도록 하자."

고메이 천황은 이와쿠라의 건의를 받아들였다. 천황은 막부의 힘을 다시금 평가하고 막부에 접근하여 장래의 양이에 기대를 거는 방책으로 크게 변신했다. 여러 가지로 윤색이 되어있지만, 고메이 천황은 가즈노미야 결혼에 적극적이었다. 내키지 않아 하는 가즈노미야 측을 설득하기 위하여 측근인 의주(議奏) 고가 다케미치(久我建通)에게 계속 거절하면 안세이의 대탄압이 다시 도래한다고까지 남몰래 말하게 했다. 그뿐만 아니라 구조 간파쿠를 시켜 가즈노미야의 생모 등에게 '반드시 처벌하도록' 막부에 요청할 것을 남몰래 의뢰했다. 천황은 막부에 협조를 하였던 것이다. 현재 간행되어있는 궁내성 편찬의 『고메이 천황기(孝明天皇紀)』에는 편지의 이 부분만이 삭제되었다. 또 천황은 앞에 말한 것처럼 고가에게 전달한 말을 가즈노미야의 생모 앞에서는 부정했다. 격분한 고가는 천황의 한입으로 두말하는 행태를 비판했다.

1861년 초겨울, 가즈노미야는 교토에서 출발하여 1862년 2월에 쇼군 이에모치와 결혼이 이루어졌다.

다카쓰카사와 고노에, 산조 등 상급 귀족은 가즈노미야 결혼이 실현되었음에도 여전히 처벌을 면하지 못했다. 결국, 대국적으로 보면 안세이의 대탄압에서 섭가의 실력자들이 처벌되고 강제로 은퇴했다. 그 은퇴로 섭가에 억압당하고 있던 고메이 천황이 다카쓰카사가 등으로부터 자립적으로 활동할 수 있게 되었다. 천황은 조약 칙허를 거부하였을 때, 고노에 다다히로 등 섭가에 "절대 걱정을 끼치지 않을 테니 부디 안심하시도록"이라고까지 말하였지만 그 후, 이 말과는 반대로 자신은 막부 협조로 태도를 바꾸면서 섭가 실력자들의 사면을 강하게 요구하기는커녕 다카쓰카사가의 사면을 계속 거부했다.

2. 삿초(薩長)의 개혁 운동

조슈 번의 안세이개혁

여기에서 3년 정도 거슬러 올라가, 이이 나오스케의 다이로 취임 직후로 돌아가 보자. 1858(안세이 5)년 5월, 통상조약 체결 무렵, 조슈 번은 "첫째로 조정에 대한 충절, 둘째로 막부에 대한 신의, 그리고 동춘공(洞春公, 번의 시조인 모리 모토나리[毛利元就])에 대한 효도도 소중히 한다."는 강령을 결정했다. 막부에 대한 신의를 표명하고 그 위에 조정에 대한 충절을 든 것은 에도시대 국정에 관여하는 것이 금지당한 도자마 번인 조슈 번이 정치 전면에 등장하는 계기가 됐다. 번정의 주도권을 장악하는 것은 스후 마사노스케(周布政之助)로 가록(石高) 70석이 조금 안되는 중하급 무사로 우필역(右筆役, 정무담당역이라고도 한다.)의 실무 관료였다.

조슈 번은 무역을 개시할 무렵, 내란 또는 외환이 우려되어 전쟁 준비에 몰두해야 하는 시대가 되었다며 '서양총진'을 목표로 했다. 또한, 앞으로 중요한 사항에 대해서는 번주가 임석한 어전회의를 개최하여 결정하는 것을 규칙으로 했다. 이렇게 하여 결정된 사항은 번주의 명령(上意)으로써 포고되었다. 에도시대에 번주의 명령은 절대적이었기 때문이다. 이것은 100석 이하의 실무 관료, 우필역과 용담역(用談役), 데모토역(手元役) 등의 관료(有司) 그룹이 번주를 옹립하고 그 아래에 결집하여 번을 위로부터 움직여가는 체제를 만든 것을 의미한다. 이 어전회의 시스템이야말로 메이지 유신까지 조슈 번의 정치 시스템의 기본이 되었다.

앞에서 살펴보았듯이, 무오밀칙이 내려진 다음, 8월 하순에 조정으로부터 상경하라는 요청이 조슈 번청에 전달되어 번청은 일단 수락했다. 그러나 9월에 비밀리에 입경(入京)한 스후는 다카쓰카사 스케히로(鷹司輔熙, 마사미치의 친아들, 우대신) 등과 회견하고 양이론은 고루한 폐습이라며 거꾸로 개국론을 설득했다. 또 11월에는 앞에서도 보았듯이, 어전회의에서 여러 번의 동정을 지켜보자는 신중론이 채택되어 조슈 번 또한 조정의 출경 요청을 사퇴했다.

조슈 번의 항해원략론

조슈 번은 막부의 덴포개혁 시 취한 유력 번 억압정책의 하나인 '서일본 제번전매 단속령' 때문에 산물교역을 중지하지 않을 수 없었다. 그러나 아베·홋타 로주의 유력 번과의 협조정책하에 교역은 재개되고 안도·구제 로주 하에서도 계속되었다. 교역망은 북으로는 아이즈, 무사시, 그리고 에도, 에치젠, 오사카, 야마토까지, 서쪽으로는 쓰시마, 나가사키, 사쓰마, 나아가 사쓰마를 거쳐 류큐까지 걸쳐 있었다.

하기(萩)의 오바타 나루터(小畑浦)에서 서양식 스쿠넬 선(船) 헤이신마루(丙辰丸)가 건조되었다(그림 2-3). 1860(만 엔 원)년, 헤이신마루의 에도를 향한 첫 항해에 산물담당 관리 및 하

▶그림 2-3. 헤이신마루. 전장 24.5미터, 4개의 돛. 승무원은 17명, 포 4문을 갖추었다(「헤이신마루 제조 명령 부본」에 의함. 야마구치 현 문서관 소장).

기 제1의 호상 기쿠야(菊屋)와 함께, 조슈 번의 군함교수소에 입소해 있던 다카스기 신사쿠(高杉晉作)가 동승했다. 당시 20세였던 다카스기는 항해 일지인 「동범록(東帆錄)」을 남겼다.

이듬해 에도 항해에서는 기도 다카요시(木戶孝允)가 요코하마 개항장으로 잠입하여 기계로 짠 얇은 목면(金巾木棉)도 100필 구입하는데, 에도보다도 20냥 정도 싸다는 무역 정보를 스후에게 알리고 있다. 당시 요코하마에서 무사 출입은 양이 사건도 있고 하여 막부에 의하여 검문소에서 엄격하게 통제되고 있었던 시대이다. 이 금건목면은 대영제국의 엔진이라고 불렸던 영국 제1의 수출 상품인 기계제 목면이었다.

요코하마 무역에 참가하려고 하는 스후와 기도, 다카스기 등 3명이야말로 3년 후의 조슈 번 존왕양이 운동의 지도자 중 3명이었다. 기도는 무역 참가를 위하여 막신에게 공작을 하기도 했다. 기도도 서양식 군제를 배운 적이 있는 막신 나카지마 사부로스케가 조슈 번의 요코하마 산물일건(産物一條)에 관한 알선을 떠맡아 조사서를 기도에게

보내기도 했다.

조슈 번은 1861년에 항해원략책을 가지고서 정국에 등장한다. 항해원략책은 해외로의 무역진출책을 막부와 조정에 제안한 것이다. 세계의 형세는 해를 좇아 열리고, 개항은 자연적인 추세이며, 개항하는 것만으로는 청국의 전철을 밟게 되는 것이니 항해 기술을 개발하지 않으면 안 된다고 설득한다. 어쩔 수 없이 개국을 해야 한다는 다이로 이하의 임시방편적인 방식을 비판하고 조슈 번도 외국으로 항해할 필요가 있다고 했다. 쌀·종이·밀랍(조슈 지역의 세 가지 특산물), 기타 산물 생산을 보살펴 주고 '사무라이로서 상업을 겸업한다는 마음가짐'을 가지고 증기선을 주문하고 외국과의 무역을 막부에 청원한다는 적극적 개국론을 나타내고 있다. 도자마 다이묘가 막부 정치에 개입하는 것은 금지되어 있었지만, 고립되어 개국을 추진하고 있었던 안도·구제 정권은 이 제안을 받아들였다.

번주 측근으로 지키메쓰케(直目付)인 나가이 우타(長井雅楽)는 개국론을 조정에 건의하여 양해를 얻었다. 그러나 오기마치산조 사네나루(正親町三条実愛) 등 의주 일부에게만 항해원략책의 양해를 얻었다는 것이 실상으로 천황이 개국론으로 마음을 바꿨다는 것을 입증할 증거는 없다. 천황이 반대하지 않았던 것은 유력 번의 주장에 대한 상투적인 일구이언을 한 것에 지나지 않았다. 어쨌든 조슈 번은 요코하마에서 증기선 2척을 살 수가 있었다. 커터(Cutter)형 범선 고신마루(庚申丸)도 헤이신마루의 5배인 2만 냥을 투입하여 건조했다.

목표는 배외 의식이 강한 천황, 조정에 개국책을 설득하여 막부를 정치적으로 돕고, 한편으로는 막부에 조슈 번의 산물교역 공인, 그리고 해외무역 참가에 대한 양해를 요구하였던 것이다. 그러나 이 정책은 개명적이기는 했지만 막정개혁의 전망은 완전히 결여되어 있었다. 한편, 기도와 다카스기는 이러한 정책에 대하여 개국론은 찬성하였지만 현재의 막부에 영합적이며 여러 번들의 여론에 반한다며 강하게 비판했다.

시마즈 히사미쓰의 솔병(率兵)상경

사쓰마 번의 존왕양이 과격파 성충조의 탈번을 막아낸 오쿠보 도시미치(大久保利通)는 상급 가신인 고마쓰 다테와키(小松帶刀) 등과 함께 번주의 근습역(小納戶役)에 이례적으로 발탁되어 번주의 친아버지인 히사미쓰(久光)를 중심으로 출병 상경 계획을 추진했다.

오쿠보는 1862(분큐 2)년 초에 상경하여 시마즈가의 연가인 고노에 다다후사(近衛忠房, 여전히 처벌 중인 고노에 다다히로의 친아들)와 만나 사쓰마 번의 교토출병 계획을 다음과 같이 전달하고 있다.

"막부는 가즈노미야를 손 안의 물건으로 여기고 조정을 가볍게 여기고 있다. 충분한 병력이 없이는 무오년의 전철(무오밀칙의 실패를 재연)을 밟을 뿐이다. 병력을 인솔하여 고노에가로 향할 테니 비상의 성단을 내려 막부에 칙사를 보내주길 바란다. 그리고 히토쓰바시 요시노부를 쇼군 후견직으로, 마쓰다이라 요시나가를 다이로에 임명하도록 요청하고자 한다. 그리고 간파쿠를 구조에서 고노에로 교체한다. 도쿠가와가를 버리고 무력을 사용할 의견도 있지만, 그렇게 되면 사건 수습이 대단히 어렵다. 나리아키라의 유지도 무력을 사용하지 않는다는 것이었다. 그러나 경우에 따라서는 어쩔 수 없을 때도 있다. 기회는 바로 이때다."

사쓰마 번의 의도는 막부 정치에서 고립한 구 히토쓰바시파 다이묘와의 협조 노선으로의 복귀였다. 1858년의 패배를 교훈으로 삼아 병력을 배경으로 막부 정치의 개혁 실현이었다. 그것은 막부법에 위반된 출병이며, 무력 대결도 어느 정도 각오를 한 것으로 유력 번의 쿠데타 계획과 다름없다.

그러나 고메이 천황과 고노에가는 무오밀칙 때와는 달리 사쓰마의 제의를 "실로 당혹스럽고 무익한 소동이 될 뿐"이라며 거부했다. 고노에 다다후사는 막부가 가즈노미야 결혼으로 앞으로의 양이 방침을 약속하였기 때문에 지금은 그 결과를 기다리고 있다며 거절했다. 가즈노미야 결혼 이후 '관동(막부)의 간파쿠'라는 평가를 받던 구조 간파쿠가 조정을 장악하고 있었던 것이다.

이러한 사쓰마 번의 고립을 심화시키고 있던 정세의 흐름이야말로 히사미쓰가 군사를 이끌기로 결단하는 요인이었다. 이와쿠라의 건의가 나타내듯이 천황은 막부로 기울어져 있었으며, 그리고 조슈 번과 같이 히토쓰바시파의 개혁 운동에는 참가하지 않았음에도 막부에 아첨을 하고, 천하의 권력을 쥐고 싶어 자기 항해의 사론(私論, 사쓰마 번사의 말)을 외쳐대는 번이 막부와 협조했다. 구 히토쓰바시파 다이묘를 추방한 채로 막부, 조정, 그리고 조슈 번의 연합이 형성되고 있었다.

히사미쓰는 천황과 고노에의 거부를 문제시하지 않았다. 3월 중순, 병사 1,000명을 이끌고 가고시마에서 출발했다. 히사미쓰가 상경하는 것을 계기로 구조 간파쿠와 쇼시다이 사카이 다다아키(酒井忠義)를 제거하려고 각지의 존왕양이파가 모였으며, 후시미의 데라다야에서 봉기를 계획했다. 조정과 유력 번에 의한 막정을 개혁하려고 의도했던 히사미쓰는 교토에 들어온 후 4월 하순에 진압을 위하여 번사들을 데라다야로 파견하여 명령을 듣지 않는 아리마 신치 등 존왕양이파 8명이 같은 번의 번사들에 의해 살해되었다. 동료끼리 서로 죽이고 살리는 데라다야 사건이 발생한 것이다.

무가의 존왕

정치 균열의 증폭에 따라서 하급 무사와 낭인, 나아가 호농호상 등 다양한 막정반대파가 규합하는 양상을 보이기 시작했다. 에도에서는 1862년 1월에 미토낭사 등 존왕양이파가 에도성 사카시타문 밖에서 로주 안도 노부마사를 습격하여 상처를 입히는 사카시타문 밖의 변이 일어났다. 규슈와 서일본 각지의 재야 지사 초망, 오고 가즈토시(小河一敏)와 히라노 구니오미(平野国臣), 마키 이즈미(真木和泉) 등이 번을 뛰쳐나와 히사미쓰의 출병 상경에 참가하려고 동지들을 조직하기 시작했다.

조슈 번의 구사카 겐즈이(久坂玄瑞)는 항해원략책에 반대하여 히사미쓰의 출병 상경에 참가하기 위하여 도사 번 근왕당의 맹주 다케치 즈이잔(武市瑞山)에게 "여러 제후는 믿을 수 없고 공경들도 신뢰할 수 없다. 재야 지사들이 규합하여 의거를 일으키는 것 외에 도무지 대책이 없는 일이다. 죄송하지만, 귀번도 멸망하여 대의를 이룰 수 있다면 어쩔 수 없다."라고 번과 다이묘와 귀족을 뛰어넘는 초망봉기론을 주장하였다. 재야 지사들은 탈번한 번사와 낭인, 호농, 호상 출신자 등 사람도, 운동도 실로 다양했다.

호농, 호상 출신의 재야 지사가 정치개혁 운동에 참가하게 된다.

예를 들면, 앞서 말한 구사카 겐즈이의 편지를 도사에 전달한 사카모토 료마(坂本竜馬)는 향사 신분이라고는 하나 고치성하의 호상의 차남이었다. 탈번한 료마는 교토의 데라다야 봉기 계획에는 참가하지 않고 시모노세키에서 사쓰마로 히사미쓰의 출번과 반대 방향으로 향했다. 이어서 교토에는 들르지 않고 에도로 가서 료마가 일본 제1의 인물이라고 심취한 가쓰 가이슈와 운명적인 만남을 갖게 된다. 료마는 양이적인 경향을 보이고 있었지만, 한편으로는 막신인 가쓰의 서양식 해군 설립계획에 참가하게 되어 이윽고 무역 상회인 해원대의 경영을 목표로 했다.

료마와 같은 개국파 재야 지사의 운동은 실로 무수하게 많이 볼 수 있다. 좀 더 폭넓게 본다면 시마자키 도손(島崎藤村)의 『동트기 전(夜明け前)』의 첫머리에 묘사되고 있는 것처럼 산골 깊은 기소 계곡을 거쳐 요코하마의 생사 수출에 모여든 미노(美濃) 지역 상인(판매상)의 동향도 그 배경에는 지역에서 그들을 지지하는 네트워크가 있는 것이다(그림 2-4). 그들의 왕성한 경제 활동의 집적이야말로 개국을 정착시키고 일본의 독립을 위한 광대한 기반이 되었던 것은 뒤에 기술하겠다.

▶그림 2-4. 에도의 행상인. 이타바시 여관. 오른쪽 아래 이시가미 천에 설치된 나무 다리. 나카센도(中山道) 최초의 역참이다. 왼쪽 위에 여관. 행상인은 그림과 같이 2인 1조로 전국을 돌았다. 『에도명소도회』 제13편.

출병을 위해 입경한 히사미쓰는 주저하는 고노에 등 공가들에 대해서 "가신 중에는 편협하고 고루하며 생각이 짧은 자들도 있어 그들이 언제 폭발할지 매우 염려된다."라고 하면서 데라다야 사건에서 방금 막 진압당한 과격파의 폭발을 조정의 습가들을 움직이기 위해 충분히 이용했다.

4월 중경에 출병을 위해 상경한 히사미쓰는 교토의 니시키코지에 있는 번저에 들어간다. 의주와 회견을 하고 안세이 대탄압 이래로 처벌받은 채로 있던 고노에 다다히로 등을 사면하고, 또한 고노에를 간파쿠에 임명시킬 것, 막부의 마쓰다이라 요시나가와 히토쓰바시 요시노부의 등용을 요구하는 칙서를 내릴 것을 요청했다. 5월에는 에도로 파견하는 칙사로서 이와쿠라에 뒤지지 않는 강직함으로 누에쿄(鶴卿)라고 불렸던 오하라 시게토미(大原重德)를 결정하고, 막부파인 구조 히사타다가 파면되었다. 구조 히사타다 문서에는 구조 간파쿠 파면 다음 날에 고메이 천황이 히사타다에게 내린 칙서가 수록되어있다. 천황은 파면에 대해서 실로 유감이며 동시에 본의가 아니며 낭사들의 폭발은 매우 위태로운 일이므로 조석으로 재촉하였기 때문에 승인했다. 천황의 생각은 며칠 전에 이야기 한 대로이며 "다른 생각이 있어서가 아니니 미리 양해 바란다."라고 되어있다. 이 '칙서'라는 타이틀 밑에는 "중요한 사항이다."라고 구조가에서 써넣은 글이 있다. 고메이 천황의 막부와 가즈노미야 결혼에 거는 기대, 히사미쓰의 상경에 대한 본심은 바뀌지 않고 있었던 것이다. 천황은 사쓰마 번에 의해 움직이는 낭사(실은 번사)들의 폭발에 본의 아니게 지배되었던 것이다.

이때, 에도에 파견하는 칙사가 결정되지 않으면 폭발할 것이라는 히사미쓰의 말대로 그의 측근인 번사가 의주를 협박했다. 의주 나카야마 다다야스(中山忠能)는 "실로 불온한 행위의 극치이지만 사쓰마 번은 편협하고 고로한 기풍으로 어떻게 할 수 없는 형편이었다."라고 탄식하며 칙사로 야경이라 불린 오하라 시게토미를 추천했다. 조정도 폭발을 조정하는 사쓰마 번에 힘으로 제압당하고 있었던 것이다. 무가 측은 히사미쓰처럼 가능한 한 무가의 방법대로 대응했다. 무가에는 이러한 폭력적인 대응조차도 '존왕'이었다. 통치기구도 무력도 없었던 조정이 정쟁의 장소로 부상하게 된 것은 유력 번과 상급 공가의 혈연을 통한 관계가 큰 역할을 했다. 사쓰마 번은 연가인 고노에가를 간파쿠로 옹립하여 조정을 지배했다.

나마무기 사건

히사미쓰는 병력을 데리고 에도로 향했고, 7월에 요시노부의 쇼군 후견직, 요시나가의 정치 총제직의 등용이 난항을 겪었지만 실현되었다. 교토에는 새로이 교토 수호직이 설치되고 아이즈 번주 마쓰다이라 가타모리(松平容保)가 취임했다. 요시노부와 요시나가 아래에서 분큐의 막부 개정이 이루어져 격년제였던 다이묘들의 참근교대제가 3년에 한 번으로 바뀌었고, 다이묘의 처자는 귀국이 허용되었다. 막부는 다이묘들의 협조를 요구하는 주장에 조금 양보했다.

히사미쓰는 귀국길에 가나가와 근교의 나마무기 촌(生麦村, 현재 요코하마 시 쓰루미쿠)에서 말에 탄 영국 상인 등 4명을 지나치게 되었다. 번사가 말에서 내리지 않는 영국 상인에게 다이묘 행렬에 대한 실례라고 하면서 칼을 빼들어 상인 리처드슨을 베어 죽였다. 요코하마 거주지에서는 각국 상인들이 집회를 열고 상인들로부터는 히사미쓰에 대한 즉각보복론도 주장되었지만, 영국 외교부와 해군이 일본과 개전하는 것과 마찬가지라며 억눌렀다.

산물교역과 다이묘

1860(만엔 원) 년, 사쿠라다문 밖의 변이 일어난 직후 막부가 공포한 5품 '에도 회귀령'은 생사, 잡곡, 물기름, 밀랍, 직물 등 5개 품목에 한해서 에도의 도매상을 거쳐 요코하마로 보낼 것을 명령한 법령이다. 외국 무역 개시 이후, 생사 등이 산지의 판매 상인에 의해서 직접 요코하마로 보내져 에도 도매상의 유통 통제력이 약화되고 물가가 등기하였다. 그래서 막부는 생사를 중심으로 하는 에도 도매상의 이익 독점과 무역 억압을 도모하였던 것이다. 이 때문에 잠시 무역이 감소하였으나 외국 상인, 요코하마 매입 상인 등의 반발, 서양 외교단의 항의와 사쓰마 번 등의 밀무역 암약에 의해서 성공을 거둘 수가 없었다.

한편 1861년의 조슈 번의 항해원략책은 다른 번으로부터 '자기 항해의 사론'이라고 비난받았듯이 조슈 번만이 막부에 접근하여 산물교역책을 확장하여 무역에도 참가하려는 목적이었다.

또 사쓰마 번의 출병 상경의 배경에는 다음과 같은 무역 개시 후의 한층 심각한 사태가 존재했다.

사쓰마 번은 앞에 소개한 것처럼 중국 제품의 밀수입, 마쓰마에 번의 다시마 등 에조치 해산물 밀수출, 아마미산 사탕의 독점 교역 등에 의해 번 재정의 절반 이상을 차지하는 거액의 이익을 거두고 있었다. 그런데 무역이 시작되자 서양 상사(商社)는 동아시아 규모의 중계무역을 전개한 것이다.

▶그림 2-5. 도카치의 다시마 채취 그림. 막말 유신기 사쓰마 번과 영국의 활발한 무역의 일단을 에조치, 아이누 민족의 다시마 생산이 뒷받침하고 있었다. 그림 위쪽에 있는 배는 아이누 민족의 배 '치푸'이다. 화가 히라사와 보잔(平沢屏山)은 막말 유신기에 활약했다(도카치 매일 신문사 소장).

에조치의 해산물은 하코다테로부터 외국 상인에 의하여 상해로 바로 수출되기 시작했다. 특히 사쓰마 번에게 큰 이익을 가져다준 에조치 다시마의 직수출이 많았다(그림 2-5). 중국의 소목(蘇木), 소방(蘇方)이라고 불리는 적색 염료도 서양 상인의 손에 의해서 수입되고, 사탕도 동남아시아로부터 싼값에 수입되기 시작했다. 이리하여 동아시아와 일본의 무역 관계 변화에 의해 사쓰마 번으로서는 중대하고도 곤란한 사태가 발생했다.

그 때문에 사쓰마 번은 요코하마에서 생사를 밀매매하거나 혹은 미국 남북전쟁으로 원면(原綿) 가격이 오르자 오사카와 다른 지역에서 대량의 면화를 사들여 요코하마와 나가사키에서 매각하여 수익을 올렸다. 사쓰마 번의 출병 상경 배경의 하나는 이러한 점에 있다. 마쓰다이라 요시나가의 에치젠 번도 서양 사정에 밝은 요코이 쇼난(横井小楠)을 초대하여 미쓰오카 하치로(三岡八郎, 훗날의 유리 기미마사[由利公正])를 등용하여 요코하마와 나가사키의 무역에 적극 참가했다. 이러한 것은 유력 번의 번정개혁을 요구하는 정치 운동을 뒷받침한 경제적 기반의 실태이다.

3. 존왕양이와 교토

양이 실행

시마즈 히사미쓰가 막정개혁을 목표로 에도에 들어간 1862(분큐 2)년 6월경, 히사미쓰 출병으로 체면을 구기게 된 조슈 번의 개국책인 항해원략책은 양이론을 주장하는 조정을 비방하는 것이라고 조정의 비판을 받아 파탄했다. 조슈 번은 다음 달 교토의 산조 가와라마치에 있는 번저에서 의전회의를 열어 실추된 입지를 회복하기 위해 방향을 180도 바꾸어 '파약양이', 즉 양이를 실행한다고 하는 정치 노선을 채택했다.

양이책을 단연코 견지한다고 고메이 천황은 반복해서 말했다. 막부가 양이책을 포기한다면, 그때는 천황 자신이 양이를 위한 친정(親征)을 행하겠다고 표명했다. 그러나 가즈노미야 결혼 이후 천황은 막부에 의존하여 "쇼군가에 다른 마음을 품은 일은 절대 없다."라고 말했다. 외교에서는 명확한 양이책이었지만, 내정에서는 막부에 의존한 공무합체책이며, 그 때문에 천황의 완강한 양이에 대한 생각도 현실 정치의 무대에서는 애매하거나 유보적인 것이 빈번했다.

　조슈 번은 파약양이의 번시(藩是)를 결정할 때 조정으로부터 천황의 생각을 확인했다. 조정의 대답은 "통상조약은 물론 화친조약도 인정하지 않는다. 그 어느 것이라도 파약하여 양이를 해야 한다."라고 하는 가혹한 것이었다고 조슈 번은 설명하고 있다. 그러나 이것은 조슈 번의 억지 해석이었다. 조정은 화친조약도 거절한다고 대답했지만 이러한 국가의 방침, 중대한 사항은 계속하여 중의를 거친 뒤 천황의 의향을 받들도록 해야 한다고 부가하고 있어 정확하게는 명확한 해답을 피한 것이었다. 요컨대 조슈 번은 천황의 진정한 의사를 문제 삼지 않았다는 것이 진상이었다. 무가의 세계에서는 억지 해석도 천황을 모신다면 존왕의 범위 안에 있었던 것이다. 조슈 번은 뒤에서 살펴보겠지만 양이 실행을 갈망하고 있었다.

　조슈 번의 존왕양이 활동에 의해서 억압되고 있던 평공가들을 비롯하여 존왕양이 과격파가 전면에 등장했다. 에도에서 돌아온 시마즈 히사미쓰가 사쓰마 번으로 돌아간 후인 9월, 조정은 막부에게 양이 실행의 칙사를 보낸다. 조슈, 사쓰마, 도사 등 3개 번의 존왕양이 과격파는 '7~8년, 또는 10년 후'의 양이가 아니라 즉각적인 '단연양이'를 위해 막부에 칙사를 보낼 것을 건의했다. 그리하여 조정 안에서는 세력을 얻은 산조 사네토미 등 양이과격파와 고노에 다다후사 등의 사쓰마 번에 가까운 막정개혁파, 소위 말하면 공무합체파가 격돌을 반복했다.

　공무합체파인 고노에 등도 양보하지 않았다. 양이책을 인정하지만 양이 실행의 책략은 막부의 권한이라고 인정하도록 했다. 다시 말하면 과격파가 말하는 '단연양이'를 실제로는 크게 무력화시킨 다음 칙사 산조 사네토미를 에도로 보냈다. 이렇게 하여 쇼군 이에모치는 에도성에서 칙지(勅旨)를 받고 상경하기로 했다.

산조 등이 출발한 다음, 천황은 사쓰마 번사에게 의뢰하여 막부에는 안타까운 일이나, 이는 어쩔 수 없는 사정이 있어서 그렇게 되었으니 걱정하지 말라고 전했다. 막부에 대해서 걱정할 필요가 없다고 비밀리에 전달하여 양다리를 걸쳤던 것이다.

과격파 재야 지사 조직

1862(분큐 2)년 여름부터 교토에서는 천주(天誅)라고 하는 암살 협박이 빈번하게 발생했다. 구조가 가신인 시마다 사콘(島田左近)처럼 안세이 대탄압과 가즈노미야 결혼에서 활약한 자들에 대한 보복과 협박이었다. 시마다는 시조(四條)대교에 효수되고, 이와쿠라 저택에는 막부파 낭사의 한쪽 팔이 투척되었다. 이전에 고메이 천황의 뜻을 받들어 막부 협조를 추진한 이와쿠라 도모미와 고가 다케미치 등은 은퇴와 출가라는 처분을 받고 조정에서 추방되었다. 막부파로 전 간파쿠인 구조 히사타다와 이와쿠라, 고가 등 소위 가즈노미야 결혼을 추진한 사간이빈(四奸二嬪)을 배격하는 천주를 행한 운동은 놀랍게도 습가인 고노에가가 사쓰마 번에 의뢰하여 일어났던 것이 최근 밝혀지게 되었다. 그런데 고노에가도 구조가의 동향에 의심을 품고 구조가 측 수하의 폭력을 두려워하고 있었다. 공가의 정쟁은 이처럼 막부파(전 간파쿠 구조 등)와 사쓰마파(간파쿠 고노에 등)의 매우 음산한 암투도 불러일으

켰다. 폭발과 천주는 경도어소(궁궐)라고 하는 귀족들의 퇴색된 소세계에서 그야말로 위력을 떨쳤다. 이리하여 조슈 번의 산조 등 양이과 격파 공가에게 조정의 주도권이 넘어갔다.

고메이 천황은 실제로는 존왕양이 과격파에 강한 반감을 품고 있었다. 이 무렵의 편지에서 천황은 막부에 대한 다른 마음은 없고, 막부와 하나가 되어서 양이를 목표로 한다고 말하고 있다. 이어서 낭인에 가담한 당상 공가는 폭론, 조정의 위광에 지장을 준다며 '삿초'도 낭인과 같은 부류라고 비판하고 있다. 사쓰마 번은 번사의 폭발을 이용하고, 조슈 번은 과격파 재야 지사들의 '천주'를 이용하여 조정을 억누르고 있었던 것이다.

조슈 번의 천주라고 하는 어둠의 세계를 교토 번저 지도자 기도 다카요시와 구사카 겐즈이가 통솔하고 있었다. 1864년 2월 하순의 오사카 혼간지(本願寺) 남어당(南御堂)에서 실제로 일어난 일인데, 조슈 번 존왕양이파는 천주를 실행하고, 게다가 양이를 위한 붉은 마음을 토로하며 할복한 지사를 '연출'했다.

오사카에서 영국에 수출할 면화를 사들여 나가사키로 가기 위해 조슈 가미노세키(上關)에 기항하고 있던 사쓰마 상선의 선장을 암살하여 목을 가지고 오사카로 올라온 조슈 번에 사는 무명 재야 지사 두 명이 그 주역이었다. 늦은 밤 구

▶그림 2-6. 연출된 '억울한 사람'. 어당 쪽으로 인접해있는 '남어당'은 오사카의 한 가운데 위치. 앞쪽 남성은 30세, 뒷쪽 남성은 24세로 가미노세키 의용대 소대장과 대원(『대일본유신사료고본』에서, 도쿄대학 사료편찬 소장).

사카 겐즈이와 시나가와 야지로(品川弥二郎) 등 10여 명이 검은색 복장을 하고 초롱을 들고서 경비병을 협박하여 남어당 뒷골목을 폐쇄하고 선장의 목을 효수하여 팻말을 세운 곳 옆에서 그 두 사람에게 할복을 강요했던 것이다. 사실 한 번은 조슈로 도망친 재야 지사를 시나가와 등이 추적하여 데리고 왔다. 재야 지사는 부모에게 "분하여 견딜 수가 없다. 그러나 이미 어쩔 수 없으므로 부디 허용해 주십시오."라고 편지를 남겼다. 두 사람은 할복한 다음에 유행신인 '억울한 사람'이 되어 오사카 시민의 공감을 얻었다. 이처럼 과격파 재야 지사는 조슈 번의 존왕 운동의 하부로 조직되어갔다. 그림 2-6은 당시에 묘사된(사실은 연출된) 두 사람의 '붉은 마음의 사자' 모습이다.

양이 실행을 재촉하다

1862년 12월에 상급 귀족을 비롯한 29명이 임명된 국사어용괘(國事御用掛)는 공무합체파와 존왕양이파가 충돌하는 장소가 되었다. 그 후 공무합체파인 고노에 다다히로가 간파쿠를 사직하고 다카쓰카사 스케히로(鷹司輔熙)가 조슈 번의 후원을 받아 간파쿠에 취임했다. 2월에는 국사참정(國事參政)과 국사기인(國事寄人)이 설치되고 각각 과격파인 아네가코지 긴토모(姉小路公知) 등과 나카야마 다다미쓰(中山忠光) 등이 취임했다. 한편으로는 3월에 쇼군 이에모치가 입경하여 쇼군 후견직 히토쓰바시 요시노부, 정치 총재직 마쓰다이라 요시나가 등과 함께 교토에 체재했다. 그리고 궁궐(어소)에서는 하시모토 사네아키라(橋本実麗) 등 12명의 존왕파 공가가 간파쿠에게 열참하여 양이 실행 결정을 재촉했다.

조슈 번은 가모사(加茂社)와 오토코야마 이와시미즈사(男山石清水社)에 양이 기원 행차를 건의하고 이것도 실행했다. 조정은 양이파 운동에 굴복하여 5월 10일을 양이 실행의 날로 정했다. 친필 칙서로 천황은 황국 일부가 초토화되더라도 상관하지 않겠다고 기록하고 있다. 천황은 양이에 집착하고 있었던 것이며, 칙서는 과격파들에게 용기를 북돋우어 주는 것 이외의 그 어떤 것도 아니었다. 쇼군은 일단 이것을 받아들였다.

5월 10일, 시모노세키를 항해하는 미국 상선을 조슈 번 존왕파가 포격하여 양이를 실행하였다. 조슈 번은 천황의 양이친정을 요청하고 야마토 행차, 친정(親征) 명령이 내려졌다.

조슈 번의 어전회의

교토가 양이와 천주로 열광하고 있던 시기에 조슈 번의 지도자 스후 마사노스케와 다카스기 신사쿠는 에도에 있었다. 조슈 번이 획책한 교토의 존왕양이 운동은 교토 분지의 열광만으로는 이해할 수 없었다. 교토의 존왕양이 과격파 중심에는 교토 번저 정무담당인 기도 다카요시가 있었다. 기도는 자중하고 있었으며, 세상의 평판은 '도망치는 가쓰라'였다.

이전에 조슈 번의 서양식 군제개혁의 중심에 있었던 사람이 기도의 동지로 매제(妹弟)인 구리하라 료조(来原良蔵)였다. 네덜란드 교관 나가사키 해군 전습소에 참가한 구리하라는 서양식 군제개혁의 지도자였다. 항해원략책에 따른 정치 활동에 참가하여 개국정책을 초지일관하였으며, 1862년 항해원략 좌절에 대한 책임을 지고 할복했다. 다른 번에서도 마찬가지지만, 무사들의 서양식 군제에 대한 동원은 극도로 곤란하여, 전혀 진전되지 않았다. 복잡한 상하관계에 얽혀 있던 무사들은 동등한 병사로 조직되는 서양식 군제에 맞지 않았던 것이다. 보졸(足輕)에 의한 서양식 총진도 시도되었지만, 질서를 어지럽히는 폐해가 있다는 정규 번사들의 주장으로 실행되지 않았다. 그러나 안세이의 번정개혁에서 '전투준비 일념'으로 결정한 것과 같이 조슈 번 개혁파 지도부로서는 군제개혁이야말로 초미의 과제였다.

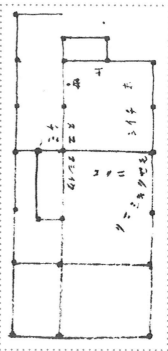

1862년 7월 초순 조슈 번주 모리 다카치카는 교토 산조 가와라마치에 있는 번저에서 어전회의를 개최했다. 여기에서 항해원략책으로부터 크게 전향하여 파약양이(破約攘夷), 즉 양이 실행이라는 번시가 결정되었다. 그림 2-7은 출석한 가로 우라 유키에의 일기에 기록된 파약양이를 결정한 어전회의의 좌석배치이다. 회의는 참가한 가신들의 찬반양론이 대립하는 양상으로 며칠 간 분규가 발생했다.

그림의 위쪽이 첫째 방(이치노마), 아래쪽이 둘째 방(니노마)으로 위쪽에서 아래쪽으로 향한 상(上)이라고 하는 것이 다이묘인 다카치카이다. 번주와 마주앉은 것

▶그림 2-7. 어전회의 좌석배치도. 필자 우라유키에 전 가로는 이치노마마 왼쪽 아래의 'ㄱ'표시(「우라 유키에 일기」에서, 야마구치 현 문서관 소장).

처럼 하여 둘째 방에 대기하여 앉아있는 세 사람이 왼쪽에서 '고(ㄱ)', '구(ㄲ)', '마(ㅜ)', 언뜻 니(ㄴ)로 보이는 오른쪽의 한 글자가 마(ㅜ)이 며 회의에서 진짜 주역이다. 'ㄱ'가 기도 다카요시로 에도 담당 우필, 당시는 가쓰라 고고로(桂小五郎), 구는 시시도 구로베에(宍戸九郎兵衛) 에도 담당 재무역으로 2년 후에는 속론파에 의해서 참수된다. 'ㅜ'는 지도자 스후 마사노스케를 나타낸다. 오른쪽 아래 끝자리의 'リ'가 구 리하라 료조(来原良蔵)로 총진 교수역으로 1개월 후에는 자결하는 기 도의 매제이다.

반대파는 둘째 방의 왼쪽 열로서 위로부터 종으로 늘어선 'ㄱ'로 표기된 이노우에 고분고(井上小豊後), 에도 담당 용담역 등이다. 반대 파인 이노우에 등도 스후파였지만 자중하는 중립파로 실무를 담당하 는 능리들이었다. 며칠간 서로 대립하며 분규한 회의는 처음에 반대 하고 있던 스후 마사노스케가 분연히 일어서서 단호하게 찬성 의견을 말함으로써 결정되었다고 한다.

그러나 이 결말은 소위 과장된 것이다. 지형(紙型)이 전쟁 시 불타 아주 귀한 책이 된 두 권짜리의 스후 마사노스케전이 전후에 어렵게 간행되어 앞에 말한 어전회의 내막이 밝혀졌다. 어전회의 5일 전 입경 하던 중인 스후를 교토에 있던 기도가 마중 나가 두 사람은 담합했다. 사실은 스후야 말로 번시 전환의 필요를 비밀리에 가쓰라 고고로에게 토로하였던 것이다. 감명을 받은 기도의 답서가 수록되어 있다. 스후 는 파약양이파였다. 그는 난항을 거듭하는 회의를 결정하기 위해 반 대파로 위장하고 한바탕 연기한 뒤, 중요한 대목에 이르자 변신하여 회의를 결정한 것이다. 기도도 스후도, 앞장에서 살펴본 외교를 담당 한 막신도 그러하였듯이 회의의 명수였다.

회의의 논의에서 주목할 부분은 중립파가 자신들은 소수자만의 결정에 단호하게 반대한다고 한 부분이다. 그것에 대하여 스후 일행은 번사 일반의 의견을 물을 필요를 거부하고 대의에 의해 이 자리에서 결정할 것을 주장했다. 이렇게 하여 파약양이라고 하는 번시(藩是)는 번주의 뜻, 즉 상의(上意) 또는 어의(御意)로 번지에 보내졌다. 어의는 에도시대 무사에게 있어서는 절대적이었다. 이와같이 파약양이라고 하는 번씨는 양이전쟁으로의 조슈 번사 대중들의 동원령이기도 했다. 1858년에 어전회의를 규정한 것은 이러한 내용이었다.

양이와 개혁

조슈 번의 번지 상황은 교토와는 양상이 달랐다. 속론파(자신들은 정의당이라고 자칭했다)의 다수 번사가 존왕양이라는 번시에 대하여 들끓었으며 유언비어와 벽보들이 나돌았다. 속론파는 막부를 변호하고 서양식 군제개혁에도 완강하게 저항하고 있었다. 사건은 후에 어의난 사건(御意難事件)으로 불렸다. 번주의 어의를 비난하는 사건이다. 상의(上意)는 절대적이어서 당시 따르지 않으면 사형에 처했다. 그렇지만 상의에 저항하는 어의난 사건은 일어나는 것이며 그것이 무사들의 세계였다.

교토에서 양이를 기원하는 행차가 이루어져 존왕양이파가 정점에 서 있는 것처럼 보인 1862(분큐 2)년 말 기도는 번지로 돌아갈 것을 다음과 같이 주장했다.

"오늘부터 각오할 필요가 있다. 조슈 번을 '일천지(一天地)'로 할 준비를 하지 않으면 진정으로 훗날 근왕의 결전은 할 수 없다."라고 주장했다. 그런데 기도의 편지는 고뇌에 차있었다. 번정개혁의 중심은 스후와 다카스기 그리고 기도 등 3인이다. 3인은 귀국하여 스후를 조슈 번 개혁의 대장으로 하고 죽음을 각오하고 진력해야만 한다. 그것이 성사되지 않을 때에는 세 사람은 망명하여 주선한다며 다카스기와 비밀리에 담합했다. 기도 등은 번정개혁을 하든지 탈번 망명을 하든지 그 두 가지 이외에는 방법이 없게 되었던 것이다. 이렇게 하여 시모노세키에서의 외국선 포격이 일어났다.

기병대의 결성

스후 등은 양이전쟁을 계란으로 바위를 치는 것과 같다고 인정하고 패전할 것을 예상하고 있었다. 병사들을 분연히 일어서게 하고 조슈 번을 위기에 직면하게 하는 것 외에 좋은 방책이 없었다.

1863년 3월 다카스기 신사쿠는 교토에서 출가(剃髮)하여 번으로부터 10년 간 휴가를 하사받았다. 이름을 도교(東行)로 고쳤다. 기도 다카요시도 동석하고 스후가 자신의 갑옷을 선물하자 다카스기는 양이전투가 일어나면 입겠다고 갑옷에 새겼다. 앞에서 살펴본 편지에서 기도가 약속한 것처럼 다카스기가 번지로 돌아간 것은 4월 상순, 양이전쟁이 발생하기 1개월여 전이다. 귀번을 요청하고 있던 기도 자신이 교토에서 돌아온 것은 역시 그 후인 9월이었다.

지도자 스후 마사노스케는 5월 9일 가까스로 양이 실행 전날 귀번한다. 양이 실행 다음 날에 정무좌필두, 번지의 최고지도자인 기도

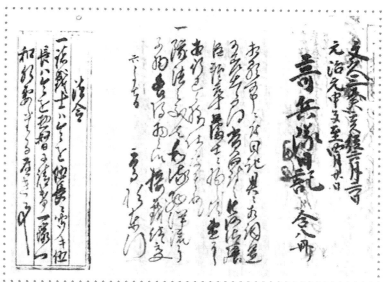

▶그림 2-8. 「기병대 일기」의 서두에 가까운 부분. 오른쪽은 표지 부분. 중간 부분에 「하나, 대법(隊法)에 관한 건은 일본류·서양류를 불문하고 각각 소지하고 있는 물건으로 접전할 것, 6월 7일 다카스기 도교」로 되어 있다(이 부분 다카스기 자필, 교토대학 도서관 존양당문고 소장).

가 말했던 '개혁 대장'이 되었다. 조정 공작에 분주하였던 기도는 없었지만 스후가 돌아와 번의 체제는 정비되었던 것이다.

양이 기일인 5월 10일, 교토에서 돌아온 존왕양이 과격파 재야지사들이 모여서 시모노세키 해협에 만든 고묘지(고묘지를 주둔소로 했다)는 서양식 선박 고신마루(94쪽에서 소개한 대형 커터형 범선. 총 길이 43미터. 포 8문)에 탑승하여 한밤중에 미국 상선 밴브로브 호에 남몰래 접근해 포격을 가하여 대파시켰다. 같은 날 밤 시모노세키 조슈 번의 정규 번병 본진은 움직이지 않았다. 이어서 서양선 포격전에서는 서양 군함의 반격이 맹렬했다. 2월 1일 미국의 와이오밍호는 조슈 번 해군을 괴멸시키고, 5일 프랑스의 세미라미스 호의 육전대는 마에다 촌을 전소시켰다.

호출된 다카스기는 7일 시모노세키의 존왕양이 운동에 참가하고 있던 호상(豪商) 시라이시 쇼이치로(白石正一郎) 집에서 무사와 서민의 혼성 유지대(有志隊)인 기병대(奇兵隊)를 결성했다. 번 조직의 상비유 지대로 결성되어 번으로부터 월급이 지급되었다. 소위말하는 민병대가 아닌 점이 중요하다. 구사카 겐즈이 등의 번 의사와 보졸 등에서 나온 존왕양이 과격파, 고묘지 등 30여 명이 기병대의 모태가 되었다. 배신(陪臣), 보졸, 번사를 가리지 않고 똑같이 뒤섞어 오로지 각자의 역량을 중시한다고 하는 번의 새로운 군대 탄생이다. 농민, 상인 등 서민들도 참여하게 되었다.

"일본식, 서양식을 불문하고 각각의 무기로 싸운다."라고 다카스기는 대법에 기록하고 있지만(그림 2-8) 지금까지 소개해 온 조슈 번 군제개혁의 흐름에서 논한다면 반발이 강력했던 서양식을 인정하게 한 점에 중점이 있었다. 결성 9개월 후 기병대는 게벨 총과 미니에 총을 번청으로부터 빌리기 시작했다. 미니에 총은 크리미아전쟁에서 영국군이 처음으로 사용하여 러시아군을 격멸시킨 라이플 총으로 19세기 중엽에는 전 세계에 군사혁명을 가져다주었다.

인민이 병사로─신분제 사회의 '혁명'

앞에 소개한 것처럼 조슈 번에서는 이보다 5년 전인 1858년 안세이 번정개혁에서 서양식 군제 채용을 결정했다. 사쿠라다문 밖의 변이 일어나기 직전에는 나가사키와 요코하마에서 대량의 게벨 총을 사들였다. 그러나 번사의 저항은 강력했다. 번사에 앞서 보졸이 군제개혁을 맹렬히 반대하여 중도에 폐지되었다.

　이러한 경과를 보면 기병대의 결성이 충분히 궁리된 계책이었다는 것을 알 수 있다. 이해 스후는 "인민은 5~6개월만 훈련하면 한 명의 병사가 될 수 있다."라며 인민을 병사로 만드는 것을 구상했다. 인민이 병사가 될 수 있다는 것은 신분 사회에 있어서 거의 혁명적인 것이었다. 그것을 패전한 사지(死地) 안에서 강행했다. 다카스기는 다른 곳도 아니고 번지인 세토나이 쪽에서 10년 동안 휴가로 칩거하며 패전을 기다리고 있었던 것이다.

　호출된 다카스기는 상서(上書)를 제출했다. 참기 어려운 '패군'에 즈음하여 정규 번병 외에 유지대를 갖추는 것을 결정한다고 말했다. 좋아서 의외의 행위를 하는 것이 아니라 어쩔 수 없는 궁여지책이라고 쐐기를 박았던 것이다. 게다가 상서가 제출된 야마구치 정사당에는 지도자 스후가 있었으며 번주도 돌아와 있었다. 주도면밀하고 진정한 의미에서의 정치적인 술책이라고 할 수 있다.

　개혁파는 이리하여 시모노세키 외국선 포격 사건이라고 하는 대외전쟁에 무리하게 개입하게 되면서 점차 무사와 서민 혼성의 유지대를 만들어 냈다. 그것이 정규 번병, 정병(正兵)에 대한 기병대의 출발이었다.

제3장 개항과 일본 사회

후쿠시마 쓰네오키 필 『시모노세키전쟁도』(부분).
서양의 육전대가 접근하고 있다. 오른쪽은 총격전
의 일부(시모노세키 시립 초후(長府) 박물관 소장).

1. 개항과 민중 세계

시모다의 이문화 교류

1854(안세이 원)년 미일화친조약이 체결되고 나서 페리는 시모다로 향했다. 시모다 사람들이 미국 해병, 장성, 학자, 화가와 교류하기 시작했다. 어떻게 교류가 성립하였을까?

종래의 이미지는 다음과 같았을 것이다. 일본은 쇄국정책으로 폐쇄된 사회였다. 서양인과 만나면 혐오와 경계, 허세와 공포의 감정이 생겼을 것이라며 긴박한 상황을 상상해 버린다. 그러나 사실은 달랐다.

그림 3-1은 『페리 제독 일본 원정기』에 수록된 화가 하이네가 그린 「시모다 하치만 신사도」(「下田八幡神社圖」, 원제는 「돌다리와 시모다 사원 입구」)이다. 페리함대에 동행한 화가들은 현대식으로 말하면 사진사 역할을 담당했기 때문에 실물처럼 정교하게 그렸다.

오른쪽에 화가 하이네 본인이 있다. 주인공은 시모다의 어린이들로 쭈그리고 앉아 들여다보고 있는 어린이, 손가락질하고 있는 어린이, 어머니의 손을 잡고 화가에게 가까이 다가가는 어린이 등이다. 갓난아이를 업고 있는 어머니는 화가와 대화를 나누고 있는 것처럼 보인다. 경호 임무를 수행하고 있는 무사에게 쫓겨 달아나는 어린이들은 환호성을 지르며 즐거워 하는 듯하다. 어머니도 두려워하는 모습은 보이지 않는다.

종래의 혐오와 경계라는 이미지는 현대의 문명개화 이후에 생겨난 것이다. 서양문명을 따라가고자 하는 의식이 문화 후진 의식, 문화 열등감을 만들어 냈다. 그러나 에도 후기의 사람들은 그러한 열등 의식과는 무연했다. 제1장에서 살펴본 것처럼, 하야시 전권과 가와지 도시아키라의 외교에는 공포심이 없었다. 그들의 태도는 여유가 있었으며 당당했다.

▶그림 3-1. 시모다 하치만신사의 입구. 그림의 오른쪽과 윗부분은 생략. 정치망명자 하이네는 곳곳에 화가 자신을 그렸다(『페리 제독 일본 원정기』 삽화).

그림에 있는 어머니처럼 여성들의 모습도 우리들의 선입관과는 다르다.

하이네는 1849(가에이 2)년 독일의 혁명에서 드레스덴 폭동에 공화파로 참가한 뒤 미국에 정치적 망명을 한 화가였다. 당시 29세로 여행기(旅行記) 안에 시모다의 소녀에 대해 언급하고 있다.

페리의 마지막 시모다 공식 방문 시에는 마을 사람 대부분이 식장에 왔으며, 군악대 음악을 들었다. 하이네는 식장을 빠져나와 시모다의 소녀들과 교류를 했다.

연회장의 '두세 개의 달콤한 과자와 맛있게 구운 빵'을 하이네가 소녀들에게 나누어주고, 답례로 꽃이나 과일을 받는다.

> "이 꽃을 귀여운 소녀들의 머리에 꽂아주고, 과일을 장난삼아 소녀들에게 던져주면 나에게는 다시 그것의 배가 되는 답례가 돌아왔다."

두려워하지 않는 에도의 여성

와타나베 교지(渡辺京二)가 『지나간 시대의 모습』에서 훌륭하게 그려 낸 것처럼, 에도 여성에 대한 서양인의 평가는 높았다. 휴부나는 "명랑하고 순박하며 정숙함, 타고난 기품이 넘쳐나고 있다."라고 했고 벨크는 "느낌이 좋다.", "두려워하지 않는다."라고 평가했다. 에도 여성이 두려워하지 않는다는 것은 기존의 이미지와 어긋나지만, 모든 서양인이 인정하는 사실이었다. 또 포춘은 "중국 여성과는 다르다. 조금의 공포나 주눅이 드는 모습도 보이지 않는다."라고 평가했다.

▶ 그림 3-2. 시모다의 공중목욕탕(『페리 제독 일본 원정기』삽화)

시모다의 혼욕 공중목욕탕을 그린 유명한 하이네의 그림(그림 3-2
는 부분도)은 하이네 여행기에 기술되어 있듯이 그 자신이 목욕탕에 들
어가서 그린 것이다. "외국인이 들어와도 이 벌거숭이 남녀는 전혀 놀
라지 않는다."라는 하이네의 표현처럼 남녀 불문하고 나체를 별로 부
끄럽다고 느끼지 않는 개방성이 에도 서민 문화의 특징이다.

1857(안세이 4)년 여름, 해리스는 시모다 온천에 들어가 있는 동안
에 다음과 같은 경험을 했다.

"나는 아이를 데리고 탕에 들어 있는 한 여자를 보았다. 그녀는 조금의
불안함도 없이 미소를 지으며 나에게 언제나 일본인이 말하는 '안녕하
세요'를 말했다. 그녀의 피부는 너무나 아름다워……."

에도의 서민 여성에게 두려워하는 기색은 없고, 명랑하고 기품이
있었다. 서양인을 자연스럽게 받아들였다. 이러한 서민 여성에 대한
기억의 조각은 미야모토 쓰네이치(宮本常一)의 『잊혀진 일본인』의 「여
자의 세상」 중 등장인물이 대화를 엿듣고 있는 농촌 여성에게 나타난

예전부터의 '태평스러움', '남자를 능가함', '명랑함'에 광범위하게 남아있던 것이다.

또한, 이 무렵 해리스는 시모다 산책 후 다음과 같이 말하고 있다.

"외모에 빈곤함을 나타내고 있는 사람을 한 명도 본 적이 없다. 어린이들의 얼굴은 모두 보름달처럼 통통하게 살쪄 있으며, 남녀 모두 대단히 살집이 좋다. 그들이 충분히 먹지 못하고 있다고는 조금도 상상을 할 수 없다."

에도시대 막부를 반미개라며, 그 아시아적 전제 지배와 신음하는 농민을 기술하는 것이 서양인의 패턴화된 일본 민중의 모습이었다. 해리스의 관찰도 일본을 철저하게 반미개로 보고 있다. 그렇지만 때때로 이처럼 다른 감상이 표현되곤 한다.

초대 영국 공사 올콕의 경우도 마찬가지이다. 올콕은 시모노세키 4개국 연합함대 포격 사건을 주도한 대일 강경파이며, 일본을 '반(半) 미개의 동양의 일국민'이라고 보고 있었다. 그렇지만 때때로 다른 관찰을 하기도 했다. 1860(만엔 원)년, 후지산을 등정하고 돌아오는 길에 이즈의 니라야마(韮山) 부근에서 조그맣고 살기 좋은 듯한 촌락과 집들을 지나쳤을 때 그의 감회이다.

"봉건 영주의 압제적인 지배와 전체 노동자 계급이 고생하고 신음하고 있는 억압에 대하여 이전부터 많은 것을 듣고 있다. 하지만 이렇게 잘 경작된 골짜기와 넉넉한 풍요로움 속에서 가정을 영위하고 있는 행복이 충만하고 생활 형편이 좋은 듯한 주민을 목격하자, 이것이 압제에 고통받고, 가혹하게 세금을 징수당하여 궁핍한 토지라고는 도저히 믿기 어렵다.(그림 3-3)."

물론, 빈궁한 농촌 지역의 묘사도 여기저기 발견된다. 당시의 일본은 지역 차가 컸다. 그러나 압제적인 지배, 그 아래서 신음하는 농민이라는 서양의 보편적인 아시아적 전제론에 대하여 실제 일본 농촌을 본 올콕은 의문을 가지게 되었다.

종래 일본의 에도시대사 연구도 서양과는 반대의 모습으로 만들어진 아시아적 전제라는 틀에 갇혀 있었다. 그러나 1980년대 무렵부터 겨우 이러한 틀에서 해방되는 중이다.

에도 민중의 소원(訴願)

근세 후기에는 농민의 소송이 성행했다. 19세기 중반, 가와치 국(河內国)의 하타모토(旗本) 영내의 10개 촌의 기록 '소송원서 묶음(願訴訟留)'을 조사한 구마가에 미쓰코(熊谷光子)에 따르면, 약 한 달 반 동안 대관(代官)에 제기한 소원(訴願)은 146건, 그 중 막부의 오사카마치부교쇼에 대한 공소(公訴)가 11건이었다. 일일 소원수가 3건 이상이 되는 많은 숫자이다. 이처럼 에도 민중이 소원을 제기하는 빈도는 높았다.

민중의 소원이 조직적으로 이루어진 것이 국소(國訴)이다. 면(綿)이나 채종(菜種) 등 자유로운 유통을 요구하는 운동으로 기내(畿內)가 무대였다. 1823(분세이 6)

▶그림 3-3. 「아타미(熱海)의 생활(아내와 함께 일을 마치고 귀가하는 농민)」 올콕이 회상하는 부분에 삽입된 자필 스케치의 하나(『대군의 수도(大君の都)』).

년, 셋쓰(摂津)·가와치의 여러 촌은 1,007개 촌이라는 일대 소원 운동, 즉 국소를 조직했다. 기내는 막부령, 다이묘령, 하타모토령이 뒤섞인 지역이다. 여러 촌락이 대연합으로 조직하는 농민들의 방법은 우리의 예상보다 훨씬 앞선 것이었다.

군(郡) 내에서 영주를 달리하는 촌장들은 영주가 다르다는 점과 관계없이 군마다 회합체를 결성하고, 군의 대표자인 '군중총대(郡中總代)'를 선출했다. 아직 영주별로 구분하지 않으면 대표를 선출할 수 없는 지역도 있었으며, 그러한 지역에서는 영주별로 '총대 촌장'을 선출했다. 그렇게 하여 군중총대와 총대 촌장이 오사카로 나가서 회합을 열었다. 이것이 '대참회(大參會)'로 불리며 소원의 지도부가 되었다. 1823년의 경우는 50명이 오사카의 대참회에 참석했다. 그로부터 30년 후인 1854(안세이 원)년에는 같은 셋쓰·가와치의 여러 촌 중 1,086개 촌이 모여서 대참회의 총대 45명을 선출하여 국소를 조직하였고, 그 10년 후인 1864(겐지 원)년에는 1,262개 촌이 총대 54명을 세워서 국소를 조직했다. 이러한 대소원 운동은 어디까지나 합법적인 운동으로서 전개되었다.

주목해야 할 점으로 대참회에 참석하는 '군중총대'와 '총대 촌장'에게는 여러 마을에서 다음과 같은 '의뢰 증서'가 제출되었다.

"그대들을 총대로 부탁한 이상은 가령 중도에 어떻게 상황이 바뀌더라도 배신하지 않는다(1823년의 예)."

마을 쪽에서 총대들에게 어디까지나 공동 책임을 진다는 취지를 문서로 보증한 것이었다. '의뢰 증서'를 발견한 야부타 유타카(藪田貫)는 대표와 마을의 증서에 의한 위임 관계에는 '대의제 정신'이 있다고 평가하고 있다. 운동 경비에 대해서도 이 의뢰 증서에 자세하게 정해져 1,000개 마을 규모의 농민이 전 가구별, 촌락별로 세밀하게 할당되었다. 총대의 배경에는 기내 마을들이 확실하게 뒷받침하고 있었다. 이렇게 하여 약 1세기를 지나 근대 대의제의 전 단계가 되는 소원 운동, 국소가 성숙해졌던 것이다.

새로운 농민 봉기상

압정에 신음하는 농민의 폭력적인 봉기라고 하는 농민 봉기상도 사실과 다르다는 것이 밝혀졌다. 이러한 연구는 봉기한 농민의 소지품 연구에서 시작되었다. 소지품은 죽창이라고 이야기됐지만, 죽창은 드물었으며 일반적으로는 낫이었다. 낫은 무기가 아니라 농민의 자부심을 나타내는 상징이었다. 농민 봉기는 감히 인명을 해치는 무기는 지참하지 않고, 비폭력적 봉기라고 하는 점이 에도 일본의 보편적인 원칙이었다. 사실, 에도시대 3,200건 정도의 봉기 중에서 죽창으로 인명을 살해한 사례는 불과 두 번에 지나지 않았다.

1840(덴포 11)년, 쇼나이 번(庄內藩)에서 다이묘 3가의 영지 교환(三方領地替え)을 반대하는 봉기가 일어나게 된 자초지종을 묘사한 주목할 만한 두루마기 그림『꿈의 부교(浮橋)』가 사쿠라 시(佐倉市)의 역사민속박물관에서 2000년에 전시, 공개되었다. 영주의 영지 교환(轉封, 國替)에 반대한 봉기로 막부에 직접 소원하는 가마소송(駕籠訴)을 하고 지역에서는 수만 명의 대규모 군중집회를 조직하여 막부의 전봉령(轉封令)을 철회시켰다. 그림 3-4는 에도로 향하는 농민이 모여서 가

▶그림 3-4.(상) 시오고에(塩越), 와타베야 진에몬(渡部屋仁右衛門) 댁에서 동료가 회합하여 일동 기원하는 그림.
▶그림 3-5. (하) 丑(1841, 덴포 12년) 정월 20일, 가와기타(川北)에 맨 먼저 오른 11인, 등성하는 행렬 앞에서 소송하는 그림. 둘 다 『꿈의 부교』(치도박물관 소장).

마소송을 하는 방법 등을 결정하고, 신 앞에 서로 맹세하는 장면(부분도)이며, 그림 3-5는 에도성으로 오르는 로주들에게 농민 대표가 2, 3명씩 가마소송을 하고 있는 부분이다(부분도. 다이묘 등성 중 사건이 하성[下城]하는 장면으로 되어 있는 것은 원 그림의 해설에서도 설명하고 있듯이 데포르메[deforme]적 표현이다). 그림 3-4의 쇼나이에서 참석한 위쪽 오른편 끝의 두 사람(히코시로와 노부에몬)이 그림 3-5의 가운데 아래쪽, 이이 나오아키(井伊直亮) 로주에게 가마소송을 한 바로 그 두 사람이다. 그때 동시에 그 고장에서 수만 명의 '대집회', 봉기가 개최되었다.

종래에 가마소송(월소[越訴]의 하나)은 중죄로 본인은 효수에 처해졌다. 그러나 최근의 연구에 의하면 가마소송은 막부에 의해 채택되는 일이 많고, 소송을 일으킨 자는 엄중하게 꾸짖는(屹度叱) 정도의 가벼운 벌을 받고 석방되었다. 가마소송은 요구하는 것이 이치에 맞으면 사실상 인정을 받았던 것이다. 국소는 막부에 명령을 내려달라고 요구하는 일도 있어 막부도 그러한 요구를 자주 받아들였다.

국소의 소원 취지에 따라, 혹은 소원의 문장 그대로 포고했다. 또 정책 시행에 앞서 막부가 촌리(村役人)에게 자문하고, 그 회답이나 헌책을 근거로 하여 정책이 실행에 옮겨진 사례도 야마토(大和)의 국소에서 찾을 수 있다. 이것은 사실상 촌리가 막부의 정책 형성에 참가한 것이었다. 에도 막부 지배의 강함은 소송을 엄금하고 농민을 힘으로 압도한 점에 있었던 것은 아니었다. 소원을 접수하고, 헌책을 받아들이는 '유연성 있는 지배'에 지속할 수 있었던 비밀이 있었다.

　기내처럼 상품 경제가 발달하고 막부령, 다이묘령, 하타모토령이 뒤섞여 지배구조가 복잡하게 얽혀 있는 곳일수록 국소와 같은 선진적인 민중 운동이 발전하고 있었다. 그리고 막부도 대조직의 민중 운동과 대치하여 그들의 헌책을 받아들이는 시스템(관행)을 성숙시킴으로써 지배를 유지하고 있었다. 삿초와 같은 한 지역 전부를 다이묘령으로 지배함으로써 촌리들과 향사를 우선은 질서정연하게 조직하고 있는 것과는 대조적이다. 제1장에서 본 것처럼, 막신, 가와지와 미즈노 (두 사람은 민정경험이 풍부했다) 등의 유연하고도 능숙한 논리적 교섭 능력은 이렇게 해서 길러졌다.

2. 국제사회 속으로

무역 개시 이후의 일본

1859(안세이 6)년 6월, 요코하마(橫浜)와 나가사키(長崎) 그리고 하코다테(箱館)에서 자유무역이 시작되었다. 일본의 수출 초과, 즉 무역 흑자로 출발하였다. 처음 꼬박 1년이 지난 다음 해에도 수출 471만 달러, 수입 166만 달러로 역시 수출이 많았다. 7년 후인 1865(게이오 원)년에는 수출 1,849만 달러, 수입 1,514만 달러로 수입이 급증했다. 수입은 그 후에도 증가하여 유신 직전인 1867년은 수입 2,167만 달러, 수출은 1,212만 달러로 정체하지만, 그 후에는 점차 증가하는 경향을 나타냈다. 이렇게 1867년부터 일본의 수입이 약간 초과로 바뀌었지만, 무역 전체는 대체로 순조롭게 진전되었다. 특히 무역 흑자로 돌아선 서양으로서는 예상을 웃도는 순조로운 무역이었다.

한편, 중국 무역은 생사와 차 수출이 순조로웠는데, 서양의 수출 주력 상품인 면포가 일본과는 달리 개항장 주변 이외에서는 팔리지 않았다. 중국 재래의 '토포(土布)'의 저항력이 강했던 것이 한 요인이었다. 영국은 거액의 무역 적자가 누적되었기 때문에 대량의 인도 아편(벵갈 아편)을 밀수출했다.

일본의 수출 1위 품목은 처음부터 한결같이 생사로 수출 총액의 50%에서 70%를 차지했다. 2위가 차(茶)로 10% 전후였다. 일본의 수입 품목 1위는 대영국제국의 엔진이라고 불렸던 기계로 짠 엷은 목면 '금건목면(金巾木棉)', 그리고 이것에 거의 뒤지지 않았던 것이 모직물이다. 또 막말 후기에 함선, 총포 등 서양 무기도 수입되었는데 무기 수입의 의미에 대해서는 뒤에 서술하겠다. 수출입 모두 대영제국 최성기의 영국과 압도적으로 많이 이루어졌고, 이러한 점은 그 후에도 변하지 않는다.

최초로 무역을 시작한 시기에 나타난 현상으로 금화 유출 문제가 있다. 일본의 금과 은 교환비율은 국제 수준에 비교해 보면 극단적으로 금이 저렴했기(약 1/3정도 저렴한 값) 때문에 대량의 일본 금화가 국외로 유출했다. 다음 해 막부의 화폐개주(만엔개주)에 의하여 금화 유출은 중단되었고 이것은 물가 상승을 초래했다. 이전에는 유출된 금화가 80만 냥이라는 추정도 있었으며, 개항에 의한 경제 혼란이 강조되었지만, 현재는 약 10만 냥 정도 유출된 것으로 격심하지만 단기적인 현상이라고 추정되고 있다.

생사 판매 상인

요코하마가 일본 무역 총액의 70% 이상을 차지했다. 외국인 거류지가 구획되어 초기에는 중국의 아편 무역으로 가장 큰 수익을 올린 자딘매디슨 상회(Jardine Matheson Holdings Limited) 등 큰 상회가 두드러지고, 이윽고 중소 상사(商社)로 교체된다. 일본 상인에게는 상인 거주지가 설치되고, 에도 대상인의 절반이 강제로 개점한 것 이외에 막부는 전국에서 개점 신청을 모집했다. 거기에 응한 것이 관동 주변의 중소 상인들이었다. 무역 개시 전에 상인 거주 예정지는 넘쳐났다.

요코하마로 모인 생사 판매 상인의 전형은 가이 국(甲斐国) 야쓰시로 군(八代郡)의 중간 정도의 호농인 고슈야 시노하라추에몬(甲州屋篠原忠右衛門)이다. 50살로 은퇴해야 할 나이임에도 불구하고 요코하마로 나와서 모진 고생을 하다가 향리의 생사 판매로 장사 기회를 잡았다. 개점 신청서에는 가이 국 내 어디에서라도 거래할 수 있는 여러 상품을 대상으로 조금씩 장사를 시작한바, 막부 교역의 취지가 "실로 행운을 가져다 주었다."라고 기록하고 있다. 소개한 바와 같이 지역 상인은 직접 판매, 직접 매입을 통한 활발한 장사로 국내시장을 만들어 가고 있었다(그림 3-6). 개시된 외국 무역은 '실로 행운을 얻은' 호기였다.

시마자키 도손(島崎藤村)의 명작 『동트기 전(夜明け前)』은 기소(木曾) 나카센도(中山道) 마고메역참(馬籠宿)에도 이러한 동향이 미친 것을 묘사하고 있다. 미노(美濃)의 상인 4명이 요코하마행을 결심하고 마고메를 떠나는 것은 이야기 제1부의 도입부인 1859(안세이 6)년 초겨울(무역 개시 4개월 후)이다. "상당한 모험이라

▶그림 3-6. 올콕의 스케치. 상인의 두 가지 예 (『대군의 수도』).

고도 생각되었지만 놓칠 수 없는 기회였다." 요코하마의 무역상은 지참한 생사에 전대미문의 가격을 붙였다.

일본의 조약에서는 외국인의 거류지 이외에서의 상업적 용무를 인정하고 있지 않았다. 그래서 각지의 생사 판매상이 요코하마로 쇄도하여 일본 내륙 침입을 노리는 외국 상인의 기세를 막았다. 생사 판매상의 거두가 무사시 국(武蔵国) 와타라세(渡瀬) 촌에 거주하는 비단 상인 출신의 하라 젠자부로(原善三郎), 옥호(屋号)는 가메야(亀屋)이다. 하라는 1890년대에는 거대 재벌에 비견할 만한 소득을 올려, 요코하마시회 의장, 그리고 중의원, 귀족원 의원이 되었다.

다이묘도 생사 무역에 관여했다. 예를 들면 이전에 조약 승인 문제가 있을 때에 조약 거부 의견을 관철한 4명의 다이묘 중 한 사람인 가와고에 번은 완전히 바뀌어 현지 생사를 요코하마 상인에게 전매하여 큰 수익을 얻었다. 그것은 '마에바시(前橋) 실'이라고 불려, 요코하마에서 수출되는 생사로 수십 퍼센트를 차지했다.

인구 1인당 영국 면포의 수입액에서도 일본은 중국의 2배 이상으로 무역의 영향은 내륙부까지 고루 미쳤다.

수입에서는 3도(에도·교토·오사카)의 대상인과 요코하마 상인 사이의 환거래, 에도의 발달한 신용 시스템이 활용되었다. 요코하마의 거래상(수입상)은 신용을 배경으로 거액의 현금 거래를 통해 물건을 사들여 외국 상인의 내륙지 침입을 단념시켰다. 이처럼 외국 상인의 내륙지 침입을 막은 것은 첫째로 활성화되어 있던 일본 각지의 지역 상인이며, 둘째로 에도의 발달한 신용 시스템, 셋째로 외국인에게 개항장으로부터 10리(약 40km) 밖으로 유보(遊步)를 금지한 엄격한 조약이었다.

생사 수출로 판매 상인과 3도 상인에게 거대한 자본이 축적되었다. 한편, 일본 재래식 두꺼운 목면은 영국의 기계제 얇은 목면의 압박을 받아 지역에 따라서는 쇠퇴, 혹은 쇠멸되었다. 그러나 목면 직물 생산이 발달한 지역에서는 천을 짜는 것과 실을 잣는 것이 분업화되어 있었으므로, '짜는 것(織)'으로 전업화한 지방은 유신 후 수입 면사를 사용하여 재래식 직물 공업이 발흥했다. 이렇게 하여 일본의 면업은 지역에 따라 성쇠를 달리하면서도 능숙하게 무역에 적응하면서 발달했다.

종래와 같이 무역의 시작이 재래 산업을 괴멸시켜 사회에 '불안과 혼란'을 일으켰다고 보는 것은 지나치게 일면적인 고찰이다. 무역 초기를 보더라도 생사 판매 상인의 왕성한 활동으로 대표되듯이 무역 참가를 광범위하게 볼 수 있어 그것이 일본 독립의 진정으로 광대한 기반이 되었다.

영국 해군과 막부

1862(분큐 2)년 8월의 나마무기(生麥) 사건으로 사쓰마 번사에게 영국 상인이 살해된 것은 앞 장에서 언급했다. 때마침 요코하마에 영국 군함 3척이 입항하고 있어 외국 상인의 집회에서 즉시 보복의 목소리가 나왔다.

그러나 영국 대리 공사 닐(올콕 공사는 귀국 중)은 일본과 개전하는 것과 마찬가지라며 거부하고, 해군의 쿠퍼 제독은 문제에 관여하는 것조차 거절하였다(『한 외교관이 본 메이지 유신』). 영국 외교부는 일본에 대하여 신중하였고, 홍콩을 본부로 하는 극동의 영국 해군은 외교부 이상으로 신중했다.

그런데 1863년 1월, 본국 외무부로부터 나마무기 사건에 대한 훈령이 전해졌다. 쇼군에 대해서는 책임자로서 배상금 40만 달러, 사쓰마 번에 10만 달러, 거부했을 경우 막부에는 해군에 의한 해상 봉쇄, 사쓰마 번에는 함대가 가고시마(鹿兒島)로 향한다는 내용이었다. 원래 신중했던 본국 외무부의 훈령은 배상 실현에 한정된 요구였지만, 그 강경함은 일본의 영국 공사관조차도 질리게 했다. 당시, 중국에서는 태평천국 전투 기세가 약해지고 영국함대가 요코하마에 입항했기 때문에 영국 외교부는 약 10척의 함대로 압박하여 막부가 요구를 받아들이게 하려고 했다.

그러나 해군인 쿠퍼 제독은 신중했다. 일본 3개 항의 안전을 동시에 보장하는 전력은 영국 해군에게는 "도저히 없다(쿠퍼)."는 것이었다. 이렇게 하여 일본 현지에서 영국의 본심은 일본과의 전쟁은 어떻게 해서라도 피한다는 것이었다.

영국 외교부는 기한을 한정해서 회답을 요구하고, 불만족스럽다면 강경 수단(해상 봉쇄)에 호소한다고 통고했다. 군사력 격차를 알고 있는 막부는 영국의 요구를 수용했지만, 지급 조건 등에서 완강하게 저항하여 기한을 연기하고 또 연기했다. 영국도 실제로는 연기에 응했다. 전쟁 개시의 포고 혹은 소문이 퍼져 요코하마나 에도 주민이 피난 움직임을 보였던 적도 있었다.

가이코쿠부교는 요구에 응할 수 없는 '진짜 문제'는 양이파 다이묘의 반대 때문이라고 설명했다. 영불 외교부는 양이파 다이묘를 쓰러뜨리기 위해서 군사 원조를 할 의사가 있다고 제의했다. 가이코쿠부교 다케모토 마사쓰네(竹本正雅)는 즉석에서 막부는 자신의 힘으로 그들을 굴복시키고 싶고, 또한 굴복시킬 생각이라며 거부했다.

격렬한 공방이 있었던 영·불·일 간 외교교섭의 내막은 영불 외교 문서를 구사한 하기하라 노부토시(萩原延壽)의 대작『머나먼 절벽(遠い崖)』에 재현되었다. 에도와 요코하마를 왕복하며 전쟁 회피를 위한 외교교섭에 고군분투한 가이코쿠부교 다케모토는 당시에는 눈에 띄지 않았지만 유능하고 성실한 막신이었다. 그 무렵, 에도에서 외교의 현장에 있었던 구 막부 외국 관계 담당자 출신으로 훗날 메이지 정부의 외교관이 된 다나베 다이치(田邊太一)는『막말 외교담』에서 위와 같이 회고하고 있다.

일본 일부가 초토화가 되더라도

1863(분큐 3)년 5월, 겨우 배상금 지급 교섭이 분할 지급으로 정리가 되었다. 거기에 조정으로부터 전달된 것이 양이 실행의 칙령이었다. 이 때문에 갑자기 배상금 지급 정지가 막부로부터 영국에 통고되었다. 영국 외교부는 해군의 손에 이 사태를 맡기고, 요코하마는 긴장이 극에 달했다. 막부는 사태를 있는 그대로 설명하고, 영국은 사태 해결의 전망과 기한을 물어 재차 영불 공동의 군사 원조를 제안하였지만 막부는 역시 거절했다.

양이 실행 기일 전날(5월 9일), 막부는 조정의 제지를 무시하고 배상금 전액을 한 번에 지급하여 요코하마 항구 폐쇄에 관한 외교교섭에 착수할 것을 선언했다.

나마무기 사건 배상금 지급을 알게 된 교토의 고메이 천황이 격노하여 자필 칙서를 막부에 보냈다. "황조신에 대해서 면목이 없고, 가령 황국 일부가 초토화가 되더라도 개항 교역은 절대 바라지 않는다." 개항 교역은 천황의 조상신에 대하여 면목이 없다고 한다. 일본의 일부(에도)가 초토화가 되어도 개항은 거부하라고 했다. 이어지는 문장에서는 "잘못된 주장을 하는 자에게는 '반드시 처분'이 있어야 한다."라고 했는데, 잘못된 주장을 하는 자란 에도의 가이코쿠부교 다케모토 등이다. 그다음에 전쟁이 시작될 거라고 예견하고 가자히노미노미야(風日祈宮, 이세시〔伊勢市〕. 몽골내습에 신칙이 있었다고 하는 전설이 있다)에 신칙을 기원했다. 예전에 홋타가 말한 "제정신이라고는 생각되지 않는다."라고 한 사태가 반복된 것이다.

영국함대 7척이 본국 외무부 훈령에 따라서 가고시마 만에 들어갔다. 7월 초순, 폭풍우가 치는 가운데 이틀간 포격전이 계속되었다. 구식 포이지만 사쓰마 번 포병은 실전을 상정하지 않았던 영국에 전사자 13명에 달하는 손해를 입혔다. 한편, 영국은 110파운드 암스트롱 포를 포함한 포격으로 압도적인 위력을 보이면서 가고시마 시가를 소실시켰다. 암스트롱 포는 후장시조식(後裝施条式)의 거포로, 영국 해군은 사쓰마와의 전쟁에서 처음으로 실전에 사용했다.

전황 자체는 영국군의 피해도 크고 하여 승패불명이라는 평가도 나올 정도였다. 대리 공사 닐이 병사의 상륙을 요구한 것에 대해서 쿠퍼 제독은 단 한 명의 상륙도 거부했다. 영국 해군은 '원정(遠征)과 거류지 보호' 양쪽을 동시에 실행할 수 있는 군사력이 없다며 작전을 한결같이 자제했다.

식민지화 위기에 대하여

종래부터 막말 일본의 '식민지화 위기' 정도를 어떻게 평가할 것인가에 대하여 긴 논쟁이 있었다. 여기서는 논쟁사에서는 언급하지 않지만, 소개한 것처럼 영국 해군이 대일전쟁을 일으키는 것에 특히 신중했다는 것이 중요하다. 종래의 논쟁에서는 영국 해군과 외교부의 의향이 충분히 해명되지는 않았기 때문에 대외적 위기도 과대평가되었다. 예를 들면, 막말 일본의 '식민지화 위기' 논쟁에 큰 영향을 미친 사건으로 러시아 군함 쓰시마 점거 사건이 있다. 여기에서 그 요점을 보도록 하자.

시기를 조금 거슬러 올라가 1861(만엔 2)년 2월, 러시아 군함 1척이 대마도의 이모우라사키(芋浦崎)에 내항하여 막사 등을 건설하고, 항의하는 쓰시마 번에 영구 조차(租借)를 요구했다. 가이코쿠부교 오구리 다다마사(小栗忠順)가 쓰시마에 파견되고, 영국 공사의 항의도 있어 러시아 군함은 퇴거했다.

러시아 군함의 행동은 하코다테의 러시아 영사도 몰랐던 해군 독주에 의한 것으로 명백한 조약 위반이었다. 사건이 '식민지화 위기' 논쟁에서 반드시 인용되는 것은 일본에 압도적인 영향력이 있었던 영국 공사 올콕이 "만일 러시아 함이 쓰시마로부터 퇴거를 거절할 경우 영국이 직접 쓰시마를 점령해야 한다."라고 언명하고, 영국이 일본 점령의 의도를 내보였다고 전전의 일본 문부성 유신사료편찬회편 『유신사』에 설명되어 있기 때문이다.

사실 영국의 동아시아함대 사령장관 호프는 올콕의 언명에 찬성하지 않았다. 사령장관은 일본의 개항장을 중립항으로 이용할 수 있으면 경비도 방위비도 필요하지 않으며, 일본 영역 어느 곳의 일시적 점령조차 득책이 아니라는 견해였다. 해군은 중국 개항장을 점령했기 때문에 경비와 방위비 부담에 어려움을 겪고 있었다.

올콕의 쓰시마 점령 의견도 러시아가 퇴거하지 않을 경우 러시아에 대한 대항조치이며, 또 그 목적은 "쓰시마는 중국 항구와 우리 사이의 거대 무역에 대한 큰 보호 수단이 될 것이다. 그리고 언제든지, 북경 궁정에서의 어떠한 배신 행위에 대해서도 끊임없는 위협이 될 것이다."라고 하는 것처럼, 일본에서의 권익 획득 때문이 아니라 거대한 중국 권익 보호를 위해서였다. 그것조차도 군사작전을 통괄하는 해군 당국이 인정하지 않았던 것이다(당시의 중국과 일본의 인구비를 이해하기 쉽도록 현재 일본 국내에 적용하면, 일본 전국과 규슈에 해당한다. 근대 동아시아의 국제 관계를 생각하는데 있어서는 동아시아를 조감한 일본의 이러한 지리적인 위치도 염두에 둘 필요가 있다). 영국 본국 외무부의 방침도 러시아에 이 지역의 상호불가침을 제안하는 등 영토 점령에 관한 의견은 아니었다. 이처럼 『유신사』는 식민지화 위기를 과장되게 설명하고 있었다.

최강 해군국 영국은 일본 주변 해역에서의 러시아와의 세력 균형, 대륙 국가 중국을 향한 교두보로서의 해양 국가 일본의 지리적 위치, 일본의 수준 높은 국가 통합과 세 개 조약의 항(港) 방위의 곤란함, 그리고 순조로운 무역 추이 등을 고려하고 있었으며, 이것들이 영국의 일본 영토 식민지화라고 하는 현실적 위기를 상당히 작게 만들고 있었다.

양이와 정변

1863(분큐 3)년 8월, 고메이 천황의 양이친정, 야마토(大和) 행차에 관한 칙서가 내려졌다. 이에 앞선 5월에는 시모노세키(下關)에서의 외국선 포격으로 조슈 번이 참패하고, 7월에는 사쓰마와 영국의 전쟁으로 가고시마 시가가 소실되었다. 한편으론, 교토의 양이 운동은 최대 전성기를 보였다.

그러나 양이 운동에 균열이 발생했다. 고메이 천황은 양이라는 점에 대해서는 변함이 없었다. 그러나 평공가를 포함한 과격파가 조정의 실권을 장악하고 천황의 권위를 유린하는 기세를 보이고 있었다. 천황은 "아랫것(양이파 공가들)의 위세가 왕성하여 중간에서 처리만으로 위칙(僞勅)을 요구한다."며 사쓰마 번의 시마즈 히사미쓰에게 호소하고, 유명무실한 재위에 비탄해 하지 않을 수 없다고 격노했다. 조정의 질서를 어지럽힌 과격파가 천황의 역린을 건드린 것이다. 천황이 과격파 추방(姦人掃除)을 요청하는 '내칙(內勅)'을 히사미쓰에게 내밀히 보낸 것은 5월 말의 일이었다.

사쓰마 번의 오쿠보 도시미치(大久保利通) 등은 아무리 칙명이라도 갑작스러운 상경은 할 수 없다며 냉정히 보고 움직이지 않았다. 천황의 완고한 양이론이야말로 존왕양이 과격파를 허용해온 것이었다. 앞에 소개한 것과 같이, 천황은 양이 실행 시에는 '일본 일부가 초토화되더라도'라고 까지 주장했다. 그 말은 존왕양이 과격파를 격려하는 말 이상의 그 어떤 의미도 갖지 못했다. 이에 반하여 사쓰마 번은 영국 함대에 의해 성 아래의 시가지가 문자 그대로 초토화가 되어 강화를 요구하였다.

사쓰마 번은 상경 요청은 들어 주지 않았지만, 교토 번저에서 과격파 추방 계획을 준비했다. 계획은 정변 5일 전, 교토 수호직에 임명되어 있던 아이즈 번(会津藩)에 전달하고 나서 급속도로 구체화되었다. 천황의 의형으로 존왕양이파와 대항해 온 아사히코(朝彦) 친왕(나카가와노미야)의 참가로 계획은 더욱 다듬어졌고, 과격파 추방을 기다리고 있던 천황도 이를 인정했다.

1863년 8월 18일, 한밤중이 좀 지나서 아사히코 친왕과 전 간파쿠 고노에 다다히로, 교토 수호직 마쓰다이라 가타모리(松平容保) 등이 입궐하고, 이어서 이른 아침에 아이즈 번병과 사쓰마 번병이 궁궐의 여섯 개 문을 폐쇄했다. 아이즈 번병은 1,500명으로 정변 병력의 중심이 되었다. 이에 대하여 병사를 상경시키지 않았던 사쓰마 번병은 겨우 150명의 병력으로 참가했다. 의추문(宜秋門. 공경문이라고도 함. 궁궐의 서쪽 중앙)에서는 공가의 이름에 '정(正)'과 '폭(暴)'이라고 표시한 서면이 준비되어 있었다. 용의주도하게 준비된 궁정 쿠데타였다.

조슈 번과 존왕양이 과격파는 교토에서 추방되어 산조 사네토미(三條實美), 히가시구제 미치토미(東久世通禧), 사와 노부요시(澤宣嘉) 등 7명의 존왕양이 과격파 공가와 조슈 번병 이하 천여 명이 조슈로 도망쳤다.

과격파의 패배

존왕양이 과격파로 도사 번 출신의 재야 지사 요시무라 도라타로(吉村虎太郎) 등은 야마토 친정 행차에 호응하기 위하여 천주조(天誅

組)를 결성했다. 공가 나카야마 다다미쓰(中山忠光)를 옹립하고 가와치 국의 촌리 등의 참가도 획득하여 8월에 야마토 5조(五條) 막부 대관소를 점거하고, 연공반감을 포고했다. 그러나 봉기 다음 날인 8월 정변으로 정세가 완전히 바뀌었다. 그래도 천주조는 도쓰가와(十津川) 향사를 모집하여 다카토리성(高取城)을 공격했지만, 여러 번병에게 패배하고 말았다. 도쓰가와 향사도 이반(離反)하여 나카야마는 조슈로 도망치고 요시무라 등도 전사했다.

한편, 다지마(但馬. 효고 현 북부)의 호농 나카지마 다로베에(中島太郎兵衛)와 기타가키 신타로(北垣晋太郎)는 농병을 조직하고 있었다. 8월 정변 후, 히라노 구니오미(平野国臣) 등 존왕양이 과격파가 공가 사와 노부요시를 옹립하고 조슈 번 기병대(奇兵隊) 간부로 탈번한 가와카미 야이치(河上弥市)도 참가하여 천주조에 호응하는 계획을 세웠다. 10월에 이쿠노(生野) 막부 대관소를 점거, 역시 연공반감령을 포고하고 호농이 농병 2,000명을 동원했다. 그러나 여러 번병에게 포위되자 사와 등 간부의 대부분은 일찌감치 패주했다. 남겨진 가와카미 등은 반대로 농병에게 '낭사놈들'이라며 살해되었다. 동원된 농병은 그 지역의 호농에 대하여 격렬한 파괴 폭동을 일으켰다.

야마토 양이친정까지 이른 교토의 존왕양이 운동은 이처럼 파괴 폭동으로 종말을 고했다. 향토를 방위하는 민중 운동은 식민지화 위기가 현실적으로 육박하고 있었다고 한다면, 중국의 태평천국 전투나 조선의 갑오농민전쟁과 같이 중간층, 하급 무사와 호농을 중심으로 하여 지역 사회의 대립을 초월하여 큰 움직임을 보였을 것이다. 그러나 1863년 당시는 조슈 번이 외국 함선 포격을 계획하고 있었으며, 사쓰마 번에서는 영국과의 강화(講和) 준비가 추진되고 있었던 시기이다.

파약양이(破約攘夷)에 의한 전쟁 위기는 있었지만, 위기는 일본이 자초한 것이었다. 향토 방위의 무력 봉기를 요청하는 구체적인 군사 침략 위기, '외이내습'이 다가오고 있었다고는 도저히 말할 수 없다.

물론, 폭동 사건에 참가한 호농과 호상 등 지역의 재야 지사들은 정치 참여를 요구하면서 활동했다. 앞서 말한 것처럼 막부령에서는 에도시대 후기, 촌리들이 군중(群中) 회합을 개최하고 국소를 일으키는 등 지방에서의 운동이 강력하게 전개되고 있었다.

단, 이 무렵의 지역 활성화가 오로지 존왕양이 운동을 향하고 있었던 것은 아니다. 소개한 것처럼, 지역 민중에게는 멀리 요코하마의 생사 무역 참가를 목표로 하여 개국이라는 새로운 상황을 '실로 행운을 얻었다(시노하라 주에몬)'며 받아들이는 지역 상인의 동향 등을 광범하게 볼 수 있다. 그들의 배후에는 공동 출하로 요코하마 생사 판매를 뒷받침하는 지역 민중(호농, 호상을 포함하여)의 활발한 경제 활동이 있었다. 그들이야말로 개국을 서서히 정착시키고 외국 상인의 침입을 단념시켜, 일본의 민족적 독립의 광대한 기반을 만들고, 일본의 식민지화 위기를 막았던 것이다.

3. 양이와 개국

참여회의

8월 정변 후, 시마즈 히사미쓰의 제안에 따라 조정에 다이묘 참여회의가 설치되었다. 간파쿠도 다카쓰카사 스케히로(鷹司輔熙)에서 막부파로 쇼군가의 연가이기도 한 니조 나리유키(二条斉敬)로 교체되었다. 히토쓰바시 요시노부, 마쓰다이라 가타모리(아이즈), 마쓰다이라 요시나가(에치젠), 야마우치 도요시게(도사), 다테 무네나리(우와지마), 시마즈 히사미쓰(사쓰마) 등 구 히토쓰바시파를 중심으로 하는 여섯 명의 다이묘가 참여에 임명되어 1864(분큐 4·겐지 원)년 1월부터 고고쇼(小御所)에 참석하고, 공가의 하문에 응한다는 형식으로 3월까지 8회, 다이묘(무가)가 합류한 조정회의(朝議)가 개최되었다.

그러나 천황이 요코하마 항구 폐쇄를 자문하자 참여무가(參予武家) 사이에 대립이 일어났다. 히사미쓰 등은 항구 폐쇄가 열강과의 전쟁을 초래할 수 있다며 개국 방침의 입장에서 답변했다. 그러나 요시노부는 굳이 요코하마 항구 폐쇄를 책임지겠다고 했다(후술). 게다가 요시노부는 히사미쓰, 요시나가, 무네나리 등 세 명의 참여에 대하여 "천하의 큰 어리석은 자, 대간물(大奸物)"이라고 비난하며 참여회의 자체를 엉망으로 만들어 버렸다.

요시노부가 대결 방침을 취한 것은 2년 전 출병 상경을 강행한 히사미쓰에 대한 막부 수뇌의 불신이 여전히 강했기 때문이다. 게다가 사쓰마 번은 서양식 군제개혁에 필요한 막대한 비용을 마련하기 위하여 비밀리에 덴포통보(天保通寶)를 사사로이 주조하여 그 액수가 250만 냥에 달했다고 한다. 또 소개한 것처럼, 사쓰마 번은 생사와 면화, 기타 물품을 요코하마와 나가사키로 수출하는 대규모 밀무역도 전개하고 있어 저변에서는 막부와 사쓰마 번의 대립이 심각했다.

한편, 고메이 천황은 정변 이후의 칙서가 '진실한 자신(천황)의 뜻'이며, 이전 칙서는 '진위가 불분명하다'고 말하고, 종전의 칙서를 취소하는 발언까지 했다. 정변 이전에 (과격파를) 무법의 조치라고는 생각하고 있었지만, 다수에 밀려 천황 혼자서는 도저히 그들을 설복시킬 힘이 없어 무력하게 관계가 유지되었다고 말했다

천황은 과격파의 요청을 승낙한 것이었다. 천황에게는 대립하는 참여 다이묘를 통합하는 정치적 자질을 기대할 수도 없었다.

같은 해(1864) 6월에는 교토 가와라마치 산조의 여관 이케다야(池田屋)에 모인 약 30명의 존왕양이 과격파를 신선조(新撰組)가 습격하여 많은 사상자가 나왔다. 이케다야 사건에 반발한 조슈 번의 존왕양이파는 기병대에 이어서 무사와 서민 혼성으로 결성된 유격대(遊擊隊) 등을 이끌고 상경했다. 7월, 궁궐 외곽의 서쪽 하마구리문(蛤門)에서 조슈 번과 사쓰마 번, 아이즈 번의 병사가 전투하고 요시노부가 전장

에서 총지휘를 하였다. 이 하마구리문의 변(금문(禁門)의 변)에서 조슈 번병이 격퇴되었다. 이때 교토 시내의 28,000채의 집이 소실되고 교토의 남쪽지역들은 대부분 전소하는 '철포소실(鉄砲焼け)'이 후대까지 전해졌다.

4개국 연합함대 시모노세키 포격 사건

시모노세키에서 양이 포격을 한 조슈 번에 대하여 하마구리문의 변이 발생한 보름 후, '어떠한 방해를 배제하고서라도 조약을 지키고 통상을 계속한다'는 서양의 '결의'를 표시하기 위해 영국함대를 주력으로, 프랑스, 네덜란드, 미국 등 4개국 군함 17척, 포 288문, 병력 5,000여 명의 무적의 대연합함대(어네스토 사토)가 시모노세키 동쪽 스오(周防) 앞바다의 히메시마(姫島)에 집결했다.

전투는 3일 만에 끝났다. 영국함대의 최신예 암스트롱 포의 110 파운드 거포는 스오 앞바다 규슈 측 해상에서 4km 이상 떨어져 있는 조슈 번의 포대에 정확하게 명중했다. 상륙한 육전대가 포획한 조슈 번의 대포 대부분이 구식 청동제 캐논포였다.

조슈 번은 제대(諸隊)의 기병대가 중심이 되어 싸웠다. 기병대의 전의는 높았고, 상륙하여 격렬한 총격전에 합류한 사토는 용감한 적으로 완강하게 싸웠다고 조슈 번을 평가했다. 기병대의 게벨 총에 대하여 연합군은 신예 미니에 총(라이플 총)을 소지했으며, 라이플 총은 명중률, 위력 모두 문제가 안 될 정도로 차이가 있었다. 사상자 수는 양측이 거의 동수인 70여 명, 그러나 전쟁은 전 포대를 점령당한 조슈 번의 완패였다(117쪽의 3장 표제지 그림 참조).

강화 교섭에 겉옷(羽織) 아래에 흰 예복을 입고, 가로를 사칭한 다카스기 신사쿠(高杉晋作)가 영국 기함 유리아라스 호 뒤쪽 갑판에 악마와 같이 오만하게 등장했다. 그러나 다카스기는 '점점 태도가 누그러져 서양 측의 모든 제안을 아무런 반대도 없이 승인해버렸다(사토).'고 했다. 조슈 번은 스후와 기도, 다카스기가 이전부터 구상하고 있었던 것처럼, 개국책으로 급전환한 것이다.

막부는 조슈토벌령을 발령했고, 서일본의 21개 번이 조슈로 진군했다. 조슈 번 내에서 탄압을 받고 있던 속론파가 반격으로 전환하여 번정의 실권을 장악하자 번의 지도자 스후는 9월 하순에 자결하고, 3명의 가로도 참수되어 존왕양이 과격파 지도부의 대부분이 처형되었다. 기병대 등 제대에는 해산령이 내려졌다. 교토에서는 번저의 지도자, 기도 다카요시가 다지마에 잠복했다.

12월, 다카스기 등에게 지도받은 제대는 번청으로부터 자립한 지도부와 제대 회의소를 설립하고, 조슈 번의 정규 번병을 격파하여 권력을 되찾았다. 다시 번정이 일원화되어 번의 정부를 지도하는 역(用談役)으로는 다지마로부터 호출된 기도 다카요시가 취임했다.

양이전쟁과 '침략 위기'

조슈 번의 존왕양이파는 전년도 시모노세키 포격 사건에서 이전에 몽골이 내침했을 때 가마쿠라 막부가 내일(來日)한 원나라의 사자를 참수하여 전쟁 방침을 결정한 고사를 인용하며 "'비상의 공적은 비상한 용단'에서 이루어진다. 미리 추한 오랑캐의 간담을 서늘하게 하고, 병사들을 분연하게 일어서게 하여 우리를 위기에 놓는 전략"을 채용했다. 이 양이전쟁에 대해서는 다시 한번 확인해 두고 싶은 사항이 있다.

전년도의 시모노세키 양이 실행의 발단부터 살펴보자. 양이 실행 예정일인 5월 10일 당일, 요코하마에서 상해로 향하고 있던 미국의 소형 증기 상선(200톤)은 강풍을 피해 시모노세키 앞바다에 정박했다. 조슈 번 시모노세키 총부교(總奉行) 모리 노토(毛利能登)가 조회한 결과, 이 배가 수로 안내원인 일본인을 동승시키고, 막부의 서장(書狀)도 지참하고 있는 것이 밝혀졌기 때문에 총부교는 과격파에 대하여 상선포격을 제지했다. 그러나 구사카 겐즈이(久坂玄瑞) 등 교토에서 와서 시모노세키 고묘지(光明寺)에 근거를 두고 있는 '고묘지당(光明寺黨)'과 격파는 이것을 무시했다. 구사카의 작전에 따라 몰살시키든지, 포로로 잡기 위하여 거친 날씨의 어두운 밤에 숨어서 커터(cutter)형 대형 범선 고신마루에 몰래 다가가 기습적으로 대포를 연사했다. 상선은 대파하여 분고스이도(豊後水道)로 달렸고, 증기로 항행했기 때문에 가까스로 도주할 수 있었다.

당시, '통상이 날로 성행하여 물가가 날마다 올라 국력이 점점 피폐(조슈 번 상서)'하다며, 무역이 성행하여 물가가 상승했기 때문에 일반적인 배외 감정은 분명히 존재했다. 그러나 서양으로부터의 군사 침략 동향은 현실 상황으로서는 시모노세키에 존재하지 않았다. 반대로 일본에서 '침략 위기'를 조성하는 수법을 취했다. 한마디로 만들어진 군사적 위기였다.

미국 상선에 대한 기습 공격은 소개한 것처럼 기병대를 탄생하게 했지만, 그것은 조슈 번 내의 일이며, 넓게 본다면 일본의 도리에 어긋나고 당시의 근대국제법에도 위반되는 전혀 변호할 수 없는 행위였다. 이후의 프랑스 통신함 등에 대한 갑작스러운 공격도 마찬가지였다.

세계의 반(反)식민지전쟁은 높이 평가된다. 단, 경제적 침입에 머무르는 것과 군사적 침략을 받고 있는 것 사이에는 분명한 경계선이 있으며, 그것에 따라 무력으로 반식민지전쟁에 돌입할 것인지가 결정된다. 현실이 임박하지 않은 대외적 위기를 과대하게 강조하는 수법은 국내의 무력 전제지배의 강화로 연결되는 것이 보통이다. 또, 평가되는 것은 무력을 갖춘 침략자와의 전투가 일어났을 경우이다. 소형 상선에 대한 야습은 논외의 일이다.

막부 외교의 도리

에치젠 번의 무라타 도모사부로(村田巳三郎)는 사카모토 료마(坂本竜馬)에게 조슈 번의 행위는 "일본, 만국에 대하여 불의, 비도"라고 비판했다. 양이실행령이 내려졌지만, 사실은 교토에 체재하고 있던 쇼군과 막부 수뇌들은 끈질기게 저항하고, 그 책략은 막부에 맡긴다며 핵심을 형해화해 버렸던 것이다. 막부는 지휘를 따르지 않는 조슈 번의 양이 포격을 망동, 국가 치욕이라고 부르며, "함부로 발포 등을 하지 않도록 하라(7월 8일의 막부의 통달서)."라는 엄명을 내리고, 조슈 번에 문책사를 파견했다. 로주 통달서를 조슈 번에 건넨 문책사(공식 사절) 일행 11명은 8월 하순, 돌아오는 길에 조슈 번 내에서 2명은 숙사에서 암살되고, 그 중 한 사람이 효수, 나머지는 조슈 번이 준비한 작은 배로 출항하여 정사(正使) 이하 전원이 행방불명되었다.

과격파의 작전과 같이 무도한 공격이 성공하여 미국 상선에 많은 사망자가 생겼다면 쉽지 않은 사태가 되었을 것이다. 미국 상선은 분고스이도(豊後水道)로 달아났지만, 시모노세키 해협의 포대가 포격을 준비하고 조슈 번의 다른 무장증기선(280톤, 포 10문)도 지원에 나서고 있었기 때문에 중대 사태로 되지 않은 것이 오히려 행운이었다. 게다가 같은 5월, 에도에서는 나마무기 사건 배상금 교섭이 절박하여 전쟁 상태 돌입을 회피하기 위하여 가이코쿠부교의 노력이 계속되고 있었던 점은 이미 소개한 대로이다.

조정의 양이실행령을 하달받고 에도에서 시작된 막부의 요코하마 항구 폐쇄 교섭은 제2차 세계대전 이전부터 너무나도 미온적이었다며 막부 외교의 졸렬함의 표본처럼 취급되었지만, 조약 파기를 결정했다면 갑자기 상선을 기습하는 것이 아닌 외교교섭으로 통고하고 현실적 교섭에 들어가는 것이 국제사회의 명백한 도리이다. 즉 막부 외교 쪽이 도리에 부합하고 있었다.

양이전쟁과 민중

양이전쟁과 민중의 관계에 대해서 살펴보자. 4개국 연합함대의 시모노세키 포격 사건 시 조슈 민중이 파괴 폭동을 위해 봉기했다고 하는 사실이 밝혀졌다.

4개국 연합함대의 스오 앞바다 히메시마 집결은 1864(겐지 원)년

8월 2일로, 4일에 시모노세키 해협 동쪽 끝으로 전진하여 전쟁 시작은 5일이었다. 전쟁 직전인 3일과 4일, 히메시마 건너편 해안가의 조슈 번 미다지리초(三田尻町)에서 해안부 마을의 민중 5,600명이 시내 쪽(町方)에서 쌀을 사재기하여 쌀값을 폭등하게 했다며 파괴 폭동을 일으켰다. 폭동 세력은 심야, 바닷가에 면해 있는 안요지(安養寺)의 대종을 치면서 참가를 호소했다.

연합함대는 스오 앞바다의 항행을 봉쇄하고 조슈 번의 배를 수색하기 위해서 임검했다(사토). 스오 앞바다의 상품 유통이 끊기고 폭동 세력이 말하고 있듯이 물가 폭등이 민중을 직격했다. 파괴 폭동이 일어난 미타지리초는 조슈 번 세토우치(瀬戸內)의 중심이 되는 도시였다. 민중의 파괴 폭동이 세토나이 일대로 퍼지면 조슈 번의 임전 태세는 중대한 위기에 직면했을 것이다.

스후 등은 민중도 양이전쟁을 위해 조직해 갔다. 예를 들면 오고리(小郡) 지역(宰判)의 사례가 있다. 양이 실행 전 달인 4월, 대관은 하급 촌리 전원을 호출하여 다음과 같이 명령했다.

"마을의 남녀노소 가릴 것 없이 조상신에게 기원하도록 하여라. '주군님의 국난' 시, 오고리 4만여 명 일치단결하여 기도하면 옛날 몽골이 내침했을 때와 같이 가미카제가 순식간에 일어나 이적군함을 복멸하게 할 것이다."

이렇게 하여 막말 후반기를 통해서 몽골내침 시의 가미카제 신화가 상기되어 실제로 전군(全郡) 차원에서 조상신에 대한 기도가 이루어졌다. 대촌장, 촌장은 농병을 조직하고, 번은 대대적으로 그들로부터 헌금을 모으기도 했다. 그러한 기록은 야마구치 현 문서관에 다수

남아 있다. 다카스기는 이러한 것들을 회복사의(回復私議)에서 "가신부터 서민에 이르기까지 방장(防長, 스오〔周防〕와 나가토〔長門〕, 즉 조슈 번을 말함, 역자) 양국을 베개로 삼아 전사한다."라고 기록하고 있다. 이처럼 각 마을의 향토 방위 의식을 불러일으키는 민중 동원이 이루어졌지만, 연합함대 집결지 건너편 해안에서 파괴 폭동이 발생했다. 실전에 참가했던 사토는 연합군이 조슈 번의 대포를 끌어내는 것을 조슈의 민중이 자발적으로 도왔으며, 전쟁이 "자신들을 매우 어려운 곤경에 빠뜨렸다."라고 말하는 것을 듣고 있었다.

삿초 접근

히토쓰바시 요시노부는 히사미쓰 등 다이묘들의 개국론을 무시하고 실행 전망이 없는 것을 충분히 알면서 요코하마 항구 폐쇄를 승낙하고, 그렇게 함으로써 양이를 계속 주장하는 고메이 천황에게 접근했다. 하마구리문의 변에서 주력이 된 교토 수호직의 아이즈 번, 구와나 번(桑名藩)과 함께 '일회상(一, 會, 桑)'으로 불리며 천황의 신임을 얻어 조정을 제압하기 시작했다. 사쓰마 번은 막부에 대한 경계를 강화하고, 유형지 오키노에라부섬(沖永良部島)으로부터 사이고 다카모리(西鄕隆盛)를 귀환시켜, 하마구리문의 변과 제1차 조슈 토벌을 통솔하게 했다. 한편, 조슈 번은 잠복처인 다지마로부터 귀환한 기도 다카요시의 지도로 막부와의 군사 대결을 준비했다. 이에 대하여 1865(게이오 원)년 5월, 쇼군 도쿠가와 이에모치(德川家茂)가 조슈 토벌을 위하여 에도를 떠났다.

윤5월, 도사 번(土佐藩)을 탈번한 재야 지사인 사카모토 료마(坂本龍馬)와 나카오카 신타로(中岡愼太郎) 등이 조슈 번과 사쓰마 번 사이를 중개하여 조슈 번으로부터 이토 히로부미(伊藤博文, 당시, 슌스케〔俊輔〕)와 이노우에 가오루(井上馨, 당시, 몬타〔聞多〕)가 나가사키로 파견되었다. 나가사키의 사쓰마 번저와 료마 등 가메야마 샤추(亀山社中)는 소총과 증기 군함의 구매를 알선했다. 다이묘가 서양에서 멋대로 무기를 들여오는 것은 통상조약에서 금지되어 있었지만, 사쓰마 번은 실력으로 이를 무시하고 있었다.

사쓰마 번의 명의를 사용해서 수입한 미니에 총 4,000정이 조슈 번에 도착한 것이 8월이었다. 증기선 구입도 실현을 향해 나아갔다. 조슈 번주 모리 다카치카(毛利敬親)는 사쓰마 번의 히사미쓰 부자(父子)에게 서한을 보내 사쓰마 번과의 대립은 "만단, 오해가 풀렸다."라고 전하고, 군함 구입도 공식적으로 의뢰했다.

9월에는 조슈 번 토벌이 사쓰마 번이나 조슈 번 토벌 부담에 시달리는 다이묘들의 반대를 무릅쓰고 칙허되었다. 이것에 대해 오쿠보 도시미치는 "불의의 칙명은 칙명이 아니다."라고까지 단언했다.

조약 칙허와 개세서약(改稅誓約)

이 무렵, 영국 공사가 올콕에서 파크스로 교체되었다. 파크스는 상해 영사에서 승진한 인물로 애로호전쟁에서 포로가 되어 사선을 넘은 수완이 좋은 외교관이었다. 프랑스 공사도 전년도에 로슈로 교체되었다. 북아프리카와 아랍에서 경험을 쌓은 야심이 가득한 외교관이었다. 파크스는 로슈 등과 공동으로 통상조약의 승인(칙허)을 요구하며 열국 군함 7척을 효고(兵庫) 앞바다에 정박시켰다. 직접 조정과 교섭하면 막부에 압력을 가할 수 있기 때문이었다.

조정의 고고쇼에서 요시노부, 마쓰다이라 가타모리 등이 공가들을 면회했다. 천황 또한 발(御簾)을 사이에 두고 경청(透聽)했다. 요시노부는 "외이(外夷)는 천자도 상관치 않고 죽여버리고, 〔일본은〕 속국이 된다."라고 육박했다. 천언만어가 오가는 격렬한 응수가 있었고, 공가는 자리를 옮겨서 회의에 들어갔다. 요시노부, 가타모리가 아사히코 친왕을 반복해서 면담하고, 다른 한편에서는 궁정 공작의 임무를 맡은 오쿠보 도시미치도 연가인 고노에 다다후사(近衛忠房)와 회합을 거듭했다. 날이 밝고, 칙허를 승인하지 않는다는 결정이 공표된다. 그러나 요시노부는 눈물을 흘리며 계속해서 말씀을 올리고, 다른 한편으론 위압적으로 주장을 펼치며 한 치도 물러서지 않았다. 교토에 있는 여러 번의 의견을 묻는 절차를 거친 다음, 저녁 무렵에 조정회의가 역전되어 효고를 제외하고 조약이 칙허 되었다.

서양에서는 천황을 죽이거나 일본을 속국화할 계획 등은 전혀 없었으나 요시노부는 폭언도 서슴지 않는 정치력을 발휘했다. 한편, 사쓰마 번은 조약 칙허에 반대했지만, 당시 무역 총액은 3,000만 달러를 훨씬 초과하고 있어 개국을 철회하는 것 등은 논외였다. 사쓰마 번이 무역으로 수익을 올리는 선두에 서 있었으며, 외교를 정쟁의 수단으로 사용했다.

파크스는 조슈 번이 동의하고 막부가 부담하게 된 막대한 시모노세키전쟁 배상금 300만 달러의 지급 연기와 효고 개항의 보류를 인정하는 대가로 막부에 무역 문제에서의 양보를 요구했다. 다음 해 막부·조슈전쟁이 있기 직전인 5월, 개세약서가 체결되었다. 거의 20%에 가까운 고율 종가세(從價稅)였던 수입 관세가 물가 상승을 반영하지 않는 5%의 저율 종량세(從量稅)로 바뀌었다. 이렇게 하여 일본은 관세에 대해서 톈진(패전)조약을 맺은 중국과 같은 불리한 조건을 인정하게 되었다.

전년도인 1864(겐지 원)년, 막부의 관세 수입은 174만 냥으로 세입의 18%라는 많은 액수의 수입이었다. 관세 장벽을 낮춘 것과 아울러 관세 수입을 대폭 감액(1/4로 감소)한 것은 일본으로서는 중대한 손실이었다. 예를 들면 19세기 전반 미합중국의 관세 수입은 세입의 90% 이상을 차지하고 있어, 관세야말로 근대 국가의 중요한 재원이었다.

삿초동맹

조정의 정쟁은 한쪽은 아시히코 친왕과 히토쓰바시 요시노부, 다른 한쪽은 고노에 타다후사와 오쿠보 도시미치의 밀접한 연계에서 볼 수 있듯이 무가 세계 정치 항쟁의 대리 전쟁 장소가 되어 있었다. 그리고 요시노부 등 일회상(一, 會, 桑)은 하마구리문의 변에서 존왕양이 과격파 추방에 분전한 이래, 요코하마항 폐쇄 교섭까지 추진하겠다고 천명하여 고메이 천황의 두터운 신뢰도 얻고 있었다. 요시노부의 정치력에 저항할 수 없는 조정을 오쿠보가 '미력한 조정'이라고 한탄한 것처럼 사쓰마 번은 조정에서 발판을 잃어가고 있었다.

1866(게이오 2)년 1월, 기도 다카요시가 사쓰마 번에 초대되어 남몰래 교토 후시미(伏見)의 사쓰마 번저를 찾아가 사이고 다카모리 등

과 회견했다. 서로 전투한 사이라 쉽게 화해할 수 없었지만, 사카모토 료마가 중간에서 주선하여 삿초연합밀약(삿초동맹)이 합의되었다.

다음의 막부·조슈전쟁에서 보듯이 조슈 번은 막부와 대결할 대 할거체제를 구축하고 있었다. 기도에 필적하는 지도자 히로사와 사네 오미(広沢真臣)는 조정이 조슈 토벌 칙허를 결정했다는 소식을 료마로 부터 전해 듣고, 다른 번의 도움 여부와 관계없이 막부와의 결전은 확 고부동하다고 단언했으며, 중부 지역의 여러 번과의 연계 필요성을 말 했다. 사쓰마 번은 뒤처질 수 없는 상황이 되었다.

밀약을 맺게 된 경위에 대해서는 여러 가지 설이 있지만, 가장 확 실한 것은 기도가 번으로 돌아온 다음 다음 날, 조슈 번의 지번 이와쿠 니 번(岩国藩)의 야마구치 주재 책임자가 기도에게 '진짜 비밀'이라며 전해 들었다는 이와쿠니 번 앞으로 보내진 서장의 내용이다.

기도가 사쓰마 번의 조정 공작이 진척되고 있지 않은 것은 무엇 때문인가 하고 다그치자, 사쓰마 번은 진짜 내밀하게 다음과 같이 넌 지시 말해 주었다.

"현재 형세는 도무지 사쓰마 번의 힘으로는 어떻게 할 수 없다. 앞으로 는 반드시 전쟁이 될 것이다. 전쟁이 시작되면 사쓰마 번의 공작이 진행 될 것이라고 분명히 말했다(『깃카와 쓰네마사[吉川経幹]주유기』)."

여기에서 알 수 있는 것은 조정의 결정을 둘러싸고 막부의 우세 함 때문에 힘을 쓸 수 없었다고 인정하는 사쓰마 번이 사실은 막부와 조슈 번과의 일전을 바라고 있었다는 점이다.

삿초연합밀약의 전 6조를 풀어서 소개한 것이 그림 3-8이다. 제1 조에서는 전투가 시작되면 사쓰마 번은 병사 2,000명을 상경시켜, 교토, 오사카 지역을 지키고, 오사카에는 1,000명의 병사를 주둔시킨다고 한다. 이것은 막부·조슈전쟁에 출진하는 막부 병사의 배후에서 그 본거지인 오사카에 위협을 가하는 막부로서는 두려워해야 할 사쓰마 번의 군사행동 약속이다.

一、戦とあい成りそうろう時は、すぐさま二千余の兵を急速さし登ぼし、ただ今在京の兵と合し、浪花へも千ほどは、さし置き、京坂両処をあい固めそうろう事

一、戦、自然もわが勝利とあい成りそうろう気鋒これありそうろうとき、その節、朝廷へ申しあげ、きっと尽力の次第これありそうろうとの事

一、万一、戦負け色にこれありそうろうとも、一年や半年に決して潰滅いたしそうろうと申す事はこれ無き事に付き、その間には必ず尽力の次第、きっとこれありそうろうとの事

一、これなりにて、幕兵、東帰せしときは、きっと朝廷へ申しあげ、すぐさま冤罪は、朝廷より御ゆるしにあい成りそうろう都合に、きっと尽力との事

一、兵士をも上国のうえ、橋・会・桑(一橋慶喜、会津藩、桑名藩)なども、ただ今のごとき次第にて、もったいなくも朝廷を擁したてまつり、正義をこばみ、周旋、尽力の道をあいさえぎりそうろうときは、ついに決戦に及びそうろう外これなしとの事

一、冤罪も御ゆるしの上は、双方、誠心をもってあい合し、皇国の御ために砕身尽力つかまつりそうろう事は申すに及ばず、いずれの道にしても、今日より双方、皇国の御ため、皇威あいかがやき、御回復に立ち至りそうろうを目途に誠心を尽くし、きっと尽力仕るべしとの事

▶그림 3-8. 삿초연합밀약 6개조(『기도 다카요시 문서 2』)

제2조는 짧지만 제1조에 이어 중요한 조항이다. 전투가 조슈 번이 유리하게 되었을 때 사쓰마 번이 조정에서 조슈 번의 사면을 위해 진력한다는 내용이다. 제3조, 제4조 공히 조정에서 사쓰마 번이 진력한다는 규정이다. 요점은 조슈 번의 군사적 대결과 사쓰마 번 조정 공작의 조합이다. 제5조는 막부가 조정을 장악해 '정의를 막고 주선(周旋)하여 진력하는 길'이 막혀버릴 때에는 드디어 결전에 이른다. 즉, 사쓰마 번이 병력으로 싸운다는 합의이다.

료마에게 합의 내용의 확인을 요구한 기도의 서장에는 밀약이 일본의 대사건이며, 후세에 남으리라는 것을 기도 자신이 충분히 이해하고 있었던 것이 기록되어 있다. 게다가, 중요한 것은 이러한 것을 사쓰마 번의 사이고, 고마쓰, 조슈 번의 기도, 그리고 중개를 한 료마가 장래에 대한 전망에 대해서도 (4명 외에) 동석하여 모든 사항을 양해(기도, 동 서장)한 사실이다. 중하급 무사 출신인 그들이 사전에 양해를 구했다고 하더라도 황국(일본)의 장래 전망이라는 중대사를 번주를 제쳐놓고 명백하게 논의했던 것이다. 그들 번의 실무 관리 '유사(有司)'는 번의 대표이기는 하나 앞 장에서 조슈 번에 대해서 설명한 것처럼, 번의 실권을 쥐고 있었기 때문에 이와 같은 중대사에 관한 군사·정치밀약을 체결할 수가 있었던 것이다.

막부·조슈전쟁과 기병대

막부·조슈전쟁은 1866년 6월 초순에 세토나이카이(瀬戸內海)의 오시마(大島)에서 시작되었다. 막부는 개전 후 14일째에 오시마(大島) 방면에서 패주했다. 7월에 하마다(浜田)성이 낙성하고, 패보가 이어지는 가운데 쇼군 이에모치가 병사했다. 8월 초에 고쿠라 성도 낙성하고, 한편으로 쇼군이 있는 오사카와 효고 일대에서 파괴 폭동이 발생했다. 9월 하순에는 도쿠가와 종가를 이은 요시노부가 철병을 명령했다.

조슈토벌군 15만에 대한 조슈 번군은 4,000명이었다. 주력 제대는 무사와 서민 혼성으로 막부·조슈전쟁 당시 기병대 외에 방패대(御楯隊), 유격대, 제2기병대 등 10대(隊)로 약 2,000명이었다. 30명 전후의 소대를 단위로 하고 기병대에서는 총원 400명이 7개 총대와 8개 포대를 구성했다. 병사들은 겉옷 1장, 군복 1장, 속내의(襦袢) 1장, 기타 소지품은 안된다 하여 일체의 방호구를 입지 않은 알몸과 마찬가지인 경보병의 등장이었다. 라이플 총과 경무장인 관계로 소대, 중대 단위

의 진정한 기동 작전이 가능하게 되
었다. 이렇게 하여 기병대의 소대는
소대 운동을 철저하게 훈련받거나
산을 뛰어 올라가서 높은 지역을 제
압하고 아래쪽으로 사격하거나, 혹
은 샛길을 재빨리 우회하여 배후를
치기도 했다.

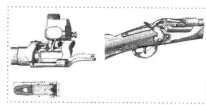

▶그림 3-9. 스나이더 총(snider)은 러일전쟁까지
사용되었다. 왼쪽 그림, 총저기관도(銃底機關圖). 왼
쪽, 총구. 총 밑바닥의 커버를 위로 열어 아래쪽 실
탄을 장착한다(육군사관학교편 『병기학교정(兵器學
校程)』, 1893년).

　　제대 전원은 번청으로부터 공급되어 각 부대의 기계 담당자가 독
자적으로 관리하는 미니에 소총, 혹은 최신형 스나이더 총을 소지하
고 있었다. 스나이더 총의 장원형(長円形)탄과 약협(화약이 들어 있는 부
분)을 그림 3-9에 표시했다. 총신 안쪽에 새겨진 나선형의 홈(라이플, 당
시는 시조〔施條〕라 불렀다)을 따라 발사 방향에 직각면으로 자이로 회전
을 하여 정확하게 직진하기 때문에 '저격'이 가능하게 되어 있었다. 게
벨 총의 유효 사정거리가 100m 이내인 것에 비해, 미니에·라이플 총
의 유효 사정거리는 300m에서 500m로 압도적인 전력 차였다. 당시,
충분히 훈련된 라이플 총을 가진 적은 인원의 소대는 게벨 총, 혹은 그
이전 무기를 소지한 인원이 많은 부대를 상대로 학살에 가까운 전투를
할 수 있었다.

　　기병대 등 무사와 서민 혼성의 유지대(有志隊)의 제대는 엄격하게
통제된 상비군으로, 긴급 시에 동원되는 민병이 아니었다. 자주 오해
되는 일이지만, 이것은 중요한 포인트이다.

　　민속학자 미야모토 쓰네이치(宮本常一)의 고향은 막부와 조슈 번
의 서전이 열렸던 야마구치 현 오시마 군(大島郡)이다. 소개한 『잊혀진
일본인』, 「처세에 능한 사람(世間師)」 장(章)에서 '막부·조슈전쟁 전투

의 중심이 된 기병대와 진무대(振武隊)의 대원은 농민의 둘째, 셋째 아들이거나 같은 목수 동료였던 자가 많았다'며, 미야모토(宮本)의 할아버지와 같은 부락 목수가 야마구치로 돈을 벌러 가서는 기병대에 입대한 예 등을 들고 있다. 이 책에는 에도 후기부터 메이지에 걸쳐서 농민의 둘째, 셋째 아들 중 자유로운 여행 생활을 하고 엄청나게 행동적인 인물이 많았던 점, 그들이 '처세에 능한 사람'이라고 불리고, 그러한 활력있는 농민이 입대한 일을 전해 듣고 있다.

'쓰고 버리는' 근대의 보병 등장

한편, 제대의 병사가 상의 겉옷·군복·속옷 이외는 금지당한 것은 보졸이라도 착용하던 다소의 보호구(몸통 갑옷 등)조차 착용하지 않은 알몸 상태의 '쓰고 버리는' 근대 보병의 등장을 의미한다. 제대는 이런 냉혹한 조직 속에 활력 있는 농민을 편입했던 것이다.

기병대는 '대중(隊中)'이라고 불렸던 병영에 기거하며 군사 훈련에 전념했다. 병사는 직업 군인이며, 번청은 무사나 서민을 가리지 않고 봉록을 많이 지급하여 충분한 월급을 병사들에게 지급했다. 군사 훈련은 난학자이며, 병학자인 오무라 마스지로(大村益次郎)가 지도했다. 오무라 번역의 『병가수지전투술문(兵家須知戰鬪術門)*』의 원서(네덜란드어)는 1853년 간행 당시 서양의 수준을 나타내는 전술서이다. 군사 훈련은 오전 5시부터 오후 8시까지로, 낮에 2시간 휴식을 제외하면

---

* 병사들이 알아야 할 기초 전투술을 의미한다. 이상 역자.

13시간에 이르렀다. 검술, 총진, 대포 훈련 등이 실시됐고, 이른 아침과 밤, 각각 2시간 문학 학습도 실시되었다. 다카스기가 오로지 전제(專制)를 이용한다고 말하였듯이, 부대 독자의 '대법(隊法)'에 의해 통솔되고, 위반자는 대내에서 처분되는 관례로 번청도 개입할 수 없었다. 제대(除隊)·참수·할복 등의 처벌이 『기병대 일기』의 곳곳에서 엿볼 수 있다.

다카스기는 이 무렵의 논책(論策) '회복사의'에서 "제대의 장사에게 스나이더 총, 암스트롱 포를 소지하게 하였을 때에는 천하무적"이라고 설명한다. 유지(有志) 병사가 최신의 라이플 총을 휴대하고 암스트롱 포를 갖추면 세계 수준의 근대 보병대가 만들어지는 것을 분명히 인식하고 있었던 것이다.

후발국의 정예군

조슈 번의 개명파 유사는 서양의 최신 무기를 수입하고, 서양의 근대 보병전법서를 도입하여 소대, 중대 운동을 철저하게 훈련시키고, 규율을 엄격히 하여 정예 상비군을 만들었다. 구식 무기를 손에 들고 수많은 인민이 열강에 항전하는 민병과는 성격이 전혀 다르다. 후발국에서 만들어지는 사회로부터 돌출한 근대군인 것이다.

막부·조슈전쟁 전에 농민 병사에게 혹독한 훈련이 이루어지자 탈대(脫隊) 사건이 일어났다. 막부·조슈전쟁 2개월 전에 오시마(大島) 방면, 가미노세키(上關, 야마구치 현 남동부)의 제2기병대에서 간부의 통제에 대한 불만을 계기로 병사 100명 전후가 간부를 살해하고 탈주했다. 제2기병대의 공식 정원은 125명으로 대부분이 탈주한 것이다. 그 반수는 나아가 막부령 구라시키(倉敷)로 가서 대관소를 습격하고 패주했다. 탈대 폭발의 움직임이 제대 전대로 확산되고 있었기 때문에 구라시키 습격에서 돌아온 병사 46명 전원이 참수에 처해졌다. 그 3/4이 농민 병사였다. 미야모토 쓰네이치는 구라시키 탈대 소동에 대하여 간부 살인 사건 자체는 복잡하게 얽혀 있지만, 가장 큰 원인은 농민의 처세에 능숙한 기풍에서 유래한다고 그 지역 녹취에서 기록하고 있다.

번청 지도자 히로사와 사네오미는 탈주한 농민 병사를 무의미한 잡병, 전쟁 개전을 가까이 앞두고 규율 단속을 위한 불행 중 다행이라고 거리낌 없이 말했다. 탈주 병사 전원이 각각의 출신 군(郡)에서 참수에 처해졌다. 농민 병사 다수를 희생시켜 제대와 지역 사회를 전율하게 한 후 병사의 규율이 세워졌다.

무사와 서민의 병사가 동등하게 교제하고, 오로지 역량을 중시한다(기병대의 대법)는 제대의 '대중(隊中, 병영)'의 고유한 평등이 확실히 민중을 끌어들였다. 예를 들면, 조슈 번 오고리 지역의 '궁번(宮番)'이라고 불리는 신분적으로 차별받던 농민이 4국 연합함대 포격 사건이 한창일 때 출신지, 이름을 속여서 입대했다(『기병대 일기』). 근세 후기에는 피차별 부락민도 다양한 벌이에 종사하여 신분 해방의 움직임을 강화하고 있었다. 이 피차별 부락민은 신분 해방도 요구하며 입대했겠지만, 기병대에서 처형되고 있었다. 또, 막부·조슈전쟁 때는 후나키(舟木) 지역의 촌락에서 처형을 위해 마을에 위탁되어 있던 농민이 기병대로 뛰어들어 입대했으나, 대관으로부터 인도를 요구받아 기병대 주둔소 안에서 사망한 것이 발견되었다(기병대 일기).

기병대는 신분 해방을 요구하는 피차별 부락민과 억압으로부터 달아나는 농민을 해방하는 조직체는 아니었다. 민중을 끌어당긴 것은 사실이다. 그러나 가난한 민중이 병사가 되었다고 해서 그 군대가 민중적이라고 할 수는 없다. 오늘날에도 서양 신무기를 도입한 후발국의 강력한 정예 상비군 대부분은 가난한 사람들이 병사가 되어서 실력으로 출세할 유일한 기회를 제공하지만, 그 군대가 민중에게는 매우 억압적인 존재이다(이토 치히로〔伊藤千尋〕, 『불타는 중남미』).

후발국 정예군의 성격을 보면, 여러 부대에 대한 민중의 지지에 한계가 있었던 것은 당연할 것이다. 막말의 조슈 번에서는 농민 폭동이 없었다고 전해졌다. 막부·조슈전쟁 시에도 전년도부터 매우 엄숙한 임전 태세가 갖추어져, 몽골내침 이래 가미카제 신화에서의 민중 동원도 이루어졌다. 그럼에도 세키슈(石州, 시마네 현) 방면의 전쟁터가 된 오쿠아 부(奧阿武)지역 야토미 촌(彌富村)에서는 2월 중순과 하순, 심야에 250명 정도의 농민이 2번에 걸쳐서 파괴 폭동을 일으킨 것이 밝혀졌다.

게이오 막정(幕政)개혁

막부·조슈전쟁이 한창이던 1866(게이오 2)년 8월 하순, 히토쓰바시 요시노부의 도쿠가와 종가 상속이 포고되고 요시노부는 전황을 반전시키는 일 없이 조슈토벌군을 철수시켰다. 쇼군직을 잠시 고사하다가 고메이 천황의 요시노부에 대한 지지를 충분히 확인한 뒤인 12월 상순에는 쇼군직도 계승했다. 이 이후, 신 쇼군 도쿠가와 요시노부(德

川慶喜)의 실지 회복이 시작된다.

조정에서는 고메이 천황을 비롯하여 간파쿠 니조 나리유키와 아사히코 친왕 등이 요시노부를 계속해서 지지했다. 그러나 다른 한편으로 요시노부에 반대하는 나카미카도 쓰네유키(中御門経之)와 오하라 시게토미(大原重徳) 등의 공가 세력도 대두했다. 사쓰마 번은 삿초 연합밀약에서 전황이 조슈 번에 유리하게 전개될 경우, 조정에서 조슈 번의 사면에 진력한다고 협정하고, 오하라 등 반 요시노부파 공가들에게 손을 쓰고 있었다. 또, 사면되지 않은 채로 이와쿠라 도모미가 이들 공가와 연락을 취하고 있었다.

전쟁 중인 8월 말, 반 요시노부파의 공가 22명이 열참하여 조슈토벌군 철수 및 아사히코 친왕과 니조 나리유키 간파쿠의 파면을 요구했다. 조정회의 석상에서 야경(鵞卿) 오하라 시게토미는 천황을 향해서 조정의 실태(失態)와 주상의 실덕을 추궁했다. 그 때문에 아사히코와 니조가 사의를 표명하고 열참은 성공 직전까지 나아갔다. 그러나 이것에 격노한 천황이 발을 사이에 두고 오하라를 향해서 조슈토벌군 철수는 안 된다고 끝까지 주장하여 열참은 실패했다.

오쿠보 도시미치는 이 성공 직전까지 나아간 열참을 사이고 다카모리에게 조정은 이해할 수 없는 변태라고 알리고 있다. 오쿠보 등이 평공가인 이와쿠라에게 접근하는 것은 이 열참이 있었던 직후의 일이다.

한편, 고메이 천황의 신임을 얻은 신 쇼군 요시노부는 막정개혁에 정력적으로 착수한다. 프랑스 공사 로슈의 조언도 수용하여 막부 제도에 국내 사무, 회계, 외국 사무, 해군, 육군으로 행정의 분과를 마련하고, 형식상으로는 근대 국가의 전문 부국제를 채용했다. 군제개혁도 눈부셨다.

　막부도 서양식 군제개혁을 하고 있었지만, 조슈 번보다 뒤처져 있었다. 막부·조슈전쟁 중 파크스는 에도에서 전장으로 파견 예정인 막부의 새로운 대대, 8,000명을 열병했다. 파크스는 "모두가 라이플 총 내지는 마스켓 총을 갖추고 있었지만 거기에 칼 두 자루도 차고 있었다. 그들은 각각의 주인으로부터 급료를 받고 있었다. 하나의 제도 아래에 통합되어 있지 않는 지극히 평범한 보충병"이라고 외무대신에게 보고하고 있다. 한편, 같은 보고에서 조슈 번의 군대를 "우수한 라이플 총을 갖추고 있으며, 그것을 익숙하게 사용한다."라고 높이 평가했다.

　위의 파크스 보고에서도 요시노부에 대해서는 새로운 군사 조직에 대한 열정적인 옹호자라고 평가되었다. 요시노부는 프랑스의 툴롱(Toulon) 군항을 모델로 한 요코스카(橫須賀) 제철소 건설을 추진하고, 모든 하타모토를 서양식 총진 편성으로 하는 목표로 삼고, 또한 영국 상회에 암스트롱 포 수십 문을 발주했다. 이러한 조치들은 유력 번에는 대단히 위협적이었으며, 사이고는 사토에게 "히토쓰바시(요시노부)는 지금 매우 천황의 총애를 받고 있습니다." "3년간은 만사 끝났다."라고 말했다.

　이때, 완강한 양이주의자이며, 막부 말기 정국에 큰 영향을 끼친 고메이 천황이 12월에 서른 여섯의 나이로 갑자기 죽음을 맞이했다. 천연두에 걸려 급성 증상을 보인 죽음이었다. 사인은 출혈성 두창설(병사설)과 비소 중독설(독살설)의 두 가지 설이 있다. 독살설에 대해서는 고메이 천황 재임 시에는 사면되지 않았던 이와쿠라 도모미가 하수인이라고 전해졌다. 새 천황은 열여섯 살인 사치노미야(祐宮)로, 외조부는 나카야마 다다야스(中山忠能)이다. 이때, 나카야마, 이와쿠라

▶그림 3-10. 1867년 3월, 오사카성 안에서의 요시노부와 파크스 공사의 회견(『일러스트레이티드·런던·뉴스』 1867년 8월 24일호).

등 반 요시노부파의 공가가 사면되었다.

고메이 천황의 갑작스런 죽음으로 요시노부는 강력한 후원자를 잃었기 때문에 그에게는 큰 타격이었다. 그러나 요시노부의 정치 활동은 강력하게 추진되었다.

다음 해인 1867년 3월 하순, 요시노부는 오사카성에서 영국, 프랑스, 네덜란드, 미국 등 4개국의 공사를 알현했다. 제일 먼저 대영제국의 파크스를 알현했다. 이 알현을 『머나먼 절벽』에 상세하게 소개한 하기하라 노부토시에 의하면 요시노부는 활달하고 세련된 매너로 백전노장인 파크스를 매료시켰다.

요시노부는 서두에 효고 개항을 포함하는 조약을 준수한다고 명확히 약속했다. 파크스도 영국과 일본의 과거 관계에 대해서 좋지 않았던 사항은 지금 일체 문제 삼지 않겠다고 말하고, 영국의 막부 해군 건군에 대한 협력을 명백히 표명하였다. 알현은 세 시간 반에 달했고 서양요리를 먹은 다음 별실로 옮겨 위스키와 커피를 마셨다. 파크스는 요시노부에 대해 일본에서 가장 뛰어난 인물이며, 가능한 그를 지원하고 싶다고 영국 외무부에 보고했다(그림 3-10).

막부, 다이묘와 영국

영국은 사쓰마, 시모노세키와의 전쟁을 거쳐 삿초를 비롯한 유력 번과 만남으로써 정치와 무역 참가를 요구하는 그들의 주장을 이해하게 되었다. 삿초에 접근한 것은 영국 공사관에서 근무하는 청년 서기관 사토와 나가사키 영사 가워 등이었다. 사토는 회고록『한 외교관이 본 메이지 유신』에 생생하게 기록되어 있듯이, 다테 무네나리나 사이고 다카모리 등 서남 유력 번의 다이묘와 번사와도 친밀하게 교류하여, 다이묘 세력을 포함하는 일본의 정체 변혁을 기록한『영국책론』을 공표했다. 공사 파크스도 그것을 묵인하고 있었다. 하기하라 노부토시는『머나먼 절벽』에서 서기관 사토와 공사 파크스와의 사이에는 대일 의견에 큰 차이가 있었다는 것을 지적하고 있다. 지금까지 막말 후반기의 국제 관계 틀에 대해서, 영국이 막부에서 멀어져 삿초에 접근하고, 프랑스가 반대로 막부에 친밀도를 높여 양국이 각각의 진영에 군사 원조를 자청하는 등 내정에도 관여했다고 설명되었다. 그러나 이러한 이해는 매우 부정확했던 것이었다.

조약 칙허로부터 개세약서 체결이라고 하는 1866년경의 막부 외교에 대해서 파크스는 "쇼군은 우리에게 성심성의껏 행동하고 있다. 다이묘보다 쇼군을 통해서 훨씬 많은 것을 성취할 수 있다."라고 평가하고, 한편으론 다이묘 간의 어쩔 수 없는 질투심과 불화를 간파하고 본국 외무부에 보고했다. 또 사쓰마 번이 종종 조약 칙허를 방해하고, 외교 문제를 이용하여 쇼군을 공격하는 것을 비판했다.

막부·조슈전쟁 후, 영국 해군 사령관 킹 제독이 세토우치의 미타지리에서 조슈 번주를 방문했다. 기도 다카요시가 이 방문 수용을 위해 이리저리 뛰어다녔다. 그러나 파크스는 조슈 번이 다른 번 처럼 민중 환영 행사를 일절 준비하지 않은 것을 보고, 조슈 번은 영국에 우호적인 감정을 갖고있지 않다고 본국에 보고했다. 실제로 조슈 번은 앞에서 본 것처럼 대외적인 위기감을 부추기고, 그것을 민중 동원에 이용하고 있어 파크스의 관찰은 정확했다.

삿초의 개명파를 평가하기 시작하던 영국의 본국 외무부도 공사관이 막부에서 멀어져 삿초에 접근하는 것 등을 도저히 인정할 수 없었다. 본국 외무부는 파크스에게 가령 영국의 희망과는 다르다고 하더라도 일본의 체제 변혁은 철두철미한 일본적 성격이라는 특징을 띠지 않으면 안 된다고 지령하고, 파크스도 그것에 반대하지는 않았다.

막부·조슈전쟁이 한창일 때에 영국과 프랑스의 공사가 시모노세키를 방문했다. 전황은 조슈 번에 우세하게 전개되고 있었다. 이때, 기도는 영국과 프랑스 공사에 대하여 다음과 같이 발언했다.

"외국 공사들이 반드시 알아야 할 것이 있다. 나는 외국의 원조를 바라지 않으며, 앞으로도 외국의 개입이 양 진영에 대해 완전히 삼가 줄 것으로 믿고 있을 뿐이다."

'외국의 개입'을 멀리하는 기도의 발언은 사실 소개한 것과 같이 영국의 대일 방침과 일치하고 있었던 것이다. 위의 기도 발언은 앞서 파크스 보고에서 인용한 것이다.

파크스의 지령

막말 정쟁이 최후를 바라보며 가장 격렬하게 움직인 1867년 초, 서남 유력 번으로 정보 수집을 위해 찾아가는 사토에 대한 파크스의 지령은 다음과 같았다.

첫 번째는 조약의 엄수, 따라서 효고 개항을 영국이 끝까지 주장한다고 다이묘에게 전달할 것과 두 번째는 영국 정부가 어떠한 당파에도 어떠한 종류의 원조도 하지 않는다는 것을 다이묘에 전달하는 것이었다.

위와 같이 파크스 등 영국 외교부는 일본 내 전쟁의 불개입을 본국 외무부로부터 확인하고, 일본에도 그 사실을 되풀이하여 표명했다. 이후, 앞서 소개한 요시노부와의 알현에 파크스는 막부에 대한 신뢰를 점점 확신한다. 요시노부는 영국에 대한 경계를 늦추지 않았지만, 외교 무대에서는 영국과의 관계를 경시하지 않았다.

영국 외무부의 외교 현실을 보면, 책임자인 공사 파크스는 막부에 대한 신뢰를 심화시키고 있었으며 반면, 젊은 통역관 사토 등은 삿초에 접근하고 있었으나 파크스는 그것도 묵인하고 있었다. 막부를 중심으로 하면서, 정치 변동에도 대응할 수 있도록 외교 스탠스를 넓히고, 게다가 영국의 국익을 지키기 위해 일본의 정쟁에는 절대 개입하지 않는 것에 합의하고 있었던 것이다.

종래, 프랑스가 막부에 접근했다는 이야기가 전해져 왔다. 프랑스 본국 외무부는 베트남 지배 쪽을 중시하고 있었으며, 또 유럽 대륙에서 급속하게 대국화하는 프러시아와의 대항을 강화하고 있어 영국과 대립하는 로슈 외교를 절대 지지하지 않았다.

막말 후반기 일본의 국제적 환경을 이와 같이 본다면 막부와 삿초, 양 진영의 대립이 심각해지는 가운데 일본에서 가장 영향력이 있는 영국 외교는 중립·불개입 노선을 확정하고 있었으며, 그것을 명확히 표명하기도 했다. 영국의 판단 기초에는 열강의 세력 균형이라는 일본의 지리적 위치, 일본 정치 통합의 높이, 영국 해군 능력의 한계, 대체로 순조로운 무역 발전, 다이묘의 양이 운동 종식, 서남 유력 번의 개명파 대두 등이 있어 중립·불개입 방침은 확립되어 있었다.

일본에 국제적으로 중대한 군사적 위기가 다가오고 있었던 것은 아니었다. 대외적 위기로부터 벗어나는 것이 무엇보다 필요했던 국제 관계를 전제로 급진적인 정치 혁신을 필연적인 것으로 묘사하는 견해가 종래에는 유력했지만 냉정히 재고되어야 할 것이다. 확실히 군사력·경제력 격차가 컸기 때문에 일본에 일반적인 대외적 위기가 없었다고는 말할 수 없다. 그러나 열강, 특히 영향력이 컸던 영국조차 일본을 식민지화하기 위해 구체적으로 침략적 개입을 할 가능성은 당시의 정치 동향에서 말하면 사실 낮은 것이었다.

결렬

요시노부에 의해 외국 공사에게 효고 개항이 명확히 언명되어 조정의 개항 승인을 획득하는 문제가 남게 되었다. 그러나 조정에서는 평공가들 중에서 양이파가 여전히 유력했다. 그래서 사쓰마 번은 조슈 번의 사면과 효고 개항 승인 문제를 둘러싸고 조정에 대해 운동을 전개했다. 사쓰마 번이 준비하고, 시마즈 히사미쓰, 마쓰다이라 요시나가, 다테 무네나리, 야마우치 도요시게 등 네 명의 다이묘가 1867(게이오 3)년 5월에 함께 상경했다. 효고 개항은 3도의 중심으로 유력 번의 생사를 쥐고 있는 오사카 개시(開市)를 수반하고 있어, 유력 번은 개항 실행에 다이묘 세력을 참가시키도록 요구했다. 병사를 거느리고 상경한 히사미쓰는 전년에 있었던 22인 열참의 중심 인물로 조슈토벌군의 철수를 요구하다 처벌받은 나카미카도 쓰네유키와 오하라 시게토미의 의주(議奏) 등용을 요구했다.

이때, 사쓰마 번에는 불리한 사태가 일어났다. 시마즈가의 연가로 오랫동안 정치 활동의 맹우이며, 귀족의 우두머리인 귀종(貴種) 고노에가의 다다후사가 나카미카도 등의 관례에 없는 등용에 대해 조헌(조정의 질서)을 어지럽히는 것이라고 반발하며 사쓰마 번을 적극적으로 돕는 일을 거절한 것이다.

5월 말, 조정에서 효고 개항 승인 문제와 조슈 번 사면 문제에 대한 분규로 조정회의가 2일 1야(二日一夜)에 이르게 되었다. 사쓰마 번의 오쿠보와 사이고가 맹렬히 공작하고, 요시노부도 로주와 함께 고고쇼에 죽치고 앉아 압력을 가했다. 아사히코 친왕과 니조 나리유키 섭정, 다카쓰카사 스케히로, 구조 미치다카 등이 요시노부를 지지하고, 그리고 고노에 다다후사도 이번에는 끝내 사쓰마 번 측에 서지 않았다. 2일째 아침, 동요하는 니조 섭정에게 아사히코, 다카쓰카사, 구조가 모두 사직 의사를 보여 효고 개항은 칙허되었다.

요시노부는 '폭위(오쿠보)'라든가 '조정을 경멸한다(다테 무네나리)'고 평가될 정도로 억지 공작을 전개하여 마침내 고노에가를 포함한 섭가와 친왕 등 상급 귀족 전체의 지지를 얻은 것이다. 사쓰마 번의 패배였다. 앞에서 본 것처럼, 삿초연합밀약에서는 주목해야 할 제5조에서는 막부가 조정을 옹위해서 정의를 막고 주선·진력하는 길이 차단되었을 때에는 마침내 결전에 이른다고 합의되어 있었다.

오쿠보는 번지(藩地)에 병력을 준비하고 성원을 얻어 결단의 모습을 널리 알려서 조정에 진력한다고 전하고 있다. 그리고 조슈 번에 무력 궐기를 재촉하는 사자를 보내고, 번지로부터는 군함으로 한 개 대대의 병사를 상경시켰다. 말에 의한 '주선·진력의 길'이 사라진 사쓰마 번은 막부와 무력으로 싸우는(삿초연합밀약이 마침내 결전에 이른다) 것도 불사하는 조정의 대변혁을 계획했다.

제4장 근대국가의 탄생

1870년, 가공의 「증기차 주행」 니시키에(「도쿄 다카나와 철도 증기차 주행지전도」 부분). 개통은 실제 1872년. 다음 해 같은 제목의 사진(진경[眞景])판이 나왔다. 개화기의 니시키에는 붉은 아닐린(aniline) 염료를 많이 사용하여 값은 싸지만, 예술적인 평가는 낮다. 그러나 속보, 대량 생산으로 유포되었다. 증기차는 개화 전시회의 상징이었다.

1. 왕정복고와 '유사(有司)' 전제

막부토벌파의 무력 노선

사쓰마 번은 1867(게이오 3)년 8월, 거병에 관한 비책을 조슈 번에 설명했다.

교토 궁궐에 번병을 투입하고 막부토벌파 공가가 결집하여 제압, 아이즈 번저와 막부 병사들의 진영을 급습하여 불태워버린다. 천황을 오토코야마(男山, 교토 시 남부, 야하타시)로 옮긴 다음, 토쇼군(討將軍)의 포고를 발령한다. 번병 3,000명으로 오사카성을 제압하고, 오사카만의 막부함대를 파괴한다. 관동 방면에서는 고후성(甲府城)에서 농성한다는 장대한 무력 봉기 계획이었다. 시마즈 히사미쓰와 사이고 다카모리, 오쿠보 도시미치, 고마쓰 다테와키(小松帶刀) 등 네 명만이 알고 있는 기습 작전이었다고도 이야기한다.

다음 달인 9월, 사쓰마 번과 조슈 번은 다시금 출병 조약을 체결하고 기슈 번도 참가한다. 사쓰마 번이 9월 중에 무력 봉기하여 천황을 빼앗아 오사카성으로 쳐들어가는 것도 재차 예정되었다. 이처럼 사쓰마 번의 처음 계획은 교토의 정변과 동시에 거병하는 것으로, 12월에 실제로 발생한 왕정복고 쿠데타보다도 훨씬 무력에 의존하는 계획이었다. 문자 그대로 막부 토벌 계획이었다.

한편, 도사 번(土佐藩)은 무력을 사용하지 않는 개혁 운동을 추진했다. 도쿠가와를 토벌하는 것이 아니라 도쿠가와 요시노부도 참가한 공의(公議)에 의한, 말하자면 연방 국가를 목표로 하는 공의정체론이다. 6월에 사쓰마 번과 맺은 '삿토(薩土)맹약'에서는 요시노부가 스스로 대정을 반환하고 쇼군직도 사퇴하여 왕정복고를 실현한다고 되어 있다.

사카모토 료마의 '선중 8책(船中8策)'을 바탕으로 한 삿토맹약은 교토의 조정에 상하 이원(양원)의 '의사원(議事院)'을 마련하고 요시노부 이하, 공가, 다이묘, 번사 그리고 서민까지 참여하는 것이었다.

에도 후기 막정과 번정의 회의 시스템이 성숙해 있었다는 것은 소개한 대로이며, 그 기반 위에 서양 의회제 형태를 만국과 병립하기 위해 받아들인 것이다. 이렇게 하여 도쿠가와 요시노부도 참여한 다이묘회의로 연방 국가가 구상되었다. 이와 같은 다이묘회의가 공식적으로 개최되면 다이묘의 수가 압도적으로 많은 도쿠가와 측이 우세할 것은 분명했다. 그럼에도 사쓰마 번은 도사 번을 막부 토벌 쿠데타에 개입시키기 위해 삿토맹약에 포함했다. 기도가 료마에게 설명한 표현에 의하면 중립적인 번도 절대 불리하지 않게 궁리하여 끌어들인다는 것이었다.

번 '유사'의 자립

조슈 번에서는 내전에 대비하여 번정의 대개혁이 추진되었다. 막부·조슈전쟁을 앞두고 '유사'인 실무 관료에게 실권이 집중되었다. 번의 정무는 '국정 담당', 재무는 '국용(國用) 담당'으로 두 개의 국(局)에만 집중되었다. 그 전체를 '용담역(用談役)'인 기도 다카요시(봉록 90석)가 지배하고, 정치적으로 중립인 실무 관료도 다수 등용되었다.

무사와 서민 혼성의 제대가 조슈 번의 정예군이었지만 막부·조슈전쟁 후, 교토 주변에서 예상되는 내전을 앞두고 보졸, 하급 노동자(手子), 하급 봉공인(中間[추겐]), 배신(陪臣) 등의 하급 무사도 라이플 총대와 대대로 편성되었다. 다른 한편으로, 상급 번사들은 종졸을 데리고 다니는 것이 금지되었고, 단기(單騎) 활동자(일개 병사)가 되어 '산병(散兵)', 즉 지위가 낮은 보조군에 편입되었다. 이렇게 하여 번의 질서가 역전되었다.

기도는 사쓰마 번의 고마쓰, 사이고, 오쿠보 등과 협의를 거듭하여 번을 뛰어넘는 서로의 결속을 강화했다. 도오야마 시게키(遠山茂樹)가 말하는 '강병부국개명파의 횡단적 결합'이었다. 정치력을 강화한 기도는 지금의 조슈도 황국의 병을 치료하기 위해 좋은 도구라고 하면서 번을 국가 형성의 도구로 봤다. 기도나 사이고, 오쿠보 등 유사가 각각의 번으로부터 자립하기 시작한 것이다.

요시노부, 대정봉환을 신청하다

도사 번이 대정봉환을 도쿠가와 요시노부에게 건의하고, 1867(게이오 3)년 10월 14일, 그것을 승인한 요시노부가 대정봉환을 신청하여 그 자리에서 사쓰마 번의 고마쓰와 도사 번의 고토 쇼지로(後藤象二郎)가 영단에 찬동했다. 막부 토벌을 목표로 하는 사쓰마 번이 요시노부에게 찬동한 것은 언뜻 기이하게 보이지만, 대정봉환이라는 막부의 양보를 끈질기게 이용한 것이다. 요시노부의 진의는 다이묘 연합 정부를 만들어 도쿠가와 종가가 독보적으로 필두가 되어 국정의 실권을 다시금 확보하는 구상이었다고 추측된다.

이 무렵, 요시노부의 요구로 막신 니시 아마네(西周)가 막부의 국가 구상을 건의했다. 행정부와 의정원의 이권(二權)으로 세우고, 행정부에 '전국(全國), 외국, 국익, 탁지(회계), 사사(절과 신사)' 등 5사무부와 의정원에 다이묘로 구성되는 상원과 번사로 구성되는 하원이 설치된다. 요시노부의 구상은 로슈의 원조와 프랑스로부터의 차관이 불가결했다는 이유로 이전에는 프랑스에 대한 매판적인 구상이라고 평가되었다. 그러나 본국의 지지가 없는 로슈는 일본어 통역관조차 철수 당

▶그림 4-1. 사카모토 료마의 자필 '신정부 강령 8책' (1867년 11월). 료마는 대정봉환 후, 암살 전, 신정부안도 만들었다. 4조 1행에서 2행, '무궁한 대전(大典)', 만국공법의 '무상의 법' 헌법. 후반의 '맹주', '○○○'는 요시노부를 상정했다고 전해진다(초후박물관 소장[長府博物館藏], 국회도서관 헌정자료실에도 있다).

한 비참한 상태였다. 종래에 전해져 온 막부에 대한 프랑스의 240만 달러의 군사 차관이 실제로는 존재하지 않았던 것도 최근에 다시금 확인되었다. 한편, 로슈와 사사건건 대립하고 있었던 영국 공사 파크스는 대정봉환을 혁신적 운동이며, 요시노부도 시대의 요청에 어울리는 인물이라고 높이 평가한 보고를 본국에 보냈다. 요시노부는 서양 외교단의 지지를 더욱 확고히 했다.

니시 아마네의 막부 국가 구상에서는 조정의 공가는 야마시로 지역(교토 부 남부)으로부터 외출할 수 없고, 외출하더라도 평민과 동등하게 취급되는 등 조정의 특권이 대폭 제한되었다. 유신 정부의 권위주의적인 천황제 국가보다 혁신적인 국가를 목표로 하고 있었던 것이다.

대정봉환의 상신이 있었던 같은 날, '적신(賊臣), 요시노부'의 '진류(殄戮, 살해)'을 명하는 '막부 토벌의 밀칙'이 사쓰마 번주와 조슈 번주 앞으로 내려졌다(그림 4-2). 번 내의 동요 때문에 출병을 늦추고 있었던 사쓰마 번주와 중신에게 출병을 단행케 할 목적이었다. '막부 토벌의 밀칙' 표제는 천황이 칙명을 내리는 '조서(詔書)'였다. 그러나 천황을 대행하는 섭정에 의한 날짜와 재가의 기재가 없는 대체로 형식이 갖추어지지 않은 조서였다. 요시노부 토멸 조서를 막부파인 니조 나리유키 섭정으로부터 막부토벌파가 받을 수 있을 리가 없다. 막부 토벌의 밀칙은 천황 칙명의 밀칙이 아니라 천황과는 관

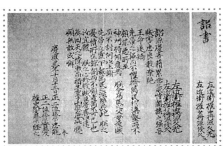

▶그림 4-2. 막부 토벌의 밀칙. 어린 천황의 대행인 섭정의 날짜와 가(可)의 기재가 원래는 있어야만 했다(가고시마 현 역사자료센터 여명관 소장).

계가 없는 곳에서 작성된 형식이 갖추어진 않은 위조된 밀칙 '위칙(僞勅)'이었다.

왕정복고 쿠데타

1867년 12월 9일 아침, 오쿠보, 이와쿠라 등이 입궐했다. 사쓰마 번, 기슈 번 등 막부토벌파, 그리고 도사 번과 에치젠 번, 오와리 번등의 공의정체파 병력이 쿠데타에 참가하여 '왕정복고대호령'을 발포했다. 그러나 공의정체파는 불과 4일 전에 결행을 통보받았을 뿐이었다.

도쿠가와 요시노부의 쇼군직 사퇴를 인정하고, 막부와 섭관을 없애고, 임시로 총재, 의정, 참여라는 3직(三職)을 둔다고 선언했다. 앞의 다섯 번으로부터 세 명씩 번사가 임명되어 사이고, 오쿠보, 이와쿠라, 고토 등이 들어가서 실권을 장악했다. 임시로 3직을 둔다고 기재되어 있어, 신정부는 일종의 '임시 혁명 정부'였다.

원래 왕정복고와 쇼군직 사임은 막부토벌파도 공의정체파도 공유하고 있었던 목표였다. 삿초의 무력 막부토벌파는 압도적으로 소수 세력이었다. 막부토벌파는 정변 후의 임시정부를 다수에 의해서 정당화하기 위하여 도사 번 등 공의정체파를 왕정복고 쿠데타에 일단 포함했다(기도).

막부토벌파의 정략은 9월에 기도가 료마 앞으로 보낸 편지에 설명되어 있다. 기도는 정변 전체를 '연극'에 비유하고, 쿠데타를 '교겐(狂言)'이라고 부른다. '교겐'으로 시작하여 '대무대'(전쟁)로 나아간다고 하며, 열심히 무대에서 역할을 할 수 있는 자(공의정체파)들은 '교겐'

(쿠데타)에 한패로 끌어들인다. 그것은 '교겐'을 달콤하게 연기할 수 있는 '궁리'인 것이다. 다시 말하면 폭넓게 움직이다는 뜻이다. 그리고 대무대, 대연극(전쟁)으로 나아간다고 한다. 쿠데타의 주도권은 물론 순서를 상세하게 계획하고 실행을 지도한 사이고, 오쿠보, 기도와 이와쿠라에게 있었다.

공의정체파의 반격

쿠데타 당일, 고고쇼회의의 서두에 공의정체파인 야마우치 도요시게는 쿠데타를 비판하며 종래의 막정을 변호하고, 요시노부를 의정에 참가시키도록 요구했다. 쿠데타는 '어린 천황을 품에 안고 권력을 훔치려고 하는 것'이라고 단언했다.

곧바로 이와쿠라가 천황 앞이라며 일갈했다. 휴식 도중 회의실 밖에서 병사를 총지휘하고 있던 사이고가 이와쿠라에게 단도 한 자루면 해결된다고 하자 도요시게도 양보했다. 지금까지도 사이고에게 어울리는 살기가 느껴지는 이 말 한마디야말로 신정부를 탄생시켰다고 평가됐다.

그러나 당시, 천황은 겨우 15세로 게다가 성인식을 올리기 전이었다. '어린 천황을 품에 안고 권력을 훔치는 것'이라고 말하는 도요시게의 비판에는 근거가 있었다. 또, '왕정복고대호령'은 막부를 없애는 이유로 앞부분에 '계축(1853년 페리가 내항한 해) 이래의 국난, 선제(先帝)가 매년 고심을 해 온 상황'이라고 선언했다. 선제, 즉 고메이 천황의 외교 문제에 대한 수년의 개입을 정당하다고 인정하고, 이에 대하여 막부의 실정 중 첫째로 각국 조약 체결을 들었다.

외교 문제가 주제이지만 공의정체파인 도요시게와 막부토벌파와의 포고령(대호령) 중 어느 쪽에 도리가 있는 것일까. 제1장에서 소개한 것처럼, 막부 외교는 현실적이며 합리적이기도 했다. 국제적 환경과 성숙한 일본 경제가 베이스가 되었으며, 점진적인 막부 외교에 의해 일본 사회에 개국이 정착한 것이었다. 한편, 천황의 외교론은 '황통면면', '만왕일계'와 같은 비합리적인 신국사상과 대국주의였으며, 국토 일부가 초토화되는 것도 불사한다는 지나치게 모험적인 것들이었다(단 기내〔畿內〕와 교토는 수호하라는 요구는 첨부되어 있었다). 야마우치 도요시게는 이전에 조약 승인 문제에서 천황·조정의 외교론을 "서생과 같은 주장", "무모한 전쟁을 추구하는 것"이라고 솔직하게 비판했다.

이처럼 관점을 달리하면, 고고쇼회의에서 논의해야 할 문제는 사실 다른 많은 것이 있었어야 했다. 사이고의 '단도 한 자루'라고 하는 논의를 차단하는 발언은 천황의 권위와 번의 무력을 배경으로 충분히 근거가 있는 발언을 말살하는 협박 이외에는 아무것도 아니었다. 강인한 도요시게가 물러난 것은 정병으로 도사 번병보다 훨씬 우세한 사쓰마 번병의 존재를 신경 쓰고 있었기 때문이다.

소수파인 막부토벌파는 막부가 조약을 맺은 것을 '실정'이라 하고, 그것을 외교의 대전제로서 '만국(서양)대치', '만국대립'을 제1의 국시로 내걸고 출발했다. '만국대치'에는 개화주의와 소수파의 대국주의에 대한 상당한 모험이 있었다.

2. 무진전쟁

도바·후시미전쟁

    신정부는 전(前) 쇼군 도쿠가와 요시노부에 대하여 '사관납지(辭官納地)', 즉 내대신의 사직과 영지, 영민의 반환을 요구하는 말하자면 무조건적인 항복을 요구했다. 이것에 대하여 신정부 내의 공의정체파는 요시노부의 신정부 참가를 요구하며 막부토벌파에 반격을 하기 시작했다.

    요시노부는 사관납지의 유예를 요구한 다음, 충돌을 피해 오사카 성으로 퇴거했다. 전쟁을 하지 않는 평화로운 상황에서는 공의정체파와 막부파의 다이묘가 수적으로 훨씬 우세하여 막부토벌파의 열세였다. 마쓰다이라 요시나가와 야마우치 도요시게 등 공의정체파는 요시노부의 측근과 협의하여 영지 반환 조건을 완화하고, 요시노부를 '임시 혁명 정부'의 의정에 임명하는 순서를 정했다. 3직회의에서도 이것이 승인되었다. 이렇게 하여 요시노부의 피전 방침에 의하여 신정부 막부토벌파는 궁지에 몰렸다.

오쿠보 도시미치가 "오늘에 이르러서 전쟁에 이르지 않으면 황국의 일은 이것으로 수포"라고 말했듯이 그는 전쟁을 기다리고 있었다. 사이고 등은 에도 사쓰마 번저의 낭사, 재야 지사를 이용하여 관동 일대에 교란 작전을 추진했다. 그리고 신정부가 요시노부의 의정 취임을 거의 인정하여 공의정체파 우세가 결정된 듯 보였다. 그 다음 날, 에도에서 구 막부 측의 쇼나이 번이 출진, 사쓰마 번저를 포위하여 불태워버렸다.

▶그림 4-3. 도바·후시미전쟁(후시미 쪽, 서로 대결하는 조슈와 아이즈). 엎드려서 사격하는 조슈 번 병사 3명. 지휘관도 총졸(銃卒). 숫자에서 능가하는 아이즈 번. 창졸(槍卒)도 섞여 있으며, 오도 가도 못하고 있다. 전술의 차이도 묘사되어 있다. 10년 후에 현지를 취재하여 그렸다(傳遠藤蛙斎, 교토박물관).

1868(게이오 4)년 설날, 오사카에서도 구 막부가 무력 반격을 결정했다. '토살(討薩)의 표'를 공표하고 사쓰마 번의 음모에 주륙(誅戮)을 가한다고 선언하고 구 막부 병사, 그리고 아이즈와 구와나 두 번을 주력으로 하는 1만 5,000명이 교토 후시미(伏見) 방면과 도바(鳥羽) 방면으로 진군했다. 이에 대항하는 삿초군은 4,500명으로 약 3분의 1의 병력이었지만 정예군이었다. 막부토벌파가 간절히 바라던 무력 대결의 국면은 이렇게 하여 구 막부 측에서 만들었다.

1월 3일, 신정부는 도쿠가와군을 '조적(朝敵)'이라고 선언하고, 맞서 싸우는 사쓰마군에 관군 깃발(錦旗)을 하사했다. 신정부의 무력 대결 방침은 정식 3직회의에서가 아닌, 오쿠보, 이와쿠라, 사이고, 산조 등의 비공식 밀약, 특히 이와쿠라 저택에서의 오쿠보의 '필사 언상(言上)'에 의해 결정된 막부토벌파의 '전단(專斷)'이었다. 야마우치 도요시게 등 공의정체파는 항의를 받고 사임했지만 막부토벌파 무사와 공가의 결속을 깰 수가 없었다.

4일간의 도바·후시미전쟁은 초반부터 삿초가 우세하여 요시노부는 오사카성을 비밀리에 탈출, 군함 가이요(開陽)함에 탑승하여 에도로 도주했다. 버림받은 구 막부군은 사방으로 흩어졌다.

기도 다카요시가 매우 의외라고 했을 정도로 삿초군의 완승이었다. 그날 오사카에서 영국 공사관의 사토가 패주해 온 아이즈 번사에게 "사쓰마 번병은 소규모 전투에 실로 능숙하며 스나이더 총을 소지하고 있었다. 막부의 서양식 훈련을 받은 부대는 전혀 도움이 되지 않았고 재빨리 패주했다."라고 전황을 전해 들었다.

막부는 막신의 군역(쇼군에 대한 군사상의 임무)을 금납으로 하고 농촌민을 고용하여 상비 보병을 편성하고 있었는데, 훈련이 부족하여 조직적이지 않았으며 지휘 계통도 미완성이었다. 충분히 훈련되어 있었던 삿초도막파는 도바·후시미전쟁 정도의 완승이 아니더라도 승산을 가지고 있었다.

에도 개성

주도권을 확보한 막부토벌파는 새로이 공공연하게 요시노부 추토령을 발령했다. 이렇게 하여 1월 중에 서일본과 중부 막부 측 여러 번이 저항하지 못하고 제압되었다. 구 막부령과 조적(朝敵) 번령(藩領)은 신정부의 직할지가 되었다.

교토, 오사카 등 기내(畿內)의 대상인 백 수십 명이 니조조(二條城)에 소집되어 전비로 충당할 회계 기금 300만 냥의 모금을 명령받았다. 미쓰이(三井), 오노(小野), 시마다(島田)의 환전 담당 3조(組)가 33만 냥을 비롯해 어용상인, 교토, 오사카의 일반 상인 등의 모금액이 7할 이상으로 총액 285만 냥 정도로 거의 목표 액수에 도달했다.

2월 초순, 삿초도의 3개 번을 중심으로 하는 동정군(東征軍) 1만여 명이 에도를 목표로 출군했다. 대총독부 참모에 사이고가 취임하고, 도카이도(東海道), 도산도(東山道) 선봉 참모도 삿초도의 3개 번으로부터 임명되었다. 저항은 거의 없어 3월 중순에 에도성 총공격 준비가 완성되었다. 요시노부는 항복 방침을 선택했다. 사이고 다카모리와 가쓰 가이슈(勝海舟) 회담을 거쳐 신정부는 요시노부를 사형에 처하는 것을 철회하고 에도성 총공격을 중지함으로써 도쿠가와 종가의 존속을 인정했다. 요시노부는 은거해서 미토에 근신한다는 관대한 처벌을 받았다. 4월, 동정군이 무혈입성했다.

그러나 곧바로 신정부의 관동 제압은 이루어지지 않았다. 구 막부 탈주병 부대, 막신, 하타모토, 후다이 번사(譜代藩士) 등이 동정군에 저항했다. 창의대(彰義隊)가 우에노(上野)에 근거하여 탈주병 부대와 연락하고, 관동 지역의 농민과 상인도 죽창 등을 들고 참전했다.

신정부는 병력 부족 때문에 창의대를 토벌할 수 없었고, 우쓰노미야성(宇都宮城)도 구 막부 부대에 빼앗기는 궁지에 빠졌다. 또 이때 조슈(上州, 현 군마 현)와 부슈(武州, 현 관동 일부)의 요나오시 폭동('요나오시 다이묘진[大明神]'이라고 자칭하는 파괴 폭동)이 2월부터 4월에 걸쳐서 펼쳐졌다. 신정부는 우쓰노미야에서 폭동 지도자 몇 명을 참수하는 것을 비롯하여 각지에서 폭동 지도자를 처형했다.

동정군은 5만 명이라고 공칭(公稱)되었지만, 실제로는 삿초도를 중심으로 하는 1만여 명이며, 에도 안의 경비도 구 막부에 의지할 만큼 병력 부족이 심각해서 창의대 토벌에 착수할 수 없었다. 영국 공사 파크스가 신정부에 요시노부의 관대한 처분을 강경하게 요구했다고 전해지고 있지만, 하기하라 노부토시가 정밀하게 조사를 한 영국 외교 문서에 따르면, 파크스는 내전에 불간섭 방침을 관철하고 있어 요시노부의 구명 희망을 표명한 사실은 없었다(『머나먼 절벽』). 요시노부의 관대한 처분 배경에는 동정군의 심각한 병력과 자금 부족이 있었다. 거기에다 관동 일대에서 '요나오시 폭동' 소란이 전개되고 있어 지배체제 전반이 심각한 위기 상황에 처해 있었다.

동정군의 내부에서는 창의대 토벌에 대해서도 관엄(寬嚴) 양론이 있었다. 조슈 번 출신의 군방사무국 판사(軍防事務局判事) 오무라 마스지로(大村益次郞)가 강경 방침을 관철하여, 5월 중순, 우에노전쟁에서 창의대는 괴멸했다. 그 결과, 에도 시내와 관동 일대가 신정부에 의해서 제압되었다. 5월 하순에는 도쿠가와가를 스루가(駿河) 후추(府中) 번 70만 석으로 옮기는 것이 공표되었다. 7월에 에도를 도쿄로 개칭, 10월에는 3,300여 명의 행렬로 천황이 입경하고, 도쿄 천도 준비가 추진되었다.

호쿠에쓰·도호쿠전쟁, 하코다테전쟁

신정부는 동북의 여러 번에게 아이즈 번 토벌을 강경하게 명령했다. 한편, 아이즈 번에 대한 관대한 처분을 요구하는 동북 여러 번은 5월 상순에 25개 번이 오우열번동맹(奧羽列藩同盟)을 맺었다. 동맹 측은 센다이 번(仙台藩) 내의 시로이시(白石)에 공의부(公議府)를 두고 호쿠리쿠의 여러 번도 참가하여 오우에쓰열번동맹(奧羽越列藩同盟)을 결성했다.

5월부터 호쿠리쿠에서 신정부군과 열번동맹군 사이에 무진전쟁에서 손꼽히는 격전이 전개되어 동맹군은 한때 나가오카성(長岡城)을 탈환하고 초토전이 계속되었지만, 7월에 들어가서 신정부군이 에치고(越後)를 제압했다. 이 사이에 뒤에 소개하는 것처럼, 나가오카 번령 등에서 파괴 폭동이 일어났다. 그 후, 도호쿠전쟁에서도 열번동맹군과 아이즈 번이 항복하고 9월 하순에 전쟁은 사실상 끝났다.

열번동맹군의 형세가 불리하게 된 8월 하순, 시나가와(品川) 앞바다의 구 막부함대가 출항했다. 구 막부군 등이 가세하여 북상, 약 3,000명으로 에조치(蝦夷地)를 점령했다. 사관(土官)의 '입찰'(투표)로 간부 인사를 결정하고, 총재로 에노모토 다케아키(榎本武揚)가 취임했다. 신정부에 구 막신 구제를 위한 영지 확보를 위해 에조치 개척 경영을 탄원했다. 그러나 다음 해 1869년 3월, 신정부군이 북상, 에노모토군은 오능각(五稜郭)을 중심으로 항전했으나, 신정부가 입수한 동아시아 최강의 '강철함' 암스트롱 포에 포격당해 항복했다. 이렇게 하여, 1년 5개월에 걸친 무진전쟁은 종료되었다.

3. 막말 유신기의 민중

초망(草莽, 재야 지사)대

무진전쟁에는 낭사와 호농상이 초망대를 조직하여 참전했다. 도쓰가와(十津川) 향사대(鄕土隊), 적보대(赤報隊), 다카노(高野) 거병조(擧兵組), 거지대(居之隊), 북진대(北辰隊), 금화대(金華隊), 다전대(多田隊), 산국대(山國隊), 응변대(應變隊) 등 다수가 있었다. 그중에서도 적보대에 참가한 사가라 소조(相樂總三)대가 주목해야 할 사례이다.

적보대는 오우미(近江)에서 결성되었다. 초망 사가라 소조는 신정부에 적보대의 관동 진군 선봉을 임명, 그리고 민심을 얻기 위해 막부령의 연공경감(年貢輕減) 포고를 건의했다. 이것을 채용한 신정부는 구 막령에 당분간 조세반감이라고 연공반감령을 포고했다. 현재, 주고쿠 지방(현 오카야마, 히로시마, 야마구치 지역)의 구 막령에 신정부의 포고 발령이 확인되고 있다.

관군의 '향도(嚮導, 선도) 선봉'에 임명된 사가라는 적보대의 1번대(사가라대)로 연공반감을 포고하면서 진군을 했다. 사가라대의 6할이 농민과 상인이었다. 그런데 서일본 지역을 조기에 제압한 신정부는 1월 하순에 연공반감령을 철회, 적보대에 귀환을 명령했다. 그러나 사가라대는 연공반감령 포고를 여러 번령에 확대하면서 총원이 220명에서 230명으로 스와 호(諏訪湖) 북쪽 호안의 시모스와(下諏訪)까지 진출했다. 3월 초, 신정부는 사가라 등 간부를 체포하여 '가짜 관군'이라는 죄목으로 효수형에 처했다.

『동트기 전』에 묘사되고 있는 것처럼, 시마자키 도손의 아버지 마사키(正樹)도 사가라의 동지에게 금 20냥을 제공한다. 사가라대 진출의 배후에는 지역 호농상의 지지가 있었다. 제3장(124쪽)에서 소개한 것처럼 막부 말기, 기내에서 '대의제의 전 단계'까지 활성화하고 있었던 호농상의 선각적인 사람들이 격렬한 요나오시(世直し, 세상 살기 좋게 하기) 폭동에 노출되어 정치 의식에 눈을 뜨고, 무진전쟁에 참전한 것이다. 그러나 신정부는 독자적인 활동을 보여준 초망대에 대하여 용서 없는 탄압을 가하여 배제했다.

두 개의 요나오시 폭동과 '좋지 아니한가?'

1866년, 무진전쟁의 2년 전, 막부·조슈전쟁 때에도 요나오시 폭동이 발생했다. 전란에 흉작이 겹치고, 농민 봉기와 농촌부(村方) 소동 등을 합치면 실로 185건, 에도시대 최다의 폭동 건수에 달한다. 1866년은 전쟁과 요나오시 폭동의 해였다. 그리고 2년 뒤인 1868년, 무진전쟁 때는 전쟁터가 된 지역을 중심으로 다시 141건의 폭동과 소동이

일어났다. 건수로는 11년 전보다 다소 적지만, 뒤에 설명하듯이 폭동의 격렬함을 훨씬 증가시킨 요나오시 폭동이 전개되었다. 두 개의 '요나오시 폭동의 해' 사이에 있는 1867년에는 '좋지 아니한가(ええじゃないか)'라는 민중 운동이 일어났다.

요나오시 폭동은 '궁민'을 자칭하는 백성들이 부정한 촌리나 부민(富民)을 파괴하려고 봉기한 것이다.

1866년, 막부·조슈전쟁의 한 달 전인 5월 초순, 막부의 대군이 주둔하는 셋쓰(摂津)에서 아낙네들의 쌀 염가 판매 요구로부터 파괴가 시작되었다. 오사카 시중의 센바(船場)나 덴마(天満), 난바(難波)도 석권하고, 파괴된 상가는 885채에 이르렀다. 에도에서는 파괴 폭동 세력이 5월 하순에 시나가와(品川)에서 에도로 들어가 읍내마다 깃발을 세우고 구조미와 구조금의 보시를 요구하며, 6월 초순까지 에도 내 가옥 200채 이상을 파괴했다.

6월 하순, 부슈 일대에서 쌀 염가 판매와 보시, 저당물의 반환 등을 요구하며 파괴 폭동 세력이 7일간 봉기했다. '제국태평(諸国太平)', '만민안온', '평균 요나오시 쇼군' 등의 깃발이나 노보리(幟)를 내걸고, 참가자는 십 수만 명, 파괴된 집은 200개 촌, 520채에 달했다. 같은 무렵, 무쓰 국(陸奥国, 현 아오모리 현 등)의 노부오(信夫), 다테 군(伊達郡)에서는 생사 검사인(改印)을 위한 세금에 반대하여 폭동이 일어나 6일간, 180여 채가 파괴되었다. 한편, 조슈 번과의 전쟁에 패배한 부젠(豊前)의 고쿠라 번(小倉藩, 현 후쿠오카 현 고쿠라시)에서는 8월, 번이 성을 불태우고 퇴각한 날부터 3일간 파괴 폭동이 계속되었다. 이 폭동은 격렬하여 유신 이전에 처음으로 가옥을 불태우고 공용 장부가 소각되었다. 그 이전 에도시대에는 폭동 세력의 규율이 엄격하여 가옥을 박살 내더라도 '방화'는 엄격하게 금하고 있었다. 하나의 금도가 무너지기 시작하였던 것이다.

'좋지 아니한가'가 있었던 1867년을 사이에 두고 1868년 초, 관동지방에서는 '좋지 아니한가'가 종식한 후, 신정부 동정군이 에도에 도착하기 직전인 2월 하순에 조슈 요나오시 폭동이 발생했다. 1866년의 폭동보다도 훨씬 격렬하

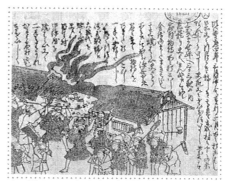

▶그림 4-4. 조슈 요나오시 폭동의 '불태워 없애버리기. 속보 기사(瓦版)의 문장. '불태워 없애버리기'를 3번 반복했다(「세태잡관(世態雜觀)」에서 도쿄대학 사료편찬소장).

여 촌리와 상인의 집을 불태워 파괴하고 부정한 촌리의 파면, 공선(公選)을 요구, 저당 잡힌 토지의 무상 반환을 요구했다. '요나오시 다이묘진'의 깃발을 들고 조슈의 거의 전 지역을 뒤덮고, 4월까지 계속되었다. 에도시대에는 예외적으로밖에 볼 수 없었던 가옥 방화, 공용 장부 태워 버리기가 각지에서 격렬하게 전개되었다(그림 4-4). 관동에 진입한 신정부군은 폭동 지도자를 다수 참수형에 처했지만, 현재 처형한 사람 수는 분명하지 않다.

조금 늦어 3월 하순부터 시작된 부슈 요나오시 폭동도 역시 '요나오시 다이묘진'의 깃발, 4월 중순까지 전개되었다. 호쿠에쓰전쟁으로 초토화된 에치고(현 니가타 현 지역)에서는 무라마쓰(村松) 번령 시모다 향(下田鄕)에서 8월 하순부터 촌리 공선을 요구하며 파괴 폭동이 일어났다. 10월 상순에는 아이즈전쟁의 전쟁터가 된 아이즈 6개군의 아이즈 야야 폭동이 '촌장(기모이리〔肝煎〕) 정벌'을 외치며 촌리의 파면을 요구하며 봉기했다. 마찬가지로 촌리의 가옥 등을 불태워 없애고 공용

장부를 소각하고 요나오시 강령을 작성했다.

전통 세계의 권리 의식

　요나오시 폭동은 민중 세계 속에서의 운동으로 촌리와 부민(富民) 영주와의 결탁과 쌀의 매점 등과 같은 '부정'을 규탄하고 '보시'를 요구했다. "농민은 농민만의 취의에서 세상의 본보기로 불인(不仁)한 자를 응징한다." 폭동은 '천마(天魔), 귀신처럼 되는 것', '아수라왕이 나타난 것'과 같은 모양으로 비유되어, 호농들이 "폭동님, 폭동님, 자술을 드십시오, 주먹밥을 드십시오."라고 인사했다. 폭동 세력이 특별한 권위를 가지며 지역 사회의 질서는 무너졌다.

　요나오시 폭동에는 민중의 전통에 뿌리내린 '권리 의식'이 유입된 것이 최근에 밝혀지고 있으며, 그 하나의 예를 저당 잡힌 토지의 반환을 요구하는 운동에서 볼 수 있다.

▶그림 4-5. '좋지 아니한가'의 그림(교토). '입고 있는 옷은 대체적으로 붉은색 면직물'이며 '춤을 추면서 줄줄이 들어왔다.'는 오사카에서 사토가 경험한 것과 같다(「근세진화(近世珍話)」에서, 교토 국립박물관 소장).

1866(게이오 2)년의 부슈 요나오시 폭동에서는 농민들이 저당 잡힌 토지의 '원금 반환'을 요구했다. 그리고 그 다음 다음 해의 부슈 요나오시 폭동에서도 '이번 요나오시 폭동으로 대출한 돈과 그 밖의 저당물에 이르기까지, 남김없이 되돌려 줄 것'이라며 저당 잡힌 토지의 무상 반환, 혹은 연부(年賦)로 반환을 요구했다. 폭동의 모든 요구는 일견해서 도리를 벗어나는 것처럼 보이지만, 에도시대 민중 운동 연구자는 다음과 같은 촌락의 관행이 배경에 있었다는 것을 발견했다.

에도시대, 마을에서는 무기한으로 돈이 준비 되는 대로 되찾는 관행이 있었다. 농민은 연한을 한정하지 않고 빌린 원금을 갚기만 하면 저당 잡힌 토지를 언제라도 반환받을 수 있는 관행이 에도시대 초기부터 널리 인정되었다. 에도시대 중기에 이러한 농민 세계의 관행이 쇠퇴하여 대체로 20년, 그 사람의 1대(一代)에 한정해서 저당 잡힌 토지의 반환을 요구할 수 있다는 '증서주의'가 일반화되었다. 그런데 놀라운 사실은 19세기로 접어들 무렵, '무기한 저당 잡힌 토지의 반환 관행'이 촌락에서 다시 세력을 회복하고 있었다. 따라서 요나오시 폭동이 저당 잡힌 토지의 '원금 반환'을 요구하는 것은 농민의 전통적 세계의 관행으로는 전적으로 정당한 것이었다.

농민 폭동에 강한 평등 사상이 흐르고 있는 것도 최근 새로이 주목받고 있다. 폭동 세력은 무사들과 대항하는 장면에서 '농민님(御百姓)'이라고 자칭하며 자부하고 있었다. 요나오시 폭동이 촌장의 파면과 공선을 요구한 것도 전통 세계의 관행에 뿌리 내린 요구였다.

'좋지 아니한가'는 1867(게이오 3)년 7월 중순, 미카와(三河) 요시다초(吉田町) 부근의 무로 촌(牟呂村)의 '부적 내림(お札降り)'에서 시작되었다. 동쪽은 요코하마와 에도, 서쪽은 교토와 오사카에서 히로시마(廣島)로, 남쪽은 도사(土佐), 북쪽은 단고(丹後)까지 확대되고, 이듬해 2월 하순, 조슈 요나오시 폭동이 격렬하게 시작됨과 동시에 종식했다. '부민'의 보시를 요구하고, '좋지 아니한가'와 '요나오리(世直り)' 소란을 떨며 그날을 '노는 날'로 만들어 서민 남녀가 이상한 차림을 하고 미친 듯이 춤을 추었다. 부적 내림과 난무 등, 에도시대의 대규모 이세신궁 참배로 이어지는 민중의 전통 세계에서 '노는 날'인 축제였다. '좋지 아니한가'는 1866년과 그에 이어 한 층 더 격렬했던 1868년, 두 개의 요나오시 폭동이 민중 전통 세계 깊은 곳의 힘으로 연결되어 있었던 것이다.

4. 근대국가의 창출

5개 조의 서문

에도성 총공격이 다가오는 1868년 3월 중순, 교토 궁궐에서 5개
조 서약문이 발포되었다. 발포 기념식에는 천황과 여러 제후가 서로
맹세한다고 하는 원안(原案)이 '황조황종(皇祖皇宗, 천황의 역대 선조)'을
향하여 천황이 백관, 제후들을 이끌고 신정(新政)을 맹세한다는 천황
을 중심으로 하는 신국(神國) 국가 스타일로 변경된 것이었다.

제1조는 '널리 회의를 일으켜 정치상의 많은 결정을 공론으로 결
정해야 한다'고 공론을 선언, 제2, 제3조에서는 '상하가 마음을 하나
로' 해서, '관무일도(官武一途, 공가와 무가가 하나가 되어) 서민에 이르기까
지'라고 전 인민의 일치를 명령받았다.

주목되는 것은 제5조에서 지식을 세계에서 구하고, 크게 황국의
기초를 진작시켜야 한다는 개화 방침이 제시된 점이었다. 서양의 문
명(지식)을 섭취하여 천황제 근대국가의 기초(황기(皇基))를 만든다는

선언이었다.

제4조에서도 '종래의 누습을 타파' 한다며 에도시대의 전통사회가 누습(陋習), 즉, 미개시 되었다. 전근대, 에도사회를 누습이라고 하는 서양이 가지고 있던 미개에 대한 차별 사상의 문제점은 앞에서 설명했다. 구 막부는 그러한 미개관(未開觀)을 수용하지 않았지만, 신정부는 서양 중심의 '문명과 미개'라는 견해에 스스로 동조했다.

외교에서는 1868년 1월과 2월, 비젠 번(備前藩)이 외국 측에 발포하는 고베 사건, 그리고 도사 번병이 프랑스 해군을 살해한 사카이(堺) 사건 등이 일어났다. 신정부는 만국대치라고 선언했지만, 양이 사건을 일으킨 자국 범인에 대하여 구 막부시대와는 달리 서양의 요구를 선취하는 형태로 가혹한 처형을 자진해서 행하고, 서양의 문명에 동화하는(문명을 도입하는) 길을 걷기 시작했다. 파크스는 신정부와의 관계는 제1장에서 본 것처럼, 서양에 동조하지 않고 서양을 애먹게 한 구막부와의 관계보다 훨씬 좋다고 요코하마에 있는 부인에게 알렸다.

서양의 행정 시스템 도입

신정부의 정부 조직으로서 1월에 3직 7과(三職七科)의 직제가 공포되었다. '신기(神祇), 내국, 외국, 해륙군무, 회계, 형법, 제도'의 7개의 전문 부국제이다. 전문 부국 시스템은 유럽의 근대 정부 조직에 처음 등장하여 중국에서 한역된 서양 서적에 기술되어 사카모토 료마가 '선중 8책'에서 제시하여 막신과 서양 외교관이 소개한 것이다. 이것에 대해 에도시대의 행정 시스템을 예를 들면, 지샤부교(寺社奉行)

에게 전국의 절과 신사령의 종교, 민정, 사법권이 있고, 마치부교에 에도시중의 민정과 사법권이 있는 것처럼, 권한이 뒤섞인 것으로 연구자들이 '분리 거주'라고도 평하는 조직이었다. 원래, 유럽에서는 전근대의 세분되고 복잡하게 뒤섞인 행정으로부터 단순하고 일원화된 전문 부국제가 탄생하기까지 몇 세기가 필요했다. 최초에 사법과 재무, 뒤이어 외교와 군사에서 전문 부국제가 관료군을 양성하면서 형성되었다. 그것은 회계관, 군무관, 외국관과 같이 만들어지고 보니 간단명료하고 이해하기 쉬운 '지배 장치'였지만, 일단 도입되자 국내 행정의 일원적 통괄이라는 최고로 강력한 권력을 만들어 냈다.—영국의 역사가 홉스봄이 말하듯이 산업혁명기의 기술 혁신 모두는 고등교육이 필요하지 않은 간단명료한 것이었다. 라이플 총의 라이플(나선) 실용화도 그 하나의 예다.—후발국에 어느 정도의 행정 근대화 조건이 있으면, 이 전문 부국제 시스템의 지식은 사실 쉽게 도입된다. 막부에서는 막말에 외국 전임의 로주가 등장한 것과 같이, 또 조슈 번에 실권을 장악한 실무 관료가 등장한 것처럼, 신정부의 전문 부국제 관료가 등장하는 일본의 내적인 근대화 조건은 형성되어 있었다.

회계관과 내국관

신정부 부국제의 핵심은 '정무제일(政務第一)'의 회계와 내국이었다. 회계부국의 전권을 장악한 유리 기미마사(由利公正)는 전비를 마련하기 위해 3,000만 국민에게 3,000만 냥이라고 계산된 금찰(金札)을 발행했다. 유리는 "3,000만 냥의 휴지(지폐)로 천하를 샀지만, 이 얼

마나 싼 물건인가."라고 호언장담했다. 정부가 지폐를 난발했기 때문에 일본 사회에 일대 소란이 일어나지만, 이렇게 하여 신정부는 전비를 조달할 수 있었다. 전국의 재무 통괄 '권력'을 장악함으로써 비로소 가능하게 된 정치적 도박이었다.

내국(제도)부국에서 권력을 장악한 사람은 오쿠보 도시미치이다. 오쿠보는 이전에 사쓰마 번의 궁정 공작자였다. '조정에서 수백 년 동안의 낡은 습관으로 썩는 냄새가 난다'는 오쿠보의 조정관은 엄격했다. 그는 "조정의 땅을 갈아엎고, 뿌리를 새로 심어 단연 일신해야 한다."라고 말했다. 그것이 내국 사무의 대근본으로서, 오늘날 촌각을 지체할 수 없는 과제였다. 오쿠보는 이에 앞서 오사카 행차를 거행하고, 이윽고 도쿄 천도를 실행했다. 그 과정에서 천황 측근과 정부로부터 공가와 궁녀, 교토 문화와의 결부를 배제해 갔다. 이때에도 격렬한 반대와 혼란이 있었지만, 내국 사무의 권력을 장악한 것으로 무리하게 급진적으로 개혁을 추진했다.

사이고 다카모리와 이와쿠라 도모미, 고마쓰, 오쿠보, 기도는 지배 장치인 전문 부국제를 도입하는 것으로, 미약했던 후발국 일본 정부의 행정 권력을 일거에 장악했다. 여러 번의 유사는 이렇게 하여 신정부의 관료, 유사라고 하는 권력자군(群)이 되었다. 권력의 중심이 되는 것은 겨우 10명 정도였고 권력의 진정한 정점에 서 있었다고 할 수 있는 것은 이와쿠라, 산조, 사이고, 오쿠보, 기도와 고마쓰(1870년 병사) 등의 공가와 삿초 출신의 6명이었다.

정체서

5개 조 서약문의 "세계에서 지식을 구해 천황제 국가를 건설한다."라는 선언을 실행한 것이 1868년 윤4월 하순의 정체서(政體書) 발령이다.

정체서는 태정관이라고 하는 유일한 권력 밑에 7관(七官)을 구성한다. 7관을 의정관(입법)과 행정관(행정), 형법관(사법)이라고 하는 삼권에 나눈다. 서양의 삼권분립을 모방한 것이다. 삼권 독립을 위한 겸관을 금지하는 규정도 도입되었다.

그림 4-6과 같이, 오른쪽 의정관은 상국과 하국의 이원제 의회로 구성된다. 상국은 의정과 참여로, 하국은 부·번·현에서 보내지는 의원(공사, 貢士)으로 구성했다. 중앙의 행정관 밑에 신기관, 회계관, 군무관, 외국관 등 4관을 두었다. 그리고 왼쪽의 형법관도 취약하기는 했으나 그렇다 하더라도 정체서의 서양 정치 제도의 도입은 놀랄만한 것이 있었다.

『연방사략(聯邦史略, 중국에서 한역된 미국사)』과 『서양사정(후쿠자와 유키치의 저서)』이 서양 제도를 배우기 위한 교과서로 사용되었다. 그중에서도 참고가 된 것은 중국에서 한역된 근대국제법의 교과서 『만국공법』이었다. 미국의 국제법학자 휘튼(H. wheaton)의 대저를 한역한 것이다. 『만국공법』은 제1권에서 각국의 근대적 국가 제도를 설명하고 있으며, 그 안에서 미합중국 헌법에 의거하면서 미국의 국가 제

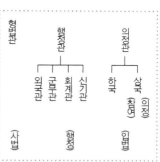

▶그림 4-6. 정체서의 삼권분립. 상국의 '참여'에 이와쿠라·오쿠보·기도 등이 임명되었다.

도를 소개하고 있다. 이 한역 미합중국 헌법이 정체서의 각 부분에 어구가 인용되고, 또 법리도 도입되었다.

정체서를 읽으면 금방 알게 되는 것이지만, 삼권분립이 도입되어 관직을 겸하는 것을 금지하는 규정도 모방했는데, 겸관 금지는 사실 각처에서 위반하고 있었다. 이 때문에 정체서는 미합중국 헌법의 피상적인 모방이며, 그 선진성도 외형적인 형태에 지나지 않는다는 부정적인 평가가 빈번하였다. 그러나 후발국에서 근대국가를 급조하기 위해서는 이와 같은 피상적인 모방이나 외형적인 형태에 지나지 않는 면은 늘 있기 마련이다.

미합중국 헌법의 도입

정체서는 이와쿠라 저택 등에서 오쿠보, 기도, 고마쓰, 유리, 고토쇼지로 등 삿초도히에쓰(薩長土肥越)의 유사들이 2개월에 걸쳐 생각해낸 것이다. 삿초도히에쓰 출신 유사들은 모두 의정관 상국의 참여에 취임했다. 여기에 정체서 권력의 근원을 둔 것이다.

정체서는 태정관에 대한 번(藩) 등의 권한을 다음과 같이 규정하고 있다.

"부(府), 번(藩), 현(県), 그 정령(政令)을 시행한다. 또 5개 조의 서약문을 체현해야 한다. 사사롭게 작위를 부여하지 않고, 화폐를 주조하지 않으며, 외국인을 고용하지 않고, 이웃 번이나 외국과의 맹약을 맺지 않는 소권을 가지고 대권을 범하며, 정체(政體)를 어지럽히지 않는다(제11조)."

번이 태정관에 전면적으로 종속할 것을 법문(法文)에서 명확하게 규정하고 있다.

정체서의 이 조는『만국공법』에 한역된 미합중국 헌법 제1조 제10절의 '연방의회와 권한'의 요점 등『만국공법』각 부분을 참조하고, 한역된 작위와 통보(通寶), 인번(隣藩, 隣邦) 등의 어구도 그대로 인용하고 있다. 그림 4-7은 정체서에 인용된 예로『만국공법』의 합중국 헌법 제1조의 한역 부분이다.

이 절(제24절) 첫머리에는 당시 서양 국가 통합의 두 가지 형태가 설명되어 있다. 하나가 미합중국과 같이 강력하게 중앙집권화된 연방제 나라이며, 또 하나가 프러시아에 의해 통일되기 전 북독일 연방으로 나뉜 연합국제이다. 당시, 후자인 북독일 연방은 각각이 외교권을 가진 작은 나라로 분립하여 쇠퇴한 구 제국이라는 정평이 있었다. 전

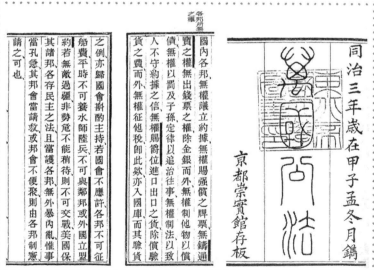

▶그림 4-7.『만국공법』제1권 제2장 제24절(부분). 미합중국 헌법 제1조 제10절의 요약. 주석에는 '각 방(邦)(州) 에는 없는 권한', 통보(화폐)와 작위, 인방(隣邦)·외국 등의 어구가 보인다. 그 옆줄은 정체서의 어구가 그대로 채용된 부분의 일례(북경판, 동북대학 부속도서관 소장).

자인 신흥국 미국은 '합방의 나라'로, 후자인 독일은 '회맹의 나라'로 불렸다.

유신 정부의 유사들은 이러한 것을 알고 있었다. 1868년 1월, 이토 히로부미는 어네스토 사토에게 자신과 기도는 "일본에 현재의 제도로서는 기대할 수 없는 유력한 정부가 수립되어야 한다고 생각하고 있다. 각 번의 다이묘가 제 각각의 스타일로 군사 훈련 하는 것을 방임하는 한 일본은 강국으로는 될 수 없다. 북독일 연방에서 그 실례가 반복되었다."라고 말했다. 이리하여 정체서는 부·번·현의 자립을 인정하지 않는 미합중국의 강력한 중앙집권제 통합 법리를 그들의 헌법을 참고하면서 도입하고 있었다.

번의 분립이라고 하는 상황 속에서 집권과 분권의 선택 문제에 유신 정부는 심각하게 직면했다. 세계로 시선을 돌려보면, 미합중국에서 국가 독립 초기에 헌법 제정을 두고 분규가 일어난 것도 집권과 분권의 문제였으므로 헌법 초안은 간신히 가결되었다. 근대 국가 제도 성립에서 하부구조의 영향력이 크기 때문에 정치의 내적인 근대화가 어느 정도 발전되어 있는 것이 필요하다. 한편, 현대사를 보면 알 수 있듯이, 인위적인 부분이 차지하는 요인도 중대하여 국가 제도의 선택지 폭은 넓고 다양하다. 근대 주권 국가 시스템의 임팩트 속에서 비유럽 후발국으로 유신 정부의 소수파 유사 권력자들은 의정관(議政官) 상국에 결속하여 미합중국의 강력한 집권 국가형 통합을 선택했다.

무진전쟁이 사실상 종식하자, 신정부는 번치직제를 발포하고 번의 개혁, 인재 등용을 추구하여, 가로와 용인(用人)을 집정, 참사(參事)로 개칭하고 '의사(議事) 제도'(지방의회) 도입 등을 명령했다. 삿초 등

에서 진행되고 있었던 번 유사의 실권 장악을 개화정책에 따라 각 번
에도 촉구했다.

5. 판적봉환과 폐번치현

집권 국가로

정체서의 제도상으로는 천하의 권력 모두가 태정관에 집중됐어야만 했다. 그러나 무진전쟁 후에도 실제로는 태정관으로의 통합이 가능하였던 것은 아니었다. 예를 들면, 위조 화폐 문제가 있다. 여러 번과 민간, 그리고 공로 번인 사쓰마 번에서조차 위조 화폐가 왕성하게 주조되었다. 서민이 위조 화폐로 고통받자 각지에서 요나오시 폭동 세력이 봉기했다. 정체서에 화폐를 사적으로 주조하는 것을 금지하는 내용이 명기되어 있었지만 거의 효과는 없었다.

정체서가 서양에서 배운 통합은 이처럼 사문(死文)과 다를 바 없었다. 1868(메이지 원)년 말, 기도와 오쿠보는 번의 영토와 인민(판적)을 봉환하는 데 진력하기로 동의했다. 다음 해 1월, 삿초도히의 유력 다이묘에게 판적봉환 건의서를 제출하게 했다. 기도 등은 사문과 다를 바 없는 정체서의 '통합'을 강제적으로 추진했다.

"황통일계로 한 뼘의 토지도 사유하지 않으며, 한 명의 백성도 사유하지 않는다."라는 만세일계의 신국사상, 왕토왕민론(王土王民論)이 우선 기술되었다. 도쿠가와 지배 시절의 오래된 인습을 바꾸기 위해 판적을 봉환하여 집권제를 만들어 만국과 병립해야 한다는 개화책이 건의되었다.

3월, 서양의 정치 지식(대단한 지식이 아니었다 『오쿠마백 석일담(大隈伯昔日譚)』의 오쿠마 자신의 증언)을 지닌 오쿠마 시게노부(大隈重信)가 회계관에 취임하여 전국 재무의 실권을 장악했다. 오쿠마를 후원한 것이 기도 다카요시로 오쿠마를 중심으로 급진적인 개화와 집권을 추진하는 유신 관료 그룹과 기도파가 형성되고 이토 히로부미나 이노우에 가오루 등이 참가했다.

오쿠마 등은 위로부터의 번에 대한 통제를 강력하게 추진했다. 금찰(金札, 금화를 대신하는 지폐)을 각 번에 강제적으로 할당하고, 통상사(通商司)를 설치하여 번 경영의 상업화를 금지하자 여러 번에서 반발이 일어났다. 한편, 오쿠보와 히로사와 사네오미는 마찬가지로 중앙집권을 추구했지만, 제도 통합을 다소 완화하여 번을 당분간 유지하는 점진적인 개화책을 주장했다. 그들은 기도 등과 대결하기도 했지만 대국적으로는 같이 집권화를 추진시켰다.

이 무렵, 의정관 하국의 공의소(公議所)에서 제번 공의인에게 판적봉환에 대해 자문했는데, 집권적인 군현론과 분권적인 봉건론이 반반이었다. 국내 전체로서는 막부시대와 마찬가지인 분권적인 통합의 지속이 현실이었다.

북방과 조선의 위기

1869(메이지 2)년 6월에 러시아가 사할린 남부의 쿠슌코탄(大泊)을 점거했다. 오쿠보는 북방의 위기에 대해여 유신 정부가 '대영단'으로서 전쟁을 결심하고 진출하는 것 이외에 방법이 없다고 대러전쟁에도 대비하는 강경 외교를 주장했다. 기도 다카요시도 1869년 초엽부터 조선에 군대를 파견하는 정한론을 주장하고 있었으며, 12월에는 조슈 번 제대의 탈대 소동 때문에 중지가 되었지만, 일단 신정부는 기도의 중국·조선에 대한 파견을 결정했다.

오쿠보나 기도의 러시아와 조선에 대한 외교 의견은 바로 '만국대치'로 대국주의였으며, 그들은 매우 강경했지만 사할린 남부로의 러시아 진출에 대하여 신정부에 러시아와 전쟁을 할 군사적인 준비가 있었던 것은 아니었다. 영국의 파크스 공사는 러일의 국력 차이를 지적하고 신정부에 신중론을 조언했다. 파크스는 러시아와의 대립 관계로 중국에 접하고 있는 조선을 중시하고 있었으며, 러시아가 조선에 손을 댄다는 풍문이 있으니 일본이 먼저 조취를 취할 것을 조언했다. 다음 해인 1870년에 기도는 정한의 필요성을 논하면서도 군사적인 준비가 부족하다며 실제로는 신중론으로 바뀌었다. 신정부는 1869년 북방의 에조치(蝦夷地)에 개척사를 설치하고 홋카이도로 개칭했지만, 폐번치현(廃藩置県)까지 개척사의 시책은 지극히 한정된 것으로 성과도 적었다.

신정부의 대외적인 강경론, 군대파견론은 이 무렵 실체와 일관성이 없었다. 집권을 둘러싸고 정부와 국내를 결속시키기 위하여 외교의견은 쉽게 동요했으며, 종종 과장되었다.

판적봉환

급진파인 기도 등은 판적봉환 즈음해서 새로운 번의 장관, 지번사(知藩事)로 구 다이묘를 세습시키지 않고 일부 교체를 주장했다. 한편, 오쿠보 등은 교체 없이 그대로 재임용을 요구했다.

1869년 6월 17일, 판적봉환의 포고가 발포되었다. 지번사를 그대로 재임명했으나 세습은 기도파의 주장대로 부정되었다.

이어서 제번에 '제무변혁(諸務變革)'이 통달되었다. 제번의 현미(現米, 조공미), 산물, 지출, 직제, 번사, 병졸의 수, 인구, 호수(戶數) 등 개요의 담당 기록을 명령받았다. 또 지번사의 가록은 번 실수입의 10분의 1로 정해졌다. 이렇게 하여 번주 일문 이하, 평번사까지 모두가 사족(士族)이라고 개칭되고, 지번사에 따른 녹제개혁이 지시되었다.

같은 '10분의 1 삭감'이라도 번의 실제 수입 총액의 10분의 1이 되는 것과 개인의 가록이 10분의 1이 되는 것은 사정이 전혀 다르다. 번사에게 있어 10분의 1 삭감은 가령 1,000석의 상급 번사라 할지라도 두려울 만큼 가혹한 삭감이었다. 실제로 구 조적 번(舊朝敵藩)과 작은 번에서는 번사 전원이 어떻게든 생활을 유지할 수 있는 정도의 가록으로 균일화되었다. 이에 대하여 번주의 경우, 세습이 부정되었지만, 가록에서는 충분히 우대되었다. 막말에 번주의 가계는 번 세입의 10분의 1 이하로 되어 있었기 때문이다.

신정부는 간단명료하게 말하면, 번주는 우대하고 번사에게는 냉혹했다. 이전에 조슈 번의 '유사'는 번주를 앞세워서 번사를 억압했지만, 같은 집권화 동향이 유신 후에도 계속되고 있었던 것이다.

직원령이 발령되어 신기관과 태정관 이관제(二官制), 민부, 대장

(大藏) 등 6성이 설치되었다. 신기관의 병립은 복고주의이다. 그러나 그러한 형태를 채용하면서 실제로는 공가의 관원이 감축되었다. 다이묘도 마쓰다이라 요시나가(대장경)와 다테 무네나리(민부경) 이외에는 주요 관원에서 제외되었다. 다이묘는 천황의 번병(藩屛)으로서 화족(華族)이라는 특권 계급이 되었다. 이처럼 신정부는 다이묘를 치켜세우고 게다가 지배층 속으로 편입시켰다. 여기에 판적봉환 성공의 중요한 하나의 비밀이 있다. 이렇게 해서 정부의 실권은 유력 번 하급 무사 출신인 유사가 장악하게 되었다.

대장성과 개화

병부성에 오무라 마스지로, 대장성에는 오쿠마 시게노부가 차관(大輔)으로 취임하여 중요한 두 성인 병부성, 대장성을 급진파가 차지했다.

오무라는 프랑스식의 국민개병제 도입을 계획했지만, 오쿠보와 양이파 사족의 반대에 직면했다. 게다가, 1869(메이지 2)년 9월 양이파에 암살되어 군제개혁의 속도는 늦어졌다.

한편, 대장성에서는 중견의 이토 히로부미와 이노우에 가오루가 취임하고, 실무에 밝은 구 막신도 다수 이노우에 등의 밑에 등용되었다. 대장과 민부 직책을 오쿠마와 이노우에가 겸하고 두 성이 합병되었다. 대장·민부성은 재정과 민정을 담당하는 거대 관청이 되었다. 오쿠마는 통상 회사와 외환 회사를 개항장과 3도에 설립하는 한편, 대상인을 조직하여 전국 요지의 호농상도 참가시켰다.

1870년 3월에 대장성은 전신기, 증기 기관차의 도입을 결정했다. 등대와 전신, 철도, 광산, 조폐국의 설립을 추진하고, 신정부의 곤란한 재정 상황 속에서 중앙의 개화 사업을 위한 재정을 종합적으로 투입했다. 그것은 정부의 관성경비(官省經費)를 초과 또는 필적하는 액수였다. 6월에는 동양은행에서 철도공채 100만 파운드라는 거액의 외채를 빌렸다. 신정부는 대외 채무를 증가시키는 일조차 개의치 않았다.

▶그림 4-8. 폭동 시의 깃발. 낫이 심볼이 되었다(재료는 천). 5만 석 소동. 군마 군 다카사키 변령의 강소·월소. 민부성은 월소를 일제히 탄압(『주간 아사히 백과 일본의 역사』 81).

당시의 국가 세입은 1,000만 엔에서 1,500만 엔 정도였지만 내외채를 모집하고 태정관채를 난발하여 통상과 임시 세출을 합친 액수가 3,000만 엔 규모에 달했다. 오쿠보 등의 점진파가 이러한 급진적 개화 사업에 저항하여, 7월 대장성과 민부성은 다시 분리되었다. 그러나 윤10월에 기도파가 기획하는 공부성이 설치되어 오쿠마의 대장성은 여전히 급진적인 개화 사업을 주도했다.

신정부는 직할의 부현(府県) 800만 섬에서 수취되는 조세로 철도, 전신, 기타 중앙의 종합적 개화 사업 투자를 수행했다. 그 때문에 대장성은 '부현 봉직 규칙'으로 지방관의 판단에 의한 조세 감액을 일체 금지했다. 게다가 1869년은 대흉작이 되었다. 조세 감면을 인정했기 때문에 면직 처분 등을 받은 지방관이 잇따랐다. 유능한 지방관이었던 히다 현(日田県) 지사 마쓰가타 마사요시(松方正義)는 구 막부에도 없던 새로운 조세가 생겨 '너무나도 지나친 학정'이라고 정부를 비판했다.

1869년의 농민 봉기 건수는 신정부의 학정 때문에 1868년보다도 심하여 에도시대 최다 폭동 건수를 나타낸 1866년 다음으로 많았다.

대표적인 폭동을 보면, 11월에는 옛 관습을 폐지한 증세에 반대하는 다카야마 현(高山県)의 우메무라(梅村) 소동이 발생하고, 7월과 8월에 시나노의 이이다 번(飯田藩), 우에다 번(上田藩), 이나 현(伊那県), 나아가 9월에 에치고(越後)의 이토이가와 번(絲魚川藩)에서 '위조 화폐'를 둘러싼 폭동이 계속되었다. 10월에는 사카타 현(酒田県)의 텐구(天狗, 상상의 요괴 중 하나) 소동으로 '반년 세금'을 요구하며 방화 파괴도 자행했다. 같은 달, 높은 세율의 세금 반대를 외치는 다카사키 번의 5만 석 소동, 연공 감면을 요구하는 가나자와 번령 옛추국의 반도리 소동도 일어났다. 반도리란 도롱이(蓑)를 말하는데 폭동 시 착용했다. 11월에는 셋쓰(攝津)의 산다 번(三田藩) 폭동은 '연공반감'을 요구하여 산다 번은 이를 인정했다. 같은 달, 사사야마 번(篠山藩)에서도 '연공반감'을 내걸고 폭동이 일어났다. 12월의 시나가와 현(品川県)의 어문소 사건(御門訴事件)도 사실상 증세에 대한 반대 폭동이었다.

전년도 요나오시 폭동 때의 방화 파괴 이후, 과격화한 운동이 더욱 고양되었다. 개화 사업추진을 위한 무거운 세금과 심한 흉작이 겹쳐 연공 감면을 요구하며 일련의 대폭동이 일어난 것이었다. 주목되는 것은 사카타 현과 산다 번, 사사야마 번에서 '연공반감' 요구가 나타난 것이다.

번체제의 해체

이 무렵, 제번의 연 수입은 제번 전체에서 912만여 석이었다. 한편, 1873년의 폐번치현 시 제번의 채무 개수를 들면 7,400만엔, 외국채 400만엔, 그리고 번찰은 4,700만엔으로, 합계 1억 2,500여만 엔이었다. 번은 평균적으로 세입의 3.5배 이상의 채무를 지고 있었으며, 번 재정은 지극히 악화되어 있었다.

판적봉환에 이어서 신정부의 '제무변혁령'이 제번에 포고되어 녹제개혁이 지령되었다. 작은 번이나 구 조적 번(舊朝敵藩)에서는 번사가 상급 번사와 하급 번사 모두 어떻게든 생활할 수 있는 수준으로 균등하게 되어 버렸다. 또, 야마구치 번과 고치 번 등에서는 가록을 삭감한 다음, 녹권을 발행하여 매매를 인정했다. 이러한 녹제개혁의 결과, 폐번치현 당시 제번의 사족과 졸의 가록 삭감률은 유신 전과 비교하면 거의 절반이었다. 번체제의 주요 부분은 사실은 폐번치현 전에 해체되어 있었다.

다음 해인 1870년 9월 '번제(藩制)'가 공포되었다. 번의 세입 중 군사비는 9%, 그 반을 해군비로서 정부에 내도록 지정되었다. 또, 번채는 가록과 번청 비용을 삭감하여 충당하도록 했고 번찰(藩札)도 회수되었다.

이것에 의해 번채의 기채는 사실상 금지되었다. 번 경영의 상업도 판적봉환 무렵 이미 금지되어 있었다. 근세 후기 이래, 번 재정은 3도의 대상인으로부터 빌린 번채로 유지되고 있었으며, 번이 경영하는 상업도 사쓰마 번을 예로 소개한 것처럼 번 재정을 크게 보전했다. 이렇게 하여 번 재정의 유지는 사실상 불가능해졌다. 번은 급진적인 혁신 혹은 폐번 그 어느 쪽을 선택하지 않을 수 없게 되었다. 사실, 폐번 치현 전에 작은 번과 구 조적 번 중 13개 번이 폐번을 자원해서 현 혹은 다른 번과 합병했다. 그 가운데에는 구 조적 번으로 13만 석의 모리오카 번(盛岡藩)과 2만 석의 나가오카 번(長岡藩), 혹은 공로 번에서도 4만 3,000석의 쓰와노 번(津和野藩) 등의 유력 번도 있었다.

비삿초 유력 번의 급진적 개혁

대장성 주도의 번제 시행에 대하여 반발한 것은 사쓰마 번과 조슈 번 등이었다. 해군비 정부 납부에 맹렬하게 반발한 사쓰마 번 대표는 집의원(集議院)의 번제 심의에 출석하지 않았다. 번제가 시행되는 9월에는 재경 상비병 2개 대대를 사쓰마 번으로 철수시키고, 교대 병력을 보내지 않았다. 이전 1869년부터 사쓰마 번에서는 사이고 다카모리가 주도하여 번정을 개혁했지만, 하급 무사는 우대되어 병사 1만 3,000명이라는 대부대가 온존되어 있었다. 사쓰마 번은 번제 규정에 따르면 병력을 일시에 1,884명으로 삭감해야 했다.

한편으로 개화정책에 대응하여 번정을 개혁하는 큰 번도 많았다. 신정부가 '번치직제', '제무변혁' 그리고 '번제'로 독촉한 개혁을 정부 지침보다 더욱 더 철저하게 시행하는 유력 번들이 등장했다.

와카야마 번(和歌山藩)은 번주의 가록을 '제무변혁' 지침의 반액인 5%로 하고, 상급 사족의 가록도 지침의 삭감률보다 높아서 25분의 1로 삭감했다. 사족의 군역을 면제하고 사농공상은 사민이 동권이라고 하고 징병제를 도입, 프로이센식 군제개혁을 실행했다. 또 구마모토 번에서는 개혁에 호농상이 참가하고, 잡세가 폐지되어 연공이 대폭 경감되었다. 사족은 사실상 해체되어 상하 2원의 의회도 설립되었다. 고치 번에서는 이타가키 다이스케(板垣退助) 대참사(大參事)의 지도로 사족에 녹권을 부여하고 가산을 인정했다. 일반 사족은 가록의 3분의 1을 삭감하고, 사족의 직을 해제하고 인민 평균이라고 하여 번청이 '민정사(民政司)'라는 위치가 부여되었다.

▶그림 4-9. 구마모토(熊本)의 지사탑(知事塔)의 하나. 1870년 7월의 감세 포고를 새겼다. '전적으로 연공 부역이 혹독한 때문이라고, 나 깊이 부끄러워하며 두려워한다'(포고 글 중). 1873년 말에 건립. 하기다케 산정의 탑(촬영 미사와 준).

이것과 비교해서 기도 다카요시 등에게 지도된 야마구치 번의 번정개혁은 신정부의 '제무변혁' 등의 지침에 따른 개혁에 지나지 않았다. 사이고 다카모리가 지도한 사쓰마 번도 녹제개혁은 실시했지만 하급 사족을 우대한 개혁에 머물렀다.

이처럼, 비삿초인 와카야마 번, 구마모토 번, 고치 번 등의 개혁은 삿초 양번의 개혁보다 더욱더 개명적이었다. 이들 비삿초 번에 등장한 유사는 대장성의 기도파가 중앙의 급진적이고 종합적인 개화 사업에 일방적으로 제번을 끌어들여 농민에게 높은 연공을 강요하는 것을 비판하는 것이었다. 한편, 이 무렵 사쓰마 번의 정부 이반에 관한 세평이 왕성해졌다.

여기에 서양에서 귀국한 야마가타 아리토모(山県有朋)나, 그 해의 보불전쟁을 눈으로 보고 온 사이고 쓰구미치(西郷従道) 등이 신정부와 사쓰마 번을 중재했다. 1870년 말경에 기도와 오쿠보는 사쓰마에 있는 사이고 다카모리에게 호소하여 중앙정부개혁에 대한 동의를 얻는 것에 성공했다. 사이고도 삿초를 능가하는 개명적 개혁을 실행하고, 군제개혁에서도 성과를 올리는 비삿초 유력 제번의 동향을 경계하고 있었다. 사쓰마 번, 조슈 번, 고치 번의 병사를 상경시켜 중앙정부의 친병으로 편입하는 것이 결정되어, 다음 해 1871년 4월 하순부터 세 번의 약 8,000명의 병사가 상경하여 중앙의 친병에 편입되었다.

같은 무렵, 나고야 번(名古屋藩)과 도쿠시마 번(德島藩), 돗토리 번(鳥取藩), 고치 번은 병권을 병부성으로 옮기고, 소번을 대번에 합병시키고 지번사가 사직하여 인재를 등용하고, '만국과 병립', 내지 '만국과 대치'할 것을 건의했다. 이처럼, 비삿초 유력 대번은 한층 더 개명적 개혁과 정치 참가를 요구했다. 이것에 대하여 이와쿠라 도모미와 산조 사네토미는 비삿초의 개혁파 대번의 움직임을 평가하고, 대번회의에 의한 중앙집권 구상을 제언하기 시작했다. 이와쿠라와 오쿠마는 '대번동심의견서(大藩同心意見書)'를 작성하고, 170개 정도의 소번을 대번에 합병시켜 대번을 주(州)로 개칭하고 지사를 도쿄부 관속(官屬)으로 하는 등의 비삿초 대번개혁파의 동향을 수용한 군현제 구상, 느슨한 중앙집권책을 표명했다.

양이파의 봉기, 농민의 폭동

야마구치 번에서는 1869년 11월, 제대를 네 개의 큰 부대로 삭감하는 번의 개혁 구상에 반발하여 제대 병사 1,800여명이 탈주·봉기했고, 기도 다카요시가 직접 귀번하여 진압했다. 다음 해에 진압이 되어 기도는 제대에 대한 위신을 회복했다. 처벌은 221명, 그 중 사형이 93명으로 매우 가혹했다. 탈주 병사의 약 40%가 농민과 상인이었다.

탈주 병사의 지도자, 다이라쿠 겐타로(大樂源太郎)는 구루메 번(久留米藩)에 보호되었다. 이 무렵, 구 존왕양이파 초망의 반정부 테러가 계속되었다. 1869년 1월에는 개명파의 요코이 쇼난(橫井小楠), 같은 해 9월에는 오무라 마스지로가 암살되었다. 정부의 암살범 처형은 계속 연기되고, 양이파와 사쓰마 번의 연계조차 염려되었다. 1871년 1월에는 양이파 탄압을 담당하고 있던 히로사와 사네오미도 암살되었다. 유신 정부는 3월 초 구루메 번(久留米藩) 등에 대한 대탄압을 실행했다.

엄격한 통제가 없는 탈주 보병은 군으로서는 약한 병사이며, 히로사와 사네오미는 양이파의 봉기보다도 농민의 폭동을 두려워했다. 전년에 이어서 1870년의 후반기에도 직할 부현을 중심으로 농민 봉기가 격렬하게 발생했다.

7월에는 에치고의 도치오향(栃尾鄕)에서 5,000명이 파괴 폭동을 일으켜 마을마다 마을 기(旗)를 세우고 가시와자키(柏崎) 현청으로 향하여 촌장 공선 등을 요구했다. 11월, 히타 현(日田縣) 파괴 폭동은 6,000명에서 7,000명 정도의 세력을 가지고 촌장 집을 파괴하거나 장부를 태워 버리고, 나아가 히타 현청을 습격했다. 현청 관사와 감옥을 파괴한 뒤 죄수를 해방, 현의 하급 관원인 대속(大屬) 외 한 명을 살해했다. 같은 11월, 시나노의 마쓰시로 번에서는 위조 화폐를 둘러싸고 2만 명이 폭동을 일으켜 파괴, 방화를 자행하고 대참사(大參事)의 주택이 방화되었다. 12월에는 이나 현에서 파괴가 발생하여 '연공반감'을 요구했다. 스자카 번(須坂藩)에서도 파괴, 방화 폭동이 발생하여 대참사의 주택을 파괴했다. 게다가 나카노 현에서는 위조 화폐와 관련하여 관에서 설치한 상사(商社)가 파괴되고, 하급 관원인 권대속(權大屬)이 폭동 세력에 의하여 살해되었다. 나카노초(中野町) 일대는 방화·소실되어 524채가 소실, 현 청사가 방화·소실되었다. 22명이 교수형에 당했다. 다음 해 2월에도 후쿠시마 현(福島県)에서 연공 감면을 요구하는 폭동이 일어났다. 현청이 농민에게 '자손, 딸까지 담보해서 돈을 빌' 러서라도 연공을 납입하라고 재촉을 하였기 때문에 폭동을 일으킨 것이다. 도쿄에서 후쿠시마 현으로 오카야마 번병 일개 대대가 진압에 동원되었다.

폐번 쿠데타

사쓰마 번에서 사이고가 상경하여 삿초도의 세개 번병도 도쿄에 집결하였는데, 정부개혁에 대해서 기도와 오쿠보가 대립하여 개혁의 행방은 혼미했다. 비삿초 유력 대번의 급진개혁파도 지방의 민중을 희생시켜 급진적인 개화 사업을 추진하는 기도파를 비판하며 정부에 참가할 것을 요구했다. 그들의 개혁은 개명성에 있어 정부를 능가하고 있었다. 위에서 살펴본 것처럼, 신정부의 조세 증징에 직면한 부현의 농민은 파괴뿐만 아니라 방화를 자행하여 현청과 대참사의 주택을 불 태우고 하급 관원을 살해하는 등 과격화하여 부현 지배를 동요시켰다. 이렇게 하여 신정부, 특히 기도파는 완전히 고립되어 나아가야 할 방향을 잃었다.

병부성 중견의 도리오 고야타(鳥尾小弥太), 노무라 야스시(野村

靖), 야마가타 아리토모(山県有朋) 등이 폐번에 의한 위로부터의 철처한 중앙집권을 주장했다. 기도는 물론 사이고와 오쿠보도 찬성했다. 사이고도 비삿초 유력 번의 개혁이 정부의 정치개혁에 앞서는 기세를 내보이고 있는 사태를 주목하고 있었다. 기도와 오쿠보는 중앙정부 통합 구상에 대해서 입법을 중시할지, 행정을 중시할지를 둘러싸고 대립했지만, 더욱 근본적인 위로부터의 폐번단행이라고 하는 급진적인 중앙집권 철저의 목표를 세우는 것으로 양자는 협력하게 되었다.

폐번 쿠데타는 공가인 이와쿠라와 산조에는 불과 2일 전에 통보했다. 비삿초 유력 번의 정치개혁 운동도 하고 있던 고치 번의 유사에게는 폐번단행 계획은 결국 통지되지 않았다. 더욱이 비삿초 유력 번의 개명과 유사에게는 아무런 연계도 없었다.

1871년 7월 14일, 삿초 출신의 유사만이 집결하여 폐번치현(廃藩置県)의 조서가 발표되었다. 조서는 겨우 200자에도 못 미치는 내용으로 "안으로는 인민을 보호하고, 밖으로는 만국과 대치하기 위하여 지금 번을 폐하고 현을 둔다."라고 짧게 언급하는 내용이었다. 삿초 출신의 유사는 소수로 결속을 확고히 하여 개화 사업 추진을 늦추지 않고, 부번현제를 일시에 타파하고 전제적 중앙집권을 더욱 강화하는 폐번 쿠데타를 선택했다. 소수파가 내건 것은 또다시 '만국대치'였다.

제5장 '탈 아시아'로의 길

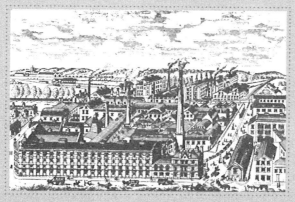

비스킷 공장(래딩 시[市]), 핸트리 앤드 펄머즈 회사(『특명전권대사 미구회람
실기』 제40장).

1. 급진적인 개혁

이와쿠라 사절단

런던 근교의 비스킷 제조 공장의 그림이 이와쿠라 사절단『미구회람실기(米歐回覽實記)』에 게재되어 있다. 사절단이 시찰로 방문한 것은 1872년 10월로, 120종류의 비스킷 형태가 만들어지는 공장은 장표제지의 그림과 같이 3층, 4층의 큰 공장을 형성하고 있다. 직공은 2,200명에서 2,300명으로 예상보다 많았다. 경영자는 서너 명의 영세 공장에서 출발하여 세계적인 부호가 되었다고 한다. 이와쿠라 도모미 전권대사, 기도 다카요시와 오쿠보 도시미치, 이토 히로부미 등의 부사(副使) 이하 46명에 유학생들을 더하여, 총원 107명의 사절단이 요코하마에서 출발한 것은 1871년의 11월 12일이며, 런던을 방문했을 때는 그로부터 11개월이 지난 시점이었다.

당시, 서양과 체결한 조약의 개정 기한인 1872년 5월로 다가오고 있었다. 사절단 파견의 사유서는 조약이 불평등한 것은 일본이 '동양

국가체제의 하나, 정속(政俗)'이기 때문이라며 개화의 필요성을 기술하고 있다. 폐번치현 이후에도 불평등을 없애는 일대 기회는커녕, 서양은 청국의 텐진조약(톈진조약) 수준의 권익을 획득할 호기로 여기고 있었다. 메이지 정부는 곤란한 일을 겪을 일대 시련에 직면해 있으니, 그것을 반전시켜 '성업을 일으킬 기회'로 만들기 위해 서양을 순회한다고 설명되어 있다. 그러나 이러한 담론에 미혹되어서는 안 된다. 정부 요직에 있는 사람이 일제히 장기 외유가 가능할 만큼 열강과의 관계는 안정되어 있었다.

'급무'로 여겨진 것은 법률, 재정, 외교라는 절실했던 3개 항목이며, 일본에 채용하기 위해 실제 상황을 직접 눈으로 보는 것이다. 예를 들면 폐번치현 직전에 신화폐조례에서 엔(円). 센(錢). 린(厘)이라는 십진법 화폐 단위에 의해 '엔'이 탄생했다. 세계 수준의 금본위제라는 구상이었지만, 무역을 위해 이전처럼 무역 은화를 발행해야 했다. 또 사절단이 출발할 때, 신바시(新橋)·요코하마 사이의 철도가 공사 중이었는데 사절단이 런던에 체류하던 중에 개통됐다. 그러나 영국 철도망과는 천양지차였다. 이와쿠라와 오쿠보, 기도 등은 서양 문명이 근대 산업 발전에 깊이 뿌리를 내리고 있는 것을 알고 있었다. 애초에 3년만 지나면 서양과 어깨를 나란히 할 수 있다는 의견도 있었던 개화구상은 지나치게 낙관적이었다. 귀국 후 사절단 멤버들은 일본에서 출발하기 전에 생각한 서양화 구상에 대해 표면적이며 너무나도 급진적이었다고 비판했다. 그러나 급진적 개화의 추진이라고 하는 틀은 절대 바꾸지 않았고, 식산흥업과 군사력에 충실하는 것을 비교적 중시하는 내치우선을 주장했다.

폐번 후의 정부와 사회

1871년의 폐번치현 후의 개혁으로 태정관은 정원(正院), 좌원(左院), 우원(右院)의 3원으로 바뀌었다. 정원은 입법, 행정, 사법의 삼권을 통괄하고, 태정대신으로 산조 사네토미, 우대신에 이와쿠라가 취임했다. 참의 또한 기도, 사이고 다카모리, 이타가키 다이스케, 오쿠마 시게노부 등 실력자가 임명되었다.

좌원은 입법권을 강하게 하려는 의도로 설치되었지만, 처음에는 힘이 약했다. 여러 성의 장관으로 구성하는 것이 우원이다. 외무, 대장, 공부, 병부(이후 육군과 해군으로 분리), 사법, 문교, 신기, 궁내 등 8성이 설치되었다. 구 공가와 다이묘 대부분이 퇴진당하고, 삿초도히 출신의 유사가 중추를 차지했다. 정원의 참의들이 주도권을 쥐도록 참의와 우원이 각 성 장관의 일을 겸무하는 것을 금지했다. 그렇게 하여도 정원은 통합의 역할을 달성할 수 없어 구 민부관의 권한까지 손에 쥔 대장성과 다른 성 사이에 충돌이 일어났다.

폐번으로부터 20일 후, 히로시마 현하의 10만여 명이 봉기한 '부이치(武一) 소동'에서 시작되어 주고쿠·시코쿠 지방을 중심으로 폐번 반대 폭동이 속발했다. 이해에만 16건이 발생하였으며, 대부분이 구 번주를 그 지역에 머물게 한다는 독자적인 요구를 내세운 격렬한 폭동이었다.

폭동 세력은 죽창과 총을 소지하고 관(官)의 호농상과 관원의 주택, 지방 관공서 등을 불태우고, 장부를 태워 버렸다. 방화를 자제한 에도시대의 폭동과는 격렬함에서 차원이 달랐다. 연공을 증수한다는 소문이 나돌았다. 지사의 가록이 구 번 세입의 10분 1로 되었기 때문에 농민의 조세 부담도 10분의 1로 하라는 요구도 나왔다(오카야마 현 폭동). 연공을 둘러싼 요구가 강력했던 것은 구 직할 현의 가혹했던 '연공 증징'을 두려워했기 때문이다. 이와쿠라 사절단이 요코하마항을 출항하는 11월 12일은 쓰(津) 현에서 일어난 이가 국(伊賀国) 소동의 이틀째로, 폭동 세력이 이가 북부에서 쓰 현청을 목표로 파괴를 확대하여 2개의 산마루에서 사족대의 총격을 맞아 사망자가 나왔다.

폭동 세력의 요구는 연공 증징 반대, 절과 신사에 관한 종교정책 반대, 해방령 반대 등 다양했다. 해방령 반대는 폭동 세력의 잔혹한 피차별 부락 습격을 수반하여 민중 운동이 내포한 약점을 보였다. 메이지 정부는 폭동에 대해서 엄벌로 대처했다. 사형이라도 즉결하라고 명하였고, 효고 현에서는 반탄(播但) 폭동으로 19명이 즉결 재판에서 사형됐다.

급진적인 개혁

사절단이 서양으로 파견된 동안 일본 정부는 유수(留守) 정부라 불리는데, 그 중심에는 기도 측근인 이노우에 가오루 대장대보(大蔵大輔, 대장성 차관)가 있었다. 사절단과 유수 정부와의 '약정서'에는 개혁에 대해 일정한 틀이 정해져 있었지만, 유수 정부는 당시 정부의 주요 멤버가 없는 사이(鬼の居ぬ間に洗濯)에 매우 급진적인 개혁을 차례로 실시했다. 화족이나 사족과 평민 사이의 결혼이나, 화족과 사족 등이 농공상의 직업을 택하는 것도 자유로워졌다.

그 전형적인 예로 천민폐지령(해방령)이 있다. 사절단 출발 전의 일이지만, 1871년 8월에 '에타, 히닌 등의 칭호를 폐지함으로써 지금부터 신분, 직업이 공히 평민과 같다'고 포고했다. 원래 1856(안세이 3)년에 오카야마 번에서 천 수백 명의 피차별 부락민이 봉기하여 번의 차별 강화를 철폐시킨 '시부조메 폭동(澁染一揆)'이 상징하듯이 에도시대 후기에 피차별 부락민의 신분 해방을 추구하는 운동이 강력하게 전개되었고, 해방령은 필연적인 흐름이었다.

그러나 천민폐지령이 발령되는 직접적인 계기는 지조개정 관련 법안의 발령이었다. 폐번치현 후, 곧바로 지조개정이 정부정책의 과제로 되어 토지 매매를 자유롭게 하여 지권을 발행하는 정책이 취해졌다. 그때까지 '에타(穢多)'와 '히닌(非人)'은 '사회 밖'의 존재로 여겨지고, 그 택지도 '토지 외의 토지'였다. 하급 형리역과 우마의 시체 처리를 담당하는 대신에게 연공이 면제됐다. 소위 말하는 무조지(無租地)이며, 에타와 히닌의 거주지도 특정한 장소로 제한되었다. 한편, 메이지 정부는 모든 토지에 획일적으로 지권을 발행하여 세금을 거두기 위해 신사와 절의 토지나 무사의 토지 등을 포함한 무조지의 자유 매매를 허가하고, 조세도 부담시켰다. 모든 토지의 매매 자유화야말로 인민의 활력을 끌어내는 것이며, 그것이 구폐의 부정이라는 지극히 단순한 문명화의 이해에 입각하고 있었다. 이리하여 1871년 8월, 모든 무조지의 폐지가 포고되었다. 에타, 히닌의 택지도 매매를 인정하고 조세를 매겼다. 동시에 에타, 히닌의 거주 제한의 해제도 필요하였다. '사회 밖'이라는 격리 지배는 불가능하게 되었으며, 결국 무조지 폐지 9일 후에 천민 신분 자체에 대한 폐지령이 발포되었다.

이처럼 지조개정에 방해가 되기 때문에 피차별 부락민은 위로부터 즉시, 무조건 해방되었다. '해방'이 명칭 폐지에 머물렀다는 지금까지의 평가가 불충분한 것도 최근 연구에서 밝혀졌다. 피차별 부락민은 피혁 제조 등의 차별과 결부된 독점권도 해방이라는 명목으로 그 권리가 몰수되어 피차별 부락민의 다수가 생활 기반을 파괴당했는데, 정부는 그것을 방치했다. 정책 형편상 위에서 준비되지 않은 상태에서 차별이 갑자기 철폐되었기 때문에 피차별 부락민의 생활에 큰 타격을 가하여 사회적인 차별은 오히려 계속되었다.

징병령과 학제

1872(메이지 5)년 11월, 이와쿠라 사절단이 영국에서 파리로 들어갔을 무렵, '징병고유'와 '전국 모병의 조칙'이 발포되었다. 정한(조선 침략)과 정대(대만 침략)가 논의되기 시작하고 있을 무렵이었다. 다음 해 1월에 실행된 징병령은 "두 자루의 칼을 차고 무사라 칭하며 뻔뻔하게 무위도식하고, 심한 경우에는 사람을 죽여도 관청에서 그 죄를 묻지 않는다."라고 사족을 격렬하게 비판했다. '사민'은 '자유'의 권리를 획득했기 때문에 국가의 재난을 막기위해서 온 힘을 다해야 한다고 국민개병을 선언했다. 20세 남자를 징병 검사와 추첨으로 선택하여 3년간 상비군(현역병)에 편성했다(그림 5-1). 상비군이 끝난 다음은 제1후비역(이후의 예비병), 이어서 제2후비역(이

▶그림 5-1. 징병도. 호장(戶長)이 청년들을 징병 검사장으로 데리고 출두했다. 징병령 제4장 '징병 검사 제1조.

후의 후비병)으로 편제되었다. 상비역과 후비역 병사 이외의 17세부터 40세 남자 모두가 국민군에 편성되었다. 이것이 유럽 시찰에서 돌아온 야마가타 아리토모 병부경이 프러시아를 모방한 국민개병제이다. 프러시아는 후비병과 국민군에 의한 강대한 군대를 편성하여 보불전쟁에서도 70만의 대군대를 동원했다.

징병령 시행 후, 전쟁에 정규군으로 현역병 4만 6,000명의 동원이 가능하게 되었다. 물론 프러시아에는 훨씬 못 미친다. 징병령의 서언 말미에는 상비병, 후비병, 국민군은 '지방의 수위를 담당한다'는 말이 있어 지방 경찰군에 지나지 않았다는 견해가 있지만, 전쟁 시에는 국민군이 관내를 수위한다(징병령의 징병편성 및 개칙 3)고도 명기되어 있어 전쟁도 상정되었다. 다른 개혁과 마찬가지로 급진적인 제도의 발족이었다. 대장성은 부족한 국가 예산도 징병령 시행에는 많이 배분했다.

학교 제도의 제정도 급진적이었다. 문부대보 에토 신페이(江藤新平)가 그 임무를 맡아 조사 개시 후 불과 8개월 만에 시행되었다. 대·중·소의 학구로 나누고 대학교, 중학교, 초등학교를 설치한다고 했다. 전국에 5만 3,760교의 초등학교를 일시에 설립하는 구상이었다. 프랑스의 학제를 모방하여 '마을에 불학하는 집이 없고, 집에 불학하는 사람을 없게 한다'는 획일적인 국민개학제 구상으로, 개인의 공리주의를 끌어내자는 취지였다. 4년 후인 1876년에는 2만 6,584교로, 목표치의 거의 반에 해당하는 학교가 개교했다. 취학률은 1878년에 41.3%로 추정된다. 높은 달성률로서 서양의 보급률에 뒤지지 않았다. 서당(寺子屋)에서 학교로 전용하는 경우가 많았다. 막부 말기의 서당 개설 수는 3만에서 4만으로 추정되고 있어, 서당 보급이 그 기반이 되었다. 한편으로 수업료는 월액 50전으로 고액을 민중의 부담에 의지한 형태가 되었다. 민간에서 초등학교 개설을 신청하는 움직임도 보였지만, 그 반면에 재원이 없는 개혁 강행은 정부에 대한 격렬한 반발을 초래했다.

신정(新政)과 대장성

'개화 러시'가 일어났다. 영국식을 도입한 우편 제도는 1871년에 시작되고, 미국의 내셔널 은행를 도입한 국립은행(國立銀行)조례가 1872년에 발족, 태음력인 12월 3일을 정월 초하루로 하는 서양의 태양력이 1873년에 도입되었다. 1868년에 전통적인 다섯 명절 '노는 날'을 폐지하고, 기원절과 천장절 등이 신설되었는데, 국경일(祝日)을 전국적인 법령으로 확정한 것도 1873년이었다.

기원절은 중국의 신유혁명사상(공자를 신격화한 참위〔讖緯〕설)에 근거하여 신화의 기원전 660년 정월 초하루를 진무(神武) 천황의 즉위일로 정하고, 태양력으로 환산한 날이 1월 29일이었지만, 선제 고메이 천황제가 가까웠기 때문에 2월 11일로 변경되었다. 이처럼, 아무런 근거도 없는 날이었지만 신성한 천황제 축제날로 지정되어, 천황제에 의한 위로부터의 국민 통합에 이용되었다.

예산을 담당하는 대장성은 사법성과 문부성의 급진적 개혁을 제지했다. 그 후, 1873년 여름에 에토 신페이와 고토 쇼지로, 오키 다카토 등 사법성과 좌원, 문부성의 장이 정원 참의에 들어가 정원의 권한이 강화되고 도사 번과 히젠 번벌이 유수 정부의 주도권을 장악했다. 이노우에 가오루 대장대보 등은 사직하고, 개화 러시와 번벌의 다툼에서 이노우에 등은 일단 패배했다.

　이노우에 등 대장성이 온건파였던 것은 아니었다. 대장성은 1873년에 급진적인 지조개정조례를 발령했다. 지조개정이 본격화되는 것은 다음의 오쿠보 정권부터이다(후술). 징병령에 예산 배분을 많이 한 것부터 촌이나 읍내에 일련번호의 명칭을 붙인다는 기상천외한 일까지 획일적으로 대구소구제(大區小區)를 1872년에 선포한 것도 대장성이었다.

　군(郡)을 대구로, 대구를 소구로 나누고, 대구에 구장, 소구에 호장을 두었다. 호장도 관선으로 신분은 관리에 준하고, 다른 부, 현 사람과 사족이 임명된 지역도 있었다. 에도시대의 '요리아이'나 읍촌의 총대로서 해야 할 역할을 담당하는 사회의 전통적 관행을 '구폐'라며 부정하고, 주민의 정치 참여를 배제했다. 호장은 중앙의 충실한 말단 조직이 되었다. 호장을 통해 징병제와 학제, 지조개정이 강권적으로 시행되었다. 이리하여 호장이 민중의 격분을 정면으로 맞게 되었다.

신정 반대 폭동

　1873년은 메이지 초년 폭동의 하나의 정점이 되었다. 주된 것을 들면 5월부터 6월에 걸쳐서 호조 현(北條県, 오카야마 현 북부) 혈세 폭동이 일어나고, 그 후, 최대의 지쿠젠 현 죽창 폭동, 그리고 돗토리 현 아이미 군(숲見郡, 돗토리 현 서부) 징병령 반대 폭동, 히로시마 현 징병령·해방령 반대 폭동, 산슈(讚州) 죽창 소동, 아마쿠사 혈세 소동, 시마네 현 징병령 반대 폭동으로 계속되었다.

호장으로부터의 징병 명부 제출 기한인 6월부터 반대 폭동이 그 이전보다도 심하게 잇달아 일어났다. 징병 자체에 '혈세'라는 문자가 있어 징병을 피 뽑기, 어린이 잡아가기라고 하고, 정부 요인을 서양인(異人)이라든지, 기독교도(耶蘇宗)라고 부르는 유언비어가 나돌았다. 에도시대 농민은 연공은 바치고 있었지만, 군사적인 일에는 관여하지 않았다. 메이지 정부는 연공을 줄이지 않고 게다가 서민을 병사로 만들었다. 인민의 부담은 메이지 정부에 의해서 훨씬 가중되었다. 징병을 피 뽑기, 어린이 잡아가기라고 말하는 유언비어는 정곡을 찌르고 있었다.

호조 현에서 흰옷을 입은 피 뽑기 관리가 온다고 하는 유언비어를 퍼뜨린 것은 예전 촌리로, 현청에 징병·지권·학교·도우(屠牛)·참발(斬髮)·해방령 등의 반대를 탄원하고, 이어서 호장, 하급 현리, 초등학교, 피차별 부락에 불을 지르며 공격했다. 호장에 대한 반발은 특히 격렬했다. '호장 정벌'이라고 불렸으며, 호장의 집이 방화로 남김없이 소실되었다.

호조 현 혈세 폭동에서는 하급 현리와 호장의 집 59호, 초등학교 18개, 피차별 부락 314호가 방화, 소실되었다. 폭동 후, 참수는 15명, 전체로는 2만 7,000명이 처벌되었다. 최대 봉기가 된 지쿠젠(筑前) 죽창 폭동에서는 관리, 호장, 호농상 1,133호가, 나아가 피차별 부락 1,500호도 방화, 소실되었다. 이 폭동은 현청에 난입하여 서류 등을 태워 버렸다. 4명이 사형, 가장 가벼운 태형 30대 이하를 포함해서 전체로 6만 사천 명이 처벌되어, 후쿠오카 현 총 호수의 71%가 처벌되었다. 부락 습격이 많은 것은 앞에서 말했듯이 위로부터 정부 형편을 우선적으로 고려하여 시행한 해방령의 문제와 민중이 차별 의식을 뿌리

깊게 가지고 있었던 것을 나타내고 있다.

폐번 반대 폭동으로 정부가 즉결 처형을 인정한 것을 소개했지만, 그때도 부화뇌동하여 폭동에 참가한 자는 처벌하지 않았다. 그것이 에도시대 이래의 폭동 처벌의 원칙이기도 했다. 농민의 폭동 참가는 사실상 묵인되고 있었다. 그러나 신정 반대 폭동에서는 1872년 8월, 부화뇌동한 폭동 참가자도 처벌 대상이 되어 위와 같이 방대한 숫자가 처벌된 것이다. 즉 메이지 정부는 이전에는 묵인되고 있었던 폭동 봉기 그 자체를 절대 용서하지 않겠다는 강경 방침으로 크게 전환한 것이다. 민중도 성숙한 전통사회를 권력에 의해 파괴해 가는 메이지 정부를 '기독교도(耶蘇宗)'라고 말할 만큼 거부하여, 쌍방이 정면으로 대결하였다.

2. 동북아시아 속에서

메이지 초년의 외교

    메이지 정부는 아시아 여러 이웃 나라에도 강경한 외교를 추진했다. 메이지 초년으로 거슬러 올라가서 조선과의 외교의 개략을 살펴보도록 하자. 1868(메이지 원)년 12월, 메이지 정부는 조선 정부에 '대정일신'을 알리는 외교 문서 '서계'를 보낸다. 조선 정부는 '황'과 '봉칙'의 문자 등이 전례에 어긋난다며 수취를 거부했다.

    에도시대, 도쿠가와 막부와 조선 정부는 쓰시마 번을 매개로 대등한 교린 외교를 계속했다. 조선은 중국을 종주국으로 하는 책봉 관계를 맺고 있었으며, 명 제국이 붕괴한 후에는 청국 정부가 만주 민족의 정부였다는 사실도 있어 조선 소중화사상을 발전시키고, 또 한편으로 막부는 무위사상(武威思想)을 견지하고 있어 양자가 충돌하면서도 교린 외교를 하고 있었다. 19세기에 들어서자 조선과의 국제 관계도 안정되고, 쓰시마 혹은 오사카로 통신사의 방일은 실현되지 않았지만,

여전히 교린 외교 관계를 유지하고 있었다.

원래 유럽에서는 근대국제법에 따라서 국가의 평등권이 나라의 강약과는 관계없이 인정되고 있었다. 그러나 서양의 이 국가평등권도 드디어 19세기 전후가 되어서 국가 상호의 예교 의례를 엄격하게 규정해서 만들어진 것이다. 에도시대에 조선과 일본이 이면에서 충돌을 거듭하면서도 의례와 문서를 엄격하게 취급하여 공적으로 교린 외교를 지속한 점에서 그 의의는 매우 크다.

조선은 도쿠가와 막부가 조선 국왕과 동격으로 자리매김했기 때문에 에도시대 후기에는 조선의 왕보다 천황을 상위로 취급할 것을 우려하였으며, '임진왜란' 때 히데요시의 침공으로 배어든 불신감을 키우고 있었다. 또, 1866년의 병인양요와 1871년의 신미양요에서는 프랑스와 미국 군함을 두 번에 걸쳐 격퇴해 양이의 기운이 왕성했다.

의정 이와쿠라 도모미는 1869년에 청국과 조선, 일본은 '동문(同文)의 나라이며, 옛정을 잘 살려 3국이 정립(鼎立)하도록 해야 한다'며 조·중·일의 연계론을 말한 적이 있었다. 이러한 동아시아 3국의 연계론도 있었지만, 유신 정부에서 힘을 얻은 것은 기도 다카요시가 같은 해에 주장한 강경론이다. 외교 문서를 접수하지 않는 것은 무례한 행동으로, 병력으로 밀어붙여 조선의 부산항을 열게 해야 한다는 무력 조선침략론, 즉 정한론이 그것이다. 판적봉환 이후인 1870년 5월, 외무부는 조선 외교를 담당해 온 쓰시마 종가(宗家)의 외교권을 몰수했다. 그리고 연말에 외무부 관리를 부산에 파견하지만, 귀국한 관리는 출병에 의한 정한론을 주장하는 상황이었다. 정한론을 주장하더라도 폐번치현 이전의 유신 정부에 대외전쟁을 준비할 재원은 없었다.

당시의 조선 사회와 일본 사회

폐번치현 전후, 개화를 추진하는 메이지 정부는 외교 문서를 수취하지 않는 조선을 고루하고 미개하며 야만적이라는 담론을 만들어냈다. 당시, 조선 사회의 실정은 일본과 비교해서 어떠했을까? 조선 민중 운동만의 요점이기는 하나 일본의 민중 인식과 비교하면서 소개하고자 한다.

조선에서는 일본과는 달리 민중의 이동이 자유롭고 촌도 개방적이었다. 19세기에 들어가면, 양반의 급증, 중간 계급의 등장에서 알 수 있듯이 신분제의 해체가 진행되고 있었다. 또 정약용(丁若鏞)과 같이 토지개혁 구상을 언급하며 일본의 고학파(古學派)에도 깊은 학문적 관심이 있는 재야의 개명적인 실학자가 등장했다.

19세기의 조선에서도 많은 민란이 일어났다. 일본에서 존왕양이 운동이 왕성했던 1862(분큐 2)년, 진주민란을 계기로 50군데에서 일어난 임술(壬戌)민란이 대표적이다. 민란은 일본의 폭동(一揆)과 마찬가지로 죽창이나 곤봉을 소지하고 있었다. 단, 긴 창(鑓)이나 화기는 가지지 않고, 면이나 리(일본의 촌에 해당한다)명을 적은 깃발을 선두로 행진했다. 민란의 규율이 엄격한 것도 일본과 같았다. 다른 점은 민란의 격렬함이다. 하급 지방관인 아전 등은 민중과 직접 접촉하는 자들이었기 때문에 민란에 의해서 종종 '죽음의 제재'가 부과

▶그림 5-2. 민란에서 갑오농민군이 탄생했다. '농민군 전주 점령 퍼포먼스'를 하는 전주 시민. 민주화 운동 기념 행사가 계속되고 있다(「동학농민혁명(갑오농민전쟁) 국제학술대회자료집」 전주시, 2001년).

되었다. 또 중앙에서 파견된 고관이나 수령 등에 대해서는 가마에 태워 관가에서 끌어내 촌 외곽으로 쫓아 버리거나 담승(擔昇) 등이 보통 행해졌다. 가옥이나 공용 장부도 불태웠다. 역동적인 것은 에도시대의 폭동을 능가했다. 이것에 필적되는 것은 유신 이후의 폭동일 것이다. 덧붙여 1862년의 유명한 함평(咸平)민란의 경우에도 파괴, 수령 추방, 감옥의 해방 등 자치를 약 2개월간 지속했다. 일본 유신기의 폭동 중 최대 규모인 지쿠젠 죽창 폭동에서도 겨우 12일 만에 종식되었다.

함평민란에서는 6명의 주모자가 효수당했다. 조선의 민란에서는 주모자가 효수당했고, 간부는 유배형을 선고받았고 부정한 지방관도 대부분 형을 선고받았다.

한편, 일본의 지쿠젠 죽창 폭동은 진압 후 3명이 참수되고, 징역 1년 이상이 92명, 태형 30대 이하는 6만 4,000여 명에게 집행됐다. 에도시기의 폭동이라도 원칙은 지도자가 교수형, 간부가 유배로 같다. 그러나 일본에서는 실제로 간부의 사형이 많아, 특히 옥사가 두드러진다. 폭동 처벌을 보면, 일본의 폭동에 대한 처벌이 부드럽다고는 도저히 말할 수 없다. 오히려 반대여서 일본의 폭동은 폭력을 자제하고 있지만, 처벌은 조선보다도 엄격하다. 한편, 조선의 처벌은 혹독하지 않았으며, 청일전쟁 전에는 한층 더 부드러워졌다. 조선의 민중 지배가 야만적이라고 평가되는 일도 있지만, 사실은 반대인 것이다. 뒤에 서술하듯이, 메이지 정부의 민중 통제는 점점 가혹해졌다. 기도 다카요시가 조선을 야만시하는 것은 전혀 근거가 없다.

청일수호조규

    판적봉환의 다음 해인 1870년, 유신 정부는 조선과의 외교를 우위에서 추진하기 위하여 조선의 종주국인 청국과 어깨를 나란히 하는 대등 조약을 맺는 예비 교섭을 준비했다. 청국 전권인 이홍장(李鴻章)은 서양화 추진에 착수한 양무파(洋務派)로 외교를 한 손에 장악한 인물이다. 일본이 서양과 연계하는 것을 경계하여 일본과의 조약 체결에 적극적이었다.

    1871(메이지 4)년, 다테 무네나리(伊達宗城)를 전권에 임명하고, 일본은 청국이 서양과 맺은 불평등조약에 따른 원안을 제시했다. 예비 교섭에서의 대등 조약 방식을 변경한 것이었다. 이홍장은 이처럼 대등에서 불평등으로 변화를 보인 일본의 원안을 수용하지 않았다. 7월, 청일수호조규가 체결되었다. 영토 보전과 상호원조를 규정하고, 서양으로부터 강요당한 영사재판권과 협정 관세를 서로가 인정하는 변칙적인 대등 조약이었다.

    일본은 상호원조의 조항 '필수피차상조(必須彼此相助)'가 서양의 의심을 살 것을 두려워했다. 이홍장은 조약은 양국의 우호 때문이며, 서양의 의심을 두려워한다면 일본은 처음부터 전권단을 파견하지 않았으면 좋았을 것이라고 비판했다. 다테 전권은 귀국 후, 최혜국 대우와 내지통상권 등의 특권을 획득할 수 없었고, 상호원조규정이 서양의 의심을 부른다는 점을 비판받았다. 일본 정부는 조약 비준을 1873년까지 연장했을 정도였다.

류큐·대만을 둘러싼 청일 분쟁

류큐왕국은 17세기의 시마즈가(島津家)에 의한 침략 이래, 사쓰마 번의 지배하에 놓이는 한편, 중세 이래 청국의 책봉도 받아 중·일 '양속(兩屬)'에 의한 독자의 자립을 지켰다. 청일조규가 체결된 1871(메이지 4)년 말, 대만과 가까운 미야코지마(宮古島)의 도민이 난파 당하여 대만에 표착, 54명이 현지 선주민에 살해되었다. 유수 정부는 이 사건을 이용해서 대만 침략과 류큐의 일본 영유를 꾀했다. 1872년 국왕 상태(尚泰)를 '번왕(藩王)'으로 한 뒤 류큐 번을 설치하여 류큐 처분을 시작했다.

유수 정부는 전(前) 미국 아모이(廈門) 영사로 대만 점령을 조언한 루·장도르를 외무부 고문으로 고용하고 대국주의 외교를 주장하는 외무경 소에지마 다네오미(副島種臣)를 1873년 봄에 북경으로 파견했다. 이와쿠라 사절단이 벨기에, 네덜란드에서 베를린에 들어갔을 무렵이다. 소에지마는 청일수호조규를 비준한 후, 청국 총리아문(외무부)에서 담화를 교환하고 대만의 선주민에 대해서 '화외(化外)'에 있어 거의 다스리지 않고 있다'는 청국의 발언을 이끌어 내고는 회담을 끝냈다. 소에지마는 '청국은 대만의 선주민을 지배하지 않고 있으므로 일본에 대만 파병의 의무가 있다'고 정부에 건의했다.

동서양의 지식을 자랑하는 소에지마는 출발 시 "대만의 반도(半島)만이라면 혀로서도 받아 낼 수 있는 것은 보증할 수 있다."라며 교섭으로 영토를 획득할 자신감을 내비쳤다. 청국 황제에게 입례(立礼)만 했던 일화 등 소에지마의 만만치 않은 외교 수법이 일본에서도 회자되었지만, 조선과 청국을 병합하여 도쿄를 '신제국의 수도'로 한다는 등 과대, 모험주의적 대국주의론자였다.

소에지마의 대만침략론을 대장성의 이노우에 가오루가 비판했다. '약지(略地)의 계', 즉 영토 침략이라고 했다. 국위를 선양하려고 하면 내치를 정비하고, 안으로 부강의 기초를 세운 다음 밖으로 미치는 것이 순서라며 내치우선론이란 관점에서 급진론의 '순서'를 비판했다. 이노우에는 모험주의적인 소에지마의 외교를 비판했지만, 이노우에의 비판은 청일수호조규에서 말하는 조·중·일의 제휴론은 아니다. 내정을 개혁하고 나서 밖으로 미친다. 그것이 국위를 선양하는 순서라고 하는 주장은 사실 한층 더 강고한 대국주의 외교론일 수가 있다.

소에지마가 출발하기 직전, 유수 정부는 징병령을 포고했다. 전쟁도 상정한 징병령이었다. 북경의 총리아문에서 소에지마가 억지로 교섭하고 있을 무렵, 호조 현의 징병령 반대 폭동을 비롯하여 민중의 폭동이 발생했고, 현청으로 난입하여 관리를 살상하고 호장 집을 불태우는 사건 등이 일어났다. 소에지마가 총리아문에서 '화외' 발언을 억지로 끌어내 '작약(雀躍), 상쾌(爽快)' 함을 느끼며 기뻐한 그날(6월 21일), 지쿠젠의 죽창 폭동 세력 수만 명이 하카타 읍내에 동쪽과 남쪽으로 난입했고, 돗토리(鳥取)의 아이미 군 징병령 반대 폭동 세력도 요나고초(米子町)에 난입, 읍민과 함께 봉기하여 반대 폭동은 최고조를 맞이했다.

조선 외교와 정쟁

소에지마가 청국으로 건너가기 전년인 1872년 부산의 왜관(倭館)

에서는 외무부 관리와 조선 관리의 대립이 격렬해졌다. 왜관은 조선이 건립하고 체재비도 조선이 부담하여 나가사키의 데지마(出島) 이상으로 엄격한 규제가 시행되고 있던 장소였다. 외무부 관리는 그 왜관을 허가 없이 뛰쳐나와서 교섭을 요구하고(왜관난출〔倭館欄出〕), 이어서 쓰시마 번사를 철수시키고 왜관을 점거했다. 왜관에는 조선 시장을 엿보는 밀무역 일본 상인(잠상)이 드나들고 있었는데, 조선은 필요한 물품의 공급을 끊고 밀무역을 금지했다. 이렇게 에도시대에 유지된 조일 간의 교린 외교는 종말을 고했다.

소에지마가 청국에서 교섭하고 있을 무렵, 앞서 소개한 것처럼 유수 정부에 변동이 일어났다. 구 도사 번사인 고토 쇼지로, 구 사가 번사인 에토 신페이와 오키 다카토(大木喬任) 등이 정원 참의로 편입되고, 게다가 정원의 권한이 강화되었다. 각각 좌원, 사법, 문부성의 장관이다. 대장대보 이노우에 등은 사임했다. 그 후, 소에지마 외무경도 참의가 되어 사이고, 이타가키, 오쿠마, 고토, 에토, 오키, 소에지마라고 하는 정원 참의의 새로운 구성은 사이고를 제외하면 도히(土肥) 정권의 정부가 되었다.

소에지마는 영국 공사 파크스에 대하여 "조선과 대만, 두 나라는 병력을 진작할 수 있는 좋은 장소로, 도요토미 히데요시의 실패를 거울삼아 한반도 북부에서 조선에 5만 명의 병사로 침공하면 100일 만에 전쟁은 끝난다."라고 말했다. 이에 대하여 파크스는 "조선을 너무나도 얕잡아 보고 있다."라고 적고 있다.

조선이 왜관에 '부일게시(侮日揭示)'를 했다는 보고가 일본에 전해졌다. 그러나 최근에 이 보고서가 날조된 것이라는 것이 입증되었다. 이때, 사이고 다카모리는 조선으로 파견을 자원하여 자신의 목숨을 걸고 전쟁을 일으키려고 했다. 사이고는 '내란을 갈망하는 마음을 외부로 향하게 하여 나라를 흥하게 하려는 원략'을 세웠다. 내란을 바라는 마음은 사족의 불만을 외국으로 향하게 한다고 생각했다. 그러나 뒷부분의 '나라를 일으키는 원략'은 국가 구상이며, 사족의 불평대책만으로는 지나치게 소극적, 수동적이다. 사이고는 내정개혁의 내용에 대해서는 발언하지 않았지만, 알려진 것처럼 징병제 등 유수 정부의 개혁을 불평 없이 긍정하고 있었다.

징병령의 시행 사정과 정한 논쟁에 관련해서 대국적으로 동향을 검토해보자. '전국 대거의 대역(大役)'도 상정하는 징병령이 발포되고, 바로 그 징병 당사자인 농민은 서일본을 중심으로 격렬한 반대 폭동을 속속 일으키고 있었다. 유신 정부는 이러한 반대에 타협하지 않는 것이 일반적이었다. 농민은 입대하면 '조선·대만 정벌이 있기 때문(에히메 폭동)'에 징병되는 것이라고 두려워했다. 메이지 정부는 프러시아를 모델로 추구한 국민군을 탄생시킴에 우선, 조선과 대만을 국위 선양하기에 '좋은 장소'로 설정함으로써 징병령을 공론(空論)이 아닌, 현실적인 계획으로 제시해야 했다. 프러시아의 국민군도 원래 대외전쟁이라는 대무대가 있었기에 만들어졌던 것이다. 징병령 반대 폭동이 속발하는 것은 5월 하순에서 8월 전체에 걸쳐서이며, 7월 하순에는 교토부 북부에서, 8월 중순에는 나가사키 현에서 징병령 반대의 무장 둔취 사건이 일어났다. 사이고의 조선파견이 결정되는 것은 8월 중순, 나가사키 현 마쓰우라 군(松浦郡)의 무장 강소봉기 전날(17일)이었다. 반대세력에는 개혁 강행이 신정부의 수법이었다.

정한론 정변

9월까지 이와쿠라 사절단 멤버가 귀국했다. 사절단의 이와쿠라와 오쿠보, 기도 등 삿초 그룹은 유수 정부의 즉시 해외파병론에 대하여 앞에서 말한 바와 같이 '내치우선파'가 되었다. 단, 사절단파는 대국주의를 버린 것은 아니었다. 오히려 반대였다. 서양 문명에 도달하기 위해서는 시간이 필요하겠지만, 가능하며, 동아시아의 주도권을 장악하기 위한 호기라는 점에서 한층 더 강한 확신을 한 것이었다. 따라서 삿초의 사절단파를 신중파라고는 부를 수 있어도, 온건파라고는 도저히 부를 수 없었다.

1873(메이지 6)년 10월의 각의에서 사이고의 조선 파견이 재확인되어 사절단파는 일단 패배했다. 여기에서부터 오쿠보와 이와쿠라의 권모술수의 진면목이 발휘된다. 한편, 급진파의 중심인 기도는 병으로 누워 있었다.

관건은 오쿠보 등 삿파가 궁내성을 장악하고 있었다는 점, 산조가 심로로 쓰러진 일이다. 이와쿠라는 태정대신의 사무대리에 임명되어 10월의 각의 결정 내용(사이고의 조선 파견)을 천황에게 보고할 때, 결정을 무시하고 자신은 반대의 취지를 단호하게 보충했다. 다음 날, 21살이 막 되었던 메이지 천황이 이를 재가하고, 이렇게 하여 이와쿠라와 오쿠보는 또다시 어린 나이의 천황을 충분히 활용하여 권력 투쟁에서 승리했다. 사이고와 이타가키, 소에지마, 고토, 에토 등 도히벌(土肥閥)의 유수 정부파는 하야했다. 이것이 정한론 정변 혹은 메이지 6년 정변이라고 불리는 사건이다.

이해 세계공황이 발생하여 세계사적으로 긴 '대불황기'('great

depression'이라고 불리는 제국주의 단계로의 입구)에 들어간다. 일본의 생사 수출도 가격이 폭락하여 크게 저하되었다. 정변의 배경에는 도히벌과 사쓰마벌의 주도권 다툼이 분명히 존재했다. 도히벌에 의해 사직한 이노우에 가오루는 부산에 진출해 있던 미쓰이(三井)와의 결탁이 알려지고, 사직 후에는 미쓰이 물산의 전신인 선수회사(先收)를 창립하여 사장에 취임했다.

참의 오쿠보는 내무성을 신설하고 장관을 겸임했다. '오쿠보 독재'라고 불리는 정치가 시작된 것이다. 내무성은 당시 대불황기에 특권적 정상(政商)을 우대하는 민업 보호 통제를 하고, 이어서 관민일체의 해외진출책으로 나아갔다. 오쿠보를 떠받친 것이 대장성의 오쿠마 시게노부와 공부성의 이토 히로부미였다. 중앙정부에 실무 관료군이 형성되는 것도 이 무렵이었다. 관료는 구 삿초도히와 구 막신도 큰 세력을 이루었다.

300부(釜)를 갖춘 프랑스식의 관영 도미오카(富岡) 제사장이 완성되는 것은 정변이 일어나기 1년 전이었다. 설비를 프랑스에서 직접 수입하는 방식은 정부의 설비비가 막대하여 성공하지 못했다. 한편, 대불황기에 민간 중농 이하의 농민에 의해 그림 5-3에 나타난 것처럼 성숙한 재래 기술을 이용하여 싼값에 공장을 지은 마쓰시로(松代)의 니시조(西條) 제사장(製絲場)이나 스와(諏訪)의 나카야마사(中山社)가

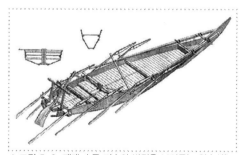

▶그림 5-3. 재래 수공 기술의 발전을 보여주는 압송선(押送船). 생선을 시장으로 운반하는 쾌속선으로 커터(cutter)와 속도를 비교했더니 압송선이 더 빨랐다. 배 형태의 아름다움도 평가가 높았다(『페리 제독 일본 원정기』).

개업하여 발전했다.

조선에서는 일본에서 오쿠보 정권이 성립했을 무렵, 양이 강경파였던 대원군이 고종 일족에 의해 퇴진 당하여 대일정책이 다소 부드러워졌다.

3. 동아시아 침략의 제1단계

대만 출병

1874(메이지 7)년 1월, 이타가키 다이스케, 고토 쇼지로, 소에지마 다네오미, 에토 신페이 등과 영국 유학에서 귀국한 고무로 시노부(小室信夫), 후루사와 시게루(古沢滋) 등 8명이 민선의원 설립 건의서를 제출했다. 삿초 번벌 정부에 대한 비판과 천부인권론에 근거한 의회제의 요구였다. 사족과 유력 호농상의 의회 참가 요구였다. 2월, 에토 등이 불평사족과 함께 사가의 난을 일으키자 오쿠보가 냉철하게 진압했다. 그리고 정한론을 직전에 억제한 오쿠보와 오쿠마가 대만 출병을 결정하게 되었다.

대만은 '화외(化外)의 땅'이라는 소에지마의 주장에 따라 오쿠보 정권은 군사행동을 일으켰다. 미국인 외교고문 르·장드르(Charles William〔Guillaum〕 Joseph Émile Le Gendre, 1830년 8월 26일~1899년 9월 1일)도 일본이 '아시아의 작은 나라 중의 보호자'의 지위를 얻을 수 있다고 치켜

세웠다. 오쿠보 등에게는 영국과 러시아가 대립하는 세계 정세 속에서 동중국해의 요지 대만에 대한 소강국 일본의 출병은 열강의 반발을 받지 않을 것이라는 지나친 예측이 있었다. 청일수호조규의 영토 보전, 상호원조 조항에 반하는 군사행동이었지만, 기어코 출병을 단행했다. 그러나 야마가타, 이토 등은 출병에 소극적이었으며, 기도도 참의를 사임했다. 영국 공시와 미국의 신 공사 등도 일본이 청국과 대립하는 것은 환영하겠지만, 중국·대만의 무역이 방해받는 것을 염려하여 출병에는 강하게 반대했다.

오쿠보 등은 하는 수 없이 출병 중지를 결정했지만, 나가사키에게 집결하고 있던 출병 지휘관 사이고 쓰구미치(西鄕從道)의 강경론을 억누를 수가 없었다. 대만의 목단사(牧丹社) 등 선주민의 저항은 강력하여 일본군은 각지의 촌락을 불태웠다. 일본군의 전사자는 12명이었지만, 3,000명의 병사 중 말라리아 병사자 561명이 발생하는 참담한 전황이었다.

7월에 각의는 청과의 전쟁도 불사한다는 방침을 결정하고, 오쿠보가 전권 대표로 북경에서의 교섭에 들어갔다. 대만 선주민의 땅이 '무주지'라고 하는 일본의 주장을 청국은 물론 서양도 지지하지 않았다. 전쟁도 불사한다는 말 이외에 교섭의 여지가 없게 된 오쿠보는 회담 결렬을 맞이하여 일기에 "실로 본인은 지금 진퇴유곡의 매우 곤란한 상황으로 반복하여 숙고"한다고 기록하고 있다.

청국은 양무파에 의한 서양식 군제개혁이 진척되고 있지 않았으며 일본과 전쟁할 능력이 없다고 판단하고 있었다. 그리고 일본도 재정이 장기전을 할 수 있을 만큼 충분하지 않다고 인정을 하고 있었다.

오쿠보는 진퇴유곡에 빠졌지만, 주청 영국 공사가 중재에 나섰다. 영국의 압력으로 청국이 배상금 50만 냥을 지급하고 일본의 대만 출병을 국민을 보호하는 의거라고 승인하는 것으로 겨우 타결했다. 오쿠보는 전면전쟁을 암시하면서 청국으로부터 배상금을 받아 냈다. 일기에 "북경에서 출발하면서 스스로 마음속에서 유쾌함을 느꼈다." 라고 기록하고 있다. 타협을 배제한 외교를 관철한 것 같이 일견 보인 다. 그러나 교섭 타결은 요행이었다. 게다가 청일수호조규의 영토 보 전, 상호원조 조항을 유린했다. 중일 연계를 매우 경계하고 있던 파크 스는 중국의 분노를 이해하여 "이 애송이(若造) 나라는 배상금을 받을 자격이 없다."라고 기록하고 있다. 그러나 현실적 견지에서 중국과 일 본의 대립을 환영했다. 기회를 보아 중일 양국을 중재한 주청 영국 공 사 웨드는 오쿠보에 대하여 "일본의 권위를 중국 정부에 떨쳤다.", "일 본의 일본다운 명예는 서양에서도 빛났다."라며 치켜세우고, 조선에 손을 댈 때에는 원조하겠다고 자극했다. '대불황기'의 입구에 있던 영 국은 유럽, 중근동, 중앙아시아, 동아시아에서 러시아와 대립을 하고 있었으며, 러시아가 한반도를 제압하는 것을 경계하고 있었다. 영국 은 지금이야말로 동아시아의 소강국 일본을 자기의 세계 전략에 포함 하기 시작한 것이었다.

이렇게 하여 오쿠보는 국내에서의 면목을 세우고 리더십을 확실 히 했다. 영국 외교부도 오쿠보를 치켜세웠다. 그러나 청일수호조규 에 결정적으로 역행했다. 청국 대표는 "중국에게 (일본이) 당연한 것을 요구하고 있다고 생각되는가? 아니면 요구할 수 없는 것을 요구하고 있다고 생각되는가?"라고 통렬한 비웃음마저 표시했다. 오쿠보는 '무 익한 논쟁'이라며 되받아쳤다. 그러나 파크스가 '애송이'에게는 자격 이 없다고 말한 것과 같이 오쿠보는 억지, 바로 그 자체였다. 오쿠보는 일본 교섭단 일동의 불만을 온몸으로 억누르고 실제 전비의 10분에 1도 되지 않는 배상금 50만 냥을 수락했고, 그 배상금조차도 일단은 수령한 후 청국에 반환하고 싶다고 개인적으로는 생각하고 있었다. 그러나 그것은 오쿠보의 꺼림칙함을 증명한 것에 지나지 않았다. 이웃 나라 일본에 대한 청국의 평가는 최악이었다.

대만에 출병하는 군사 수송을 의뢰할 예정이었던 미국이 일본의 출병을 지지하지 않고 국외 중립입장을 취했기 때문에 정부는 13척의 기선을 사들여 미쓰비시(三菱) 상회에 위탁했다. 미쓰비시 상회는 정상(政商)으로서 대만 출병 직후에 상해 항로에 진출한다. 관민일체의 침출(浸出)이었다. 오쿠라구미(大倉組) 상회도 대만 출병으로 육군의 어용상인으로서 발전하기 시작했다. 미쓰비시 증기선회사(상회에서 개칭)는 관선(官船)을 무료로 불하받고 운행에는 조성금이 교부되었다. 오쿠보 정부가 해운 보호정책을 결정하고, 미쓰비시에게 특권적 보호를 부여하는 것을 결정하고, 조선에서 강화도(江華島) 사건을 일으킨 것은 그로부터 5일 후였다.

북방 영토

소야 해협(宗谷) 북쪽에 있는 가라후토(樺太, 사할린)는 막말기에 러일 화친조약과 가라후토도 가규칙(樺太島假規則)에 의해 러일 양국민의 '잡거지'로 규정되었다. 가라후토 아이누, 윌타, 니브흐 등 북방 선주 민족이 독자적인 사냥, 어로, 채집, 교역 활동을 전개하고 있었던 대지이다. 러시아는 1860년의 북경조약에 의해 연해주(프리모르스키)

를 획득하고 나서 가라후토 경영에 착수했다. 경비병과 많은 죄수를 이주시켜 소수 일본 어민의 객지 돈벌이 수를 압도했다. 유신 정부는 1870(메이지 3)년에 가라후토 개척사를 설치했지만, 성과를 올릴 수 없었고, 개척 차관 구로다 기요다카(黑田淸隆)는 가라후토 포기와 홋카이도 개척전념론을 주장했다. 영국·미국 양국 공사들도 러시아의 남하를 경계하여 홋카이도 개척에 전념할 것을 조언했다. 메이지 정부도 1874년에 가라후토 포기 방침을 결정하고, 에노모토 다케아키(榎本武揚) 전권 공사를 파견하여, 다음 해 5월에 러시아와 가라후토·지시마(千島) 교환조약을 체결했다. 가라후토 섬의 가라후토 아이누, 윌타, 니브흐 등과 지시마 열도의 북지시마 아이누, 남지시마 아이누 등 북방 소수민족의 독자적인 권리는 전적으로 무시되었다. 이해 겨울, 가라후토 아이누 중의 814명은 개척사에 의해 홋카이도의 이시카리가와(石狩川)변의 내륙부, 쓰이시카리(對雁, 에베쓰 시〔江別市〕)로 강제로 이주했고 농민화를 강요당하여 천연두 등으로 약 400명이 사망했다.

강화도조약

대만 출병 후, 오쿠보가 위신을 높였지만, 정한론 정변으로 소에지마, 이타가키 등의 도히벌, 그리고 대만 출병에 반대해서 기도가 정부를 떠났기 때문에 오쿠보 정권은 세력면에서 약해져 있었다. 오쿠보는 1875년 초의 오사카회의에서 기도와 이타가키를 정부에 복귀시키고 점진주의에 의한 입헌정체 수립에 합의하여 정권을 강화했다.

한편 대만 출병 후, 위와 같이 러시아 외교를 안정시킨 메이지 정부의 외무부 관리는 조선에 대하여 강경한 자세로 선회하여, 기선(이양선)으로 부산(釜山)에 입항했다. 외무경 테라시마 무네노리(寺島宗則)와 해군대보(海軍大輔, 해군 차관에 해당) 가와무라 스미요시(川村純義)가 군함으로 시위 작전을 발동한 것이다. 그리하여 군함 운양호 등이 부산에 잇달아 입항, 외무부 관리가 투입되었다. 당시, 메이지 정부는 앞에서 말한 바와 같이, 해운 보호정책을 결정하고 상해에 항로를 연장한 미쓰비시 증기선회사에 대한 원조를 강화하고 있었으며, 조선 무역에서도 쓰시마에 한정되어 있던 무역을 개방하는 것을 획책하고 있었다. 이리하여 9월 20일, 강화도에서 염하(鹽河)로 침입한 일본 군함 운양호가 강화도 포대를 군사적으로 도발하는 사건이 발생했다.

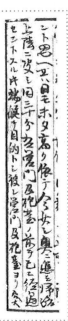

▶그림 5-4. 강화도 사건에 관한 새로운 사료. 9월 29일 운양호 보고서. 진상을 기록한 부분의 하나. 사진의 제1행 6자 째부터 '해도 아직 높이 떠 있고 해서 조금 더 안쪽으로 나아가……(포격되었다).'10월 9일의 보고서에는 '이 부근에 상륙, 마실 물을 요구하려고……'로 고쳐 썼다(방위연구소 도서관 소장).

지금까지는 운양호가 음료수를 구하려고 하고 있는데, 강화도 포대로부터 포격을 받아 응전했다고 다음 달(10월) 부의 운양호 공식 보고서에 근거하여 사건이 전해졌다. 그런데 최근에는 이것보다 앞선, 사건 9일 후인 9월 중에 작성된 운양호의 공식 보고서가 발견되었다(그림 5-4). 이것에 따르면, 9월 20일에 운양호는 '측량 및 제사(諸事) 검수, 조선국 관리 면회, 만사 심문(尋問)'을 위하여 무장단정(武裝端艇)으로 조선 진영이 있는 제3포대까지 염하를 거슬러 올라가, 더욱 안쪽(서울 방면)으로 들어가기 위해 완전 무단으로 포대 앞을 통과했을 때 포격당해 교전이 시작되었다. 다음 날, 운양호는 함포에서 포격, 육전대를 투입하여 정산도(頂山島)의 제2포대를 불태웠다. 더 나아가 다음 다음 날에는 영종진의 제1포대가 있는 성에 방화하고 35명을 살육했다. 한편, 운양호의 사상자는 2명이었다.

또, 10월부 보고서는 교전이 하루에 끝난 것처럼 기록하고 있으나, 이전부터 의문시되어 왔는데 교전은 사실 3일간에 걸쳐 일어났다. 10월부 보고서가 '음료수를 구하려고 했으나 포격당했다'고 개찬되어 있었던 것이다. 군함인 운양호가 무단으로 하천을 거슬러 올라간 것은 국제법 위반이다.

이때 일본군의 행동은 페리가 내항했을 때를 학습한 것으로 이야기됐다. 페리는 앞서 설명했듯이 에도 만 내에 강제로 침입했지만, 첫날에 평화 목적의 사절이라고 분명히 밝히고 있었다. 그래도 막부는 침입한 페리에게 '불법 행위'라고 반복해서 항의했다. 페리의 내해 침입은 국제법 위반이지만, 이에 대해 운양호의 무장 단정이 첫날 범한 돌연한 행동은 페리의 행동과 비교할 수가 없다. 무법적인 작전 행동 그 자체이다. 이어지는 포격전에서의 육전대 상륙, 성과 민가를 파괴하는 작전, 조선군 격멸도 물론 국제법 위반이다.

사건에는 외무부도 관여하고 있었고 목적은 명확했다. 서양이 후발국(반미개국)과 체결한 불평등조약을 조선과 맺고, 조선을 개국시키는 일이었다. 에도시대에는 이웃 나라 조선과 대등 외교를 계속하고 있었는데, 그 조선을 일본의 후발국으로 끌어내리려 하고 있었다.

강화도(江華島) 사건 후, 모리 아리노리(森有礼)가 청국 주재 공사로 파견되어 이홍장과 교섭에 들어갔다. 교섭 서두에 이홍장은 청일수호조규의 상호원조 조항을 거론하며 일본에 자중을 요구했다. 모리는 수호조규따위는 아무런 도움이 되지 않는다며 말을 물리쳤다. 이홍장은 일본의 조선에 대한 적대 행동에 대해서는 "중국도 조약 위반으로 대처하지 않을 수 없다. 그것은 서양의 '웃음거리'가 될 뿐이다."라고 열심히 설명했다. 모리는 단지 긍정하면서 배짱을 부릴 뿐이었다. 또, 이홍장은 "귀국은 대만 사건의 예에 비추어……. 이웃 나라를 교란시키고, 기회를 틈타 영토를 빼앗으려고 하는 것과 같다."라며, 일본이 이웃 나라를 침략하려고 하는 것을 나무랐다. 청국은 버마 방면에서 영국과의 관계가 단교 상태가 되어 있었다. 그 때문에 이홍장은 일본과의 교섭을 타결하도록 조선에 조언했다.

이때, 기도 다카요시가 조선에 대한 파견을 갈망했지만, 병 때문에 사쓰마벌의 구로다 기요타카가 전권대사, 이노우에 가오루가 부사에 임명되었다. 당시는 대불황이 계속되고 있어 국가재정은 "파산 상태에 이르려 한다(『도쿄니치니치신문』)."라고 할 정도로 평가되어 전비가 부족했다. 정부가 구로다에게 내린 훈령은 '화약을 체결하는 것을 주(主)로 한다'고 명기하고 있으며, 신중한 대응을 요구했다. 그러나 조선이 응하지 않을 경우는 '임기 처분을 할 것을 사신(使臣)에게 위임'한다고 하여, 결렬할 권한도 부여하고 있다. 구로다는 기한을 정해서 조선에 재촉하고 조선은 전비 부족과 청국 이홍장의 조언에 따라서 조약에 응했다(그림 5-5).

▶그림 5-5. 전권대사 구로다 기요타카, 부사 이노우에 가오루를 태우고 강화도 앞바다에 정박중인 군함 고웅(高雄)(『사진으로 보는 독립운동(상)』, 서울, 1987년).

이때, 시모노세키에서는 육군경 야마가타 아리토모가 조일 개전을 대비하고 있었다. 야마가타의 시모노세키로의 출발은 구로다가 출국한 직후로, 히로시마와 구마모토 양 진대병(鎭臺兵)의 파견과 수송을 위한 선박 준비가 갖추어져 있었다.

조일수호조규

1876년 2월에 조일수교조규가 체결되었다. 강화도조약, 병자(丙子)조약이라고도 한다. 조선을 자주국으로 '평등한 권리'를 가진다고 규정하고, 청의 종주권을 부인했다. 그러나 내용은 철저한 불평등조약이며, 부산 외 2개항의 개항, 일본인의 '왕래 통상'을 인정하고, '일본의 항해자'에게 해안을 수시로 자유 측량을 하는 것과 나아가 일본의 영사재판권을 인정했다. 부속조약과 통상장정에 의해 일본 화폐의 유통, 일본의 수출입 상품에 대한 무관세도 규정되었다. 일본이 서양과 맺은 통상조약보다 자유(군함에도)측량권과 화폐유통권은 한층 더 혹독하다. 7년 후에 개정되었지만, 무관세를 강요한 점도 불평등함이 심각했다. 일본은 조선에 대하여 서양과 입장을 같이 하여 동아시아의 소(小)서양으로서 임한 것이다. 한편, 조선이 편무적 최혜국 대우를 인정하지 않은 것은 조선으로서는 최악의 사태를 막는 것이 되었다. 7년 후, 무역 규칙이 조인될 때까지 무관세에 의해 조선에 대한 일본의 경제적 침략이 압도적으로 추진되었다. 일본 상인은 영국 면포를 중계 수출하고, 조선에서 주로 미곡을 수입하여 청국의 조선 무역 총량을 능가했다.

당시, 영국과 청국은 운남성(雲南省)에서 통역관 마거리가 살해된 사건 때문에 단교 상태였다. 영국은 강화도 사건에 편승하여 일본

과 연합하여 청국에 육박하려는 계획 또한 갖고 있었다. 영국은 가라
후토는 중요시하지 않았지만, 중국에 인접해 있는 조선을 러시아에 대
한 전략에서 중요하게 생각하고, 군제의 근대화에 착수한 일본의 동향
에도 주목하고 있었다. 일본은 조선에 불평등조약을 강제하는 외교를
추진하는 한 서양 열국과의 이해는 일치한다고 확신하고 있었다. 미
쓰비시 증기선회사는 이해에 상해 항로에 더하여 정부(官)와 일체가
되어서 조선 항로와 북청 항로를 개설했다.

4. 지조개정과 서남전쟁

지조개정

폐번치현과 함께 지방 지배 기구가 급격하게 해체되었다. 신정부는 토지 가격에 상응하는 지권을 모든 토지에 발행하여 '균일의 법칙'에 의해 세금을 수취할 수 있는 단순한 제도 실시를 목표로 했다. 1871(메이지 4)년, 오쿠보 대장경 등이 지조개정의 기초가 되는 안을 건의했다. 다음 해, 유수 정부에 의해 토지 매매가 자유로워지고 사적 토지 소유가 인정되어 지권이 발행되었다.

에도시대에도 토지 매매는 인정되고 토지 가격도 성립되어 있었다. 단, 토지 소유는 촌락 공동체에 귀속되는 곳이 많았다. 근대 일본과 같이 엄격하게 배타적인 근대적 토지사유권은 형성되어 있지 않았던 것이다. 앞에 소개한 '저당 잡힌 토지의 무기한 반환권'도 그 하나의 예이다. 저당을 잡혀도 토지대장의 원소유자의 권리는 강력했다. 촌락에서 추첨으로 토지를 정기적으로 교환하는 할지(割地)라는 관행도 전국의 10% 정도에서 이루어지고 있었다고 추측된다. 연공의 미납도 에도시대에서는 방치한 전답을 마을에서 대신하여 경작(惣作)하고, 종자와 비료 대금은 영주 부담으로 하여, 양자 모두 원소유자에게 되돌려주는 것이 정법(定法)이었다.

또, 에도시대의 전답과 공유(入숲, 이리아이)인 산야해빈(山野海濱)은 세트로서 풀이나 관목, 해초가 중요한 비료가 되었다. 전답의 10배에서 12배 정도의 무연공 임야가 공유지로 개방되어 있었다고 한다. 화전도 50만 정보로 추측(미야모토 쓰네이치〔宮本常一〕'밭농사기술시론')되고 있듯이 상상할 수 없을 만큼 깊은 산 속, 심산유곡까지 전개되고 있었다. 여기에서 중요한 것은 이러한 토지 소유나 용익의 공동성을 갖춘 구조를 통해 에도후기의 농업은 성숙하고 근대화되고 있었던 것이다. 그런데 농업에서 공동성에 대한 이해가 없으며, 오로지 전국 '균일 법칙'을 주장하는 대장성 관료는 이러한 정착한 촌락의 관행을 고루하다며 배제했다. 공동의 소유와 용익은 사람을 나태하게 한다는 논리였다. 근대 농업사 연구자인 니와 구니오(丹羽邦男)는 관(官)에 의한 촌락의 공동성 배제는 일본 농업을 정체시켜, 그 근대화를 크게 저해했다고 지적했다. 그러나 토지를 대규모로 집적한 대호농상은 폭동 등에 의해 저당지 환수나 토지 무상 환수를 요구당하고 있었다. 그 때문에 농민 봉기로 공격당할 정도의 대호농상, 대지주, 즉 호장급의 대부분은 지권 발행이라는 배타적 사적 토지 소유권을 환영했다.

유수 정부는 다음 해 1873년 여름, 지조개정조례를 발표했다. 토지를 조사하고, 토지 가격의 3% 정률 지조를 부과하는 것이었다. 토지의 가격 계산에서는 비료 값 등의 필요 경비는 낮게 계산되고 인건비 분은 없고, 이자율로 환산할 때에도 실세보다 낮게 계산되었다. 정부는 세금(貢租)을 종래와 같은 수준으로 유지하는 것을 우선으로 한 것이었다.

관세 수입은 안세이(安政)조약에서는 20%였는데, 개세약서에서 5%로 되었기 때문에 액수가 한정되어 있었다. 그 때문에 오히려 지조에 의존하는 체제가 되고, 나아가서는 농민의 세 부담이 무거워졌다. 이 무렵의 관세 수입은 약 555만 엔이었으며, 이것이 만약 20%의 관세였으면 액수는 당시 각 관청의 통상경비 전체에 상당했다.

지조개정 사업은 1875(메이지 8)년, 내무성이 특권적 정상(政商) 중심이기도 한 민간기업 보호정책을 시행할 무렵, 지조개정 사무국을 설치하고 나서 본격화하여, 정부가 부현의 지조 예정액을 설정하고, 그것을 순차적으로 일필(一筆)의 전담까지 적용하는 '억지 지가'로 결정되었다.

경지·택지는 326만 정보에서 484만 정보로 늘어나고, 지조 액수는 추정 약 5,336만 엔에서 4,946만 엔이 되었다. 5% 정도의 감액이지만, 당시 물가는 내려가고 지방세가 늘어나고 있었으므로 실제적으로는 이전과 같은 지세였다. 단 지조개정 이전과는 달라 세금 미납은 즉시 개인적인 파산선고로 이어졌다. 사실, 이다음의 마쓰카타(松方) 디플레이션으로 많은 농민이 파산하는 한편, 소수의 대지주가 토지를 집적했다. 또, 전답과 세트로 된 촌락 공유지의 세금이 없었던 산야에 지권이 발행되어 대부분이 국유, 황실 소유로 되었다. 지조개정 반대 폭동에 대해서는 뒤에 소개하겠다.

질록 처분

지조개정 사업이 추진되던 1876(메이지 9)년, 화사족(華士族)의 질록 처분이 단행되었다. 금록공채증서발행조례(金禄公債証書発行条例)를 공포하여 화사족 31만 명에 대하여 금록의 5년에서 14년분의 금록공채증서를 수여하고 이후의 가록 지급을 중단했다.

금록 지급은 이자분, 한번에 지급되는 연수(年數), 모두 상층민에 엄격하고 하층민에 덜 엄격했다. 그러나 공채는 중사(中士)와 상사(上士)에 대한 공채 지급액만 하더라도 이자분으로 겨우 하층민의 생활이 유지될 정도의 금액이었다. 단, 519명으로, 0.2%의 인원수인 구 번주급에게는 한 사람 평균 6만 엔이라는 파격적인 금액이었다. 이 평균액이 당시의 고소득자 20위 이내의 액수였다. 한편으로 화사족의 83%를 차지하는 하사층(下士層) 26만 명에게 대한 지급액은 이자로 환산하면 하층민의 가족 소득액에도 훨씬 미치지 못했다. 이처럼 상하 불문하고 대부분의 사족은 사실상 소액의 일시금으로 처리되어 하층민이 되었다.

금록공채는 1억 7,400만 엔에 이르러, 당시 재정의 3배에 가까웠다. 이것을 자금으로 운용하기 위하여 그 해에 국립은행 설립조건이 완화되었다. 사족 금록공채를 자본의 일부로 은행 설립이 급증하여 1879년에 마지막으로 교토 제153국립은행이 발족하였다. 이들은 '사족은행'이라고도 불렸지만, 실태는 사족공채의 12%가 국립은행 자본으로 투자되었을 뿐이었고 상업자본이 경영의 중심이 되었다. 또, 특수 은행으로서 제15국립은행이 화족(구 번주와 상급 공가)만의 은행으로 설립되어, 정부로부터 각별한 보호를 받아 파격적인(연율 10에서 12%) 주식을 배당받았다.

　　1873의 세계공황 이후에도 긴 불황으로 제사업과 면직물업을 비롯한 지방 산업이 발전하기 시작했다. 막 설립된 국립은행이 자본을 제공했다. 막말 개국 이래, 영국 면포가 수입되어 재래 면공업은 타격을 받았지만, 수입 양사(洋絲)를 사용하는 면직물 공업이 선진 기업지(機業地)로 번창하여 면공업이 발흥했다. 일본의 독자적인 간단한 방적 장치 가라방(ガ ラ 紡, 와운방적기〔臥雲紡績機, 1873년 발명〕)은 손방적(手紡) 10배의 능률을 올렸으며, 존·케이의 비저(飛杼, 씨실〔橫糸〕를 지나가는 배 모양의 서틀)를 일본에서 싼값으로 모조한 '배튼(batten, 1874년, 첫 사용)'은 직물업 생산성을 1.5배에서 2배로 높였다. 1870년경부터 영국 면포는 급속히 축출되기 시작해, 수입 면포의 국내 수요에 차지하는 비율은 1874년에 40%, 그리고 1880년에는 23%가 되었다.

　　그 후, 1990년대부터는 면사도 국내 기계 방적 공장제의 물건으로 전환하고, 자본제 생산이 발흥했다. 일본의 면공업을 보호하는 수입 관세는 존왕과격파의 폭거에 유래하는 개세약서에 의해 겨우 5%였다. 이렇게 해서 정부의 보호도, 관세 장벽도 거의 없는 열악한 조건에도 불구하고 민간이 자력으로 국내시장을 회복하고 크게 발전시킨 것이었다.

서남전쟁과 폭동

　　1876년 초의 조일수교조규의 교섭 항목에서 소개한 것처럼, 시모노세키에서는 야마가타 육군경이 히로시마와 구마모토, 두 진대병으로 조선과의 전쟁에 대비하고 있었다. 두 진대병의 주력은 농민 출신 징병들이었다. 병사의 주역은 징병으로 바뀌었다. 그 직후의 폐도령 (대도〔帶刀〕금지령)은 사족의 대도를 금지, '위반자는 칼을 몰수한다'고 명했다. 사족의 무장해제이다. 그 반년 후, 질록 처분으로 앞에 서술한 것처럼 무상에 가까운 형태로 사족의 해체가 단행되었다. 이렇게 하여 급격하게 궁지로 몰리게 된 사족의 반란이 이어졌다. 10월에 구마모토에서 약 190명의 사족이 봉기한 신풍련(神風連)의 난이 발생하여 불과 2일 만에 진대병에게 진압되었다. 이것에 호응한 아키즈키(秋月)의 난이 후쿠오카 현(福岡県)에서 발생, 그 직후에 야마구치에서 전 참의 마에바라 잇세이(前原一誠) 등의 하기(萩)의 난도 일어났다. 모두 소규모의 고립된 봉기였다. 이해 겨울에는 지조개정에 대해 큰 폭동이 일어나지만, 이것에 관해서는 뒤에 서술한다.

사이고 다카모리에 이어서 가고시마 현 출신의 군인, 문관들도 사직, 귀향하는 자가 수백 명에 이르고, 사학교(私學校)라는 조직을 만들었다. 기리노 도시아키(桐野利秋) 등이 간부가 되었다. 구 사쓰마 번 사로 가고시마 현령 오야마 쓰나요시(大山綱良)가 사이고 등을 지원하여 사학교당이 가고시마의 지방 행정을 장악했다.

다음 해 1877년, 오쿠보 정권은 가고시마 육군 탄약고로부터 탄약을 반송시키고, 경시(警視) 등을 밀정으로 투입시켜 사학교당을 도발했다. 2월, 1만 3,000명의 가고시마 사족과 구마모토 등의 보수파와 민권파 사족 등 7,000명, 징모병 1만 명이 참가하여 북상했다. 총 3만 명의 병력이었다. 그러나 반란군은 휴대한 소총도 각양각색이었다. 맞서 싸우는 구마모토 진대 사령장관 다니 간조(谷干城)는 구마모토성에 농성했다. 병력은 4,300명, 그 2/3는 징병의 진대병이었다. 오쿠보가 오사카에 진을 치고, 참군 육군중장 야마가타 아리토모와 해군중장 가와무라 스미요시는 4만 5,000명으로 구마모토를 향해 남하했다.

사이고군의 공격은 강력하여 백병전에 의한 정부군의 희생은 많았다. 그러나 3월, 다바루자카(田原坂) 전투에서 패한 이후, 사이고군은 퇴각하기 시작했다. 사이고군은 고개나 산지의 지형을 이용하여 백병전으로나마 완강하게 항전할 수 있었으나 공세로 반전할 전망이 있었다는 것은 과대평가일 것이다. 오쿠보 도시미치는 사쓰마군 봉기를 듣고서 '조정의 불행 중 다행으로 남몰래 마음속으로 웃음이 나올 정도'라고 단언했다.

반란군의 운명을 쥐고 있는 것은 지역의 동향이었다. 서남전쟁의 전년, 구마모토 현 성북(城北) 지역에서 '민권당'의 지도로 국민의 호장 선거 요구와 지조개정비 부담을 반대하는 폭동적인 운동도 보였다. '민권당' 안에는 사이고군에 참가하는 자도 있었다. 이어서 서남전쟁의 약 한 달 전, 구마모토 현 서부 아소 군(阿蘇郡)에서 대규모의 파괴가 일어났다. 요구는 지조개정 경비 환불과 저당지 반환, 양군(兩軍)에 의한 군부 징발 반대 등이었다. 죽창, 칼, 손도끼, 낫, 도끼 등을 손에 들고 호장 주택을 파괴하고 장부를 불태웠다. 역(役)자가 붙는 것은 고약(膏藥)이라도 때려 부수라며 부르짖었다고 한다. 서남전쟁 후의 처벌자는 구마모토 현에서 3만 명 이상, 오이타 현(大分縣)에서 2만 명 이상에 달했다.

서남전쟁과 징병제 군대 건군

서남전쟁에서는 일부 '민권당'의 참가가 있었다. 그러나 봉기한 민중은 사이고군을 지지하지 않았다. 무기와 물량에서 뒤지는 반란군은 지역 민중의 광범위한 지지가 없으면 약한 존재일 수밖에 없었다.

사이고군의 전비 70만 엔, 이것에 대한 정부군의 전비는 4,156만여 엔이었다. 서남전쟁은 정부군에 있어서 큰 의미가 있었다. 사이고가 하야했을 때 행동을 함께하지 않았던 사쓰마 번의 군인은 절반이 넘었다. 그 안에는 정토군의 참군(參軍)이 된 구로다 기요타카 중장과 해군대보 가와무라 스미요시(川村純義) 중장 등도 있었으며, 농성하여 격전을 치른 구마모토 진대군에는 가바야마 스케노리(樺山資紀) 구마모토 진대 참모장이 있으며, 참모 고다마 겐타로(兒玉源太郎)는 조슈벌이지만, 역시 사쓰마의 가와카미 소로쿠(川上操六)가 보병 제13연대장이 되었다. 농성한 구마모토 진대병 4,300명의 중심은 농민 출신의 징병이었다. 이 농성전을 싸운 정부군 지휘관들은 징병을 지휘한 실전경험을 쌓았다.

그 후, 청일전쟁에서 가와카미는 대본영 참모차장 겸 병참총감(참모총장은 황족 출신으로 형식적 존재), 고다마가 대본영 육군 참모, 가바야마도 해군 군령부장과 같은 서남전쟁에서 최전선에 섰던 군인이 청일전쟁의 군사면에서 안을 내놓거나 실질적인 지휘관이 되었다. 그리고 경제계에서는 서남전쟁에서 미쓰비시 증기선 회사는 해운 수송, 오쿠라구미 상회는 병참 수송으로 군어용상인으로 엄청난 수익을 올렸다. 메이지 정부에게 있어서 서남전쟁이야말로 징병제 군대 건군을 위해 필요한, 오쿠보가 말한 '운이 좋은' 1단계였다.

지조개정 반대 폭동

구마모토와 오이타(大分)의 폭동은 지조개정 경비 부담 등에 반대하는 폭동이었다. 서남전쟁 직전인 1876년에는 두 개의 큰 지조개정 반대 폭동이 발생했다. 이바라키 현 지조개정 반대 폭동과 미에(三重), 아이치(愛知), 기후 현(岐阜県)에 걸치는 지조개정 반대 폭동(이세 〔伊勢 폭동〕)이 그것이다. 후자는 같은 종류의 폭동 중 최대 규모였다.

이 무렵, 쌀 가격이 급락하여 금납 지조는 감액해야 했지만, 정부는 세금 납부를 위한 쌀 가격을 높게 책정한 채로 농민의 탄원을 인정하지 않았다. 12월, 미에 현 남부의 구시다가와(櫛田川) 하류의 아라키노(荒木野)에 수천 명이 집결하여 폭동을 일으켰다. 폭동 세력은 마쓰사카초(松坂町)를 파괴하고 미쓰이 은행과 상가에 불을 질렀다. 쓰(津) 현청으로 향했지만 사족대(士族隊)가 저지했다. 북상하는 폭동 세력은 욧카이치(四日市), 구와나(桑名)로 들어가 관(官)이라는 이름이 붙은 모든 시설, 지청(支廳)이나 학교, 법원, 병원, 호장 주택 등 모든 것에 방화하고, 공용 장부를 불태워 없앴다. 징역장(懲役場)을 파괴하고 죄수의 일부는 폭동 세력과 행동을 함께했다. 폭동 세력이 아이치 현, 기후 현으로 진입한 후 진대병과 순사대에 진압된 것은 12월 하순, 사이고 봉기 한 달 전이었다(그림 5-6).

이례적으로 신속하게 처형은 이루어져, 교수형 한 명, 처벌은 5만여 명에 다다랐다. 미에 현의 전 호수(戸數)의 실로 3분의 1 이상이었다. 충격을 받은 정부는 100분의 3인 지조를 100분의 2.5로 내렸다. 또, 1878년의 삼신법(三新法) 제정도 이러한 민중 운동의 영향을 받은 바가 크다. 삼신법으로 지방세를 의정(議定)하는 기관으로 부현회가 설치되어 근세 이래의 정촌을 단위로 하여 주민 투표로 호장을 뽑았다. 대구소구제 하에서 관이 임명하는 호장제를 다소 손질한 것이다.

▶그림 5-6. 미에·아이치·기후 지조개정 반대 폭동 전개 약도. 최초의 집합지는 마쓰사카 시 남동. 구시다가와의 하야마세(화살표) (모기 요이치[茂木陽一] '신정 반대 폭동과 지조개정 반대 폭동'에서 옮겨 실음).

서남전쟁에 의한 인플레이션, 지가의 인하, 삼신법 등 이러한 것은 농촌에 호황을 가져다주고, 마침내 자유 민권 운동을 촉발시켰다.

오키나와와 류큐 처분

1874년, 대만 출병 후 청국과의 외교교섭에서 일본은 류큐인을 일본국 속민이라 하고, 출병을 '국민을 보호하는 의거'라며 승인하게 한 것이었다. 메이지 정부는 이 합의를 류큐가 일본 영토로 확정된 것이라고 억지 해석을 했다. 1875년 7월, 강화도 사건을 일으키기 2개월 전, 정부는 류큐에 대하여 청국으로의 조공 폐지, 메이지 연호의 사용, 번정개혁, 진대 분영 설치 등을 명령하고 류큐를 청국에서 최종적으로 분리하여 일본으로 편입시키려는 류큐 처분에 본격적으로 착수했다.

류큐 왕부(王府)는 밀사를 청국에 파견하고, 국내에서는 완고당(頑固黨)이라는 류큐 사족의 저항이 계속되었다. 1878(메이지 11)년, 일본에 파견된 청국의 초대 주일 공사 하여장(何如璋)은 일본의 거동은 "무뢰이며 사악하고, 야윈 개가 미쳐 날뛰는 듯하다."라고 공식적으로 일본 정부에 항의했다. 이해에 메이지 정부는 경관과 진대병을 파견하여 강권적으로 폐번치현을 실시하고, 구 류큐왕국을 오키나와 현으로 만들었다. 류큐왕 상태(尚泰)는 화족으로서 도쿄에 거주할 것을 명령받고, 대신 40만 석의 다이묘에 상당하는 경제적 보증이 주어졌다. 야에야마(八重山)에서는 그곳에서 근무하던 관리가 일본 처분관(處分官)의 서약을 끝까지 거부할 수 없었기 때문에 오키나와로 돌아가는 도중 해상에서 투신자살했고, 미야코지마(宮古島)에서는 일본 경찰의 통역을 하던 류큐인이 섬사람의 제재로 죽음을 당하는 산시이 사건이 발생했다.

1880년, 일본과 청국은 개약안에 합의했다. 미야코·야에야마 제도를 중국 영토로 하고, 대신 일본 상인이 중국 내부에서 서양과 같은 수준의 통상을 할 수 있다는 분도(分島)·개약안이었다. 중국은 당시 내륙 이리(伊犂)에서 러시아와 국경 분쟁을 일으키고 있어 일본의 요구를 거부할 수 없었다. 이 개약안은 청나라로 망명한 류큐인의 일본 귀속 반대 운동과 청국과 러시아와의 분쟁이 진화됨에 따라 무산되었다. 메이지 정부는 중국으로의 경제적인 해외 침출(浸出)을 오키나와의 지리적, 민족적 일체성보다 우선하여, 미야코·야에야마 제도를 거래 재료로 사용한 것이었다.

아이누 민족과 홋카이도

막말의 개국 뒤, 막부와 상인 등에 의한 압박은 강화되었지만, 아이누에 관련된 일은 아이누의 의향대로라는 막부도 인정한 원칙이 유지되어 아이누모시리(인간의 조용한 대지)에서 생활하는 아이누의 자주성은 지켜졌다. 아이누의 유력자를 중심으로 생활을 위한 어업인 '자기 생업(自分稼ぎ)'과 '이케슈이'(청부상인들의 지배[場所支配]로부터 조직적인 도주 저항 운동)가 계속되고 있었다.

그리고 1869년, 신정부는 판적봉환 직후 개척사를 설치하고 에조치(蝦夷地)를 홋카이도(北海道)로 개칭했다. 1871년, 메이지 정부가 급진적인 문명화정책을 추진하고 있을 무렵, 아이누 민족의 고유 문화가 '미개' 라든가 '무지몽매' 라며 부정되었다. 사망했을 때 치세(추운 땅에 대응한 주거)를 태우는 습관 금지, 여성의 문신과 남성의 귀고리 금지, 일본어 강제 등이 그것이다.

중요했던 것은 류큐왕국이 류큐 번으로 된 1872년 7월에 홋카이도에서 토지 규칙과 홋카이도 토지 매대(賣貸) 규칙이 포고된 것이었다. 산림, 강, 택지(澤地), 해변 등 아이누 민족이 고기잡이와 사냥, 벌목, 채집에 이용해 온 토지도 몰수되어 일본인에게 매각되었다. '심산유곡, 인적이 끊긴 땅'은 예외로 취급됐지만, 그것도 차츰 좁아지게 되었다. 아이누 민족의 토지 소유는 아주 예외적으로만 인정되었다. 국유 임야지와 황실 영지(御料地)의 설정이 광대한 규모였던 것도 주목해야 할 것이다. 아이누 민족은 민족의 자주성을 지켜왔다. 아이누 모시리라고 부른 대지와 천연 자원을 약탈당한 것이다.

1873년, 하천에서 아이누가 행해온 독자적인 어업인 우라이* 고기잡이(うらい漁), 후릿그물 고기잡이(テス網), 야간 고기잡이가 금지되고, 1876년 산야, 해변에서 북동아시아의 소수민족 중에서도 아이누 민족이 특히 고도로 발달시킨 독화살 수렵이 금지되었다. 금지는 처음에는 느슨했지만, 일본인의 이주가 증가하고, 관청의 아이누 농업민화정책이 개시, 철저하게 시행되면서 아이누를 아사의 늪에 빠트렸다. 그리고 1886(메이지 19)년, 홋카이도청이 설치되자 홋카이도 '개척'은 혼슈의 대자본, 화족 자본과 대지주 중심의 개척으로 바뀌었다. 1886년까지의 이입자는 8만 2,000명이었는데, 이 무렵부터 급격한 개척과 난개발이 시작되었다. 1901년에는 인구가 161만 명, 경지 53만

---

* 우라이(うらい): 고기를 잡기 위해 냇가에 설치하는 목책. 이상 역자.

8,000정보로 홋카이도의 주요한 경지가 홋카이도청 설치 후 불과 십수년 만에 개척되었다.

지금도 급진적 개척의 세계적인 성공 예로 평가되지만, 사쓰마벌의 아리시마 다케오(有島武郎) 부자(父子)와 같이 현지를 실제로 보지도 않고 부여지(附與地)를 청원하는 것과 같은 난개발로 대자본은 대규모 기생 지주가 되고, 소작쟁의가 빈발하게 되었다. 소작·빈농의 이주가 많아지게 되었으며, 혼슈 등에서 유입된 소작·빈농은 시리베시(後志) 벌판에서 『카인의 후예』가 겪은 고생을 견뎌냈다. 홋카이도는 '내국 식민지'가 되었다고 이야기된다. 그러나 아이누 민족은 이렇게 하여 대지를 약탈당한 것이다. '내국 식민지'는 일본인의 평가여서 실제는 침입한 일본인의 '식민지' 그 자체였다. 이민족을 '미개'로서 억압하고 부정하는 정책, 정부와 대자본에 의한 외지 자원의 약탈적 수탈, 침출 즈음의 민중의 국가적 동원 등 홋카이도 '개척'은 동아시아 침략의 제1단계가 되었다.

맺음말

    마지막으로, 여기에서는 철도 개통 등을 간단히 언급하는 것에 그친 문명개화에 대해서 보충 설명을 하고자 한다. 문명개화는 자유 민권 시대에도 한층 성대하게 추진되어 민중을 근대사회의 입구로 인도했다. 근대사회에서는 필요한 근면과 규율, 위생 등에 민중이 친숙해지도록 하는 사회현상이 문명개화였다. 예를 들면, 벽시계의 보급은 에도시대의 사회에서는 결여되어 있었던 시간 관념이 일반화된 것을 선명하게 상징한다고 지적한다.

    당시의 여성 여행가 이사벨라 버드는 도호쿠 지방을 여행하고, 문명개화 전의 민중에 대해서 다음과 같이 말한다. "가는 곳마다, 아무 말 없이 입만 크게 벌리고 몇 시간이나 가만히 움직이지 않고 있는 무리에 둘러싸였다. 원래 일본에서 시간은 돈이 아니라 동전 한 닢의 가치도 없었다(W·E·그리피스).", "문명개화 전에는 시간이 충분히 있었다. 개화 전의 민중은 현재에 자족하고, 매일 유쾌하게 지낼 수 있으면 좋은 것으로, 공적 세계에서 분리된 편안함에 빠져 있었다."라고도 평가되었다. '현재의 자족'과 '매일의 유쾌함', '마음의 편안함'이 그것이다.

그러나 버드 등 외국인의 기록을 읽으면 알 수 있듯이, 그들이 감탄한 것은 유쾌하고 마음 편하고 걱정거리가 없는 개화 이전 자족하는 민중의 모습만은 아니었다. 그것은 막말·유신기 일본의 민중 사회가 보여주는 일면일 뿐이었다. 문명화에 필요한 사항 중 하나인 위생에 대해서 말하면, 버드가 도호쿠 어느 숙소의 청결함에 대해서 크게 칭찬하고 있는 것은 어떠한 것일까. 문명화의 중심인 근면과 규율이라는 구체적인 문제에 대해서도, 자주 소개한 페리의 에도 만 내항 시 일본의 번선단(番船團, 감시선단)을 예로 들면서 보충 설명을 하고자 한다.

에도의 성숙, 근면과 규율

페리 등이 일본의 쾌속 수조선(手漕船), 즉 '압송선(押送船)'을 높게 평가한 것은 본문에서도 소개했다. 신선한 생선을 어물 시장으로 나르는 쾌속선인 압송선은 페리함대의 해병이 젓는 커터와 노 젓기 경쟁을 하여 승리했다. 그 배 모양의 아름다움은 함대 모두가 찬탄했다. "미끄러지듯 수면을 나아간다."라고 까지 기록하고 있다. 그러면, 페리함대와 경쟁을 했을 때 일의 사공은 누구였을까.

닻을 내린 페리함대를 몇 겹으로 둘러싸고, 또, 에도 만 입구에서 페리의 측량선과 대치한 수십 척의 번선군은 '어용번선역(御用番船役)'을 맡은 역(役)으로 근무하는 우라가의 어촌, 서 우라가와 동 우라가의 어선단이었다. 또 그 어선단의 중심이 압송선이었다. 이러한 농민과 어민들의 역 부담(무상으로 노동력 징발)에 의거하는 것이 에도의 지배체제였다.

와타나베 교지는 요코하마의 거룻배(艀) '삼판'에 대해서 "헤이, 헤이챠, 헤이 헤이, 챠"의 구호로 2마일을 쉬지 않고 끝까지 노를 젓는 일본 뱃사공들의 기량에 외국인(모스)의 눈이 휘둥그레 했다는 일화를 소개하고 있다. 2마일은 약 3㎞ 반이다. 한편, 문명개화에 의해 육체 노동이 천시되기 전에 이처럼 강건한 뱃사공과 마부들이 얼마만큼 명랑하고 온화하며, 예절과 자부심에 차 있었는지에 대한 외국인 여행자의 증언이 많다. 홀로 여행을 다녔던 여성 여행자 버드는 마부의 좋은 매너와 성실함에 그저 감탄할 뿐이었다. 그렇다고 한다면, 미국 해병들과의 배 젓기 경쟁에서 승리한 일본의 압송선 어민들에게도 과연 규율이 있는 근면함이 없었다고 말할 수 있을까.

우라가의 두 어촌, 서우라가와 동우라가가 부교쇼의 어용번선역을 부담한 역사의 일단을 히라가와 아라타(平川新)가 밝히고 있다.

두 어촌의 각각의 대표, 촌장과 어선의 선장이 어용번선역의 부담 방법을 둘러싸고, 19세기 초엽부터 우라가부교쇼에서 논쟁을 거듭하고 있었다. 때로는 한쪽이 반반의 분담, 다른 한쪽이 어선 수에 부응한 분담을 주장하면서 논쟁하고 있었다. 다음으로 페리 내항 이전이기는 하나, 외국선에 대한 경비 문제로 그들의 부담이 증가하자, 대립하고 있던 두 어촌은 마음먹고 연합하여 부담 지역을 확대하는 우라가부교쇼에 제의하여 부담 경감 운동에서 성과를 올렸다. 그리고 페리가 내항한 후에는 동원 횟수 증대에 직면한 두 어촌은 또 연합하여 역 부담을 미우라 군 전체로 일시에 확대할 것을 주장했는데, 이 주장 자체는 받아들여지지 않았지만 대신에 배의 임차제를 시행하는 것에 성공했다. 즉, 부교쇼가 임차 비용을 지급하게 한다는 큰 성과를 획득했다.

이처럼 어민들에게는 어업 집단의 이해(利害)를 위해 유연하게 상황에 맞춰서 운동하는 조직과 통제가 있었다. 활발하게, 빈틈없이 자기를 주장하고 있었으며, '자족하는 편안함' 등과는 실로 무연했다. 이러한 에도 만의 어선단이 어선단장의 통솔에 따라 멋진 모양을 한 압송선을 중심으로 페리함대를 포위하고, 측량선과 대치했다고 하는 개국사(開國史)의 한 측면이 있다. 번선단에 통솔이 있는 것도 페리 측은 주목하고 있었다. 칭찬을 아끼지 않았던 페리 측은 본문에서 소개한 것처럼, '압송선'의 상세한 도면(239쪽)을 『페리 제독 일본 원정기』에 수록했다.

사회가 필요로 하는 근면과 규율, 위생은 사실 서양과 형태는 다를지 모르나 에도 민중 사회에 성숙한 형태로 존재했다. 그렇다면, 메이지 초기의 문명개화라는 것은 어떤 것이었을까. 학교와 징병령, 관청이나 징역장, 나아가 병원까지도 메이지 초기의 파괴 폭동에서 '방화'의 공격 대상인 의미가 여기에 있다. 특히, 결렬한 반발을 부른 것은 혈세라고 정확하게 비판받은 징병이었다. 병역이라 해도 실제로 당시 일본에 서양의 침략 위기가 있었을까. 지적한 것처럼, 1년 반이나 정부의 요인들이 서양을 회람하는 당시, 국제적인 전쟁이 닥쳐올 위기는 정세에서는 전혀 없었던 것이다. 게다가, 발포된 대구소구제는 상의하달로 일관하여 촌장(名主·庄屋)이라고 하는 촌이나 마을의 대표제를 부정했다. 비정하기까지 한 세금의 증세 등 그 외의 상황에 대해서는 본문에서 밝힌 대로이다. 무리한 서양화, 그리고 만국대치라는 대국주의, 이것이 막부토벌파인 소수파가 신정부의 요인이 될 때부터 정치의 기본으로 몸에 익히고 있었던 것이었다.

막부·조슈전쟁 중인 1866년부터 이세 폭동이 일어난 1876년까지 11년간, 본문에서 기술한 것처럼 요나오시 폭동과 파괴 폭동에서 에도시대에는 자제하고 있었던 '방화'와 '공용 장부 소각', 마침내는 현청을 방화·파괴하는 과격화가 이어졌다. 징병령 반대를 비롯해 이러한 과격화된 민중 운동을 억압하는 것이야말로 메이지 정부에 의한 문명개화 중심선의 하나였다. 그리고 그것은 상당히 장기간에 이르렀다. 수많은 유혈 사태가 빚어진 싸움이었다. 그것을 무지몽매한 농민을 문명화된 국민으로 교화했다는 듣기 좋은 이야기로 바꾼 것도 문명개화가 이룩한 것 중 하나이다.

천황제 근대국가의 국가창세(國家創世) '신화'

마지막으로, 문명개화가 세속적인 믿음이나 미신을 터무니없는 잘못된 설 등으로 부정하고, 합리적인 정신을 길렀다고 이야기되고 있는 점에 대해서 조금 말하고자 한다. 그렇다면 메이지 정부는 합리주의를 관철했던 것일까.

일본 개국기에 일본 전체가 양이로 끓어오르고, 그러한 여론의 중심에 천황·조정의 양이론이 있었다고 하는 유신 초기부터 강조된 일본 개국 이야기야말로 사실과 다르다는 점을 본문을 반복하지는 않겠지만 다시금 상기해 두고 싶다.

고메이 천황은 중국에서는 현명한 인재를 선택하여 왕으로 삼지만 일본은 '진무(神武) 천황이래로 황통이 면면'하며, 그 때문에 중국보다 뛰어난 '신주(神州, 일본)'라고 말하고 조약은 '신주의 흠'으로 '허용할 수 없는 일'이라고 양이를 주장한 것이었다. 진무 천황부터 황통이 면면하다는 신화에 근거한 대국주의 사상에 천황의 양이론이 탄생하는 하나의 길이 있었다. 그렇게 하여 야마우치 도요시게 등의 히토쓰파 다이묘들로부터 천황·조정의 양이론은 무모한 모험주의라고 통렬한 비판을 받았다.

막말에 일본 국민 대부분이 양이로 들끓고 있었으며, 그 중심에 천황·조정이 있었다고 하는 신국사상과 대국주의로 채색된 이야기야말로 본문에서 말한 것과 같이 터무니없는 오류 중 하나였다. 그런 이야기는 근대 일본이 만들어 낸 새로운 천황제 근대국가의 국가창세 '신화'에 지나지 않는다.

저자 후기

이 통사를 집필하면서 여러 사람으로부터 도움을 받았다. 예를 들면, 중국 철학 전문가가 본서 제1장의 간조부교가 점검한 대작 '해국도지'의 미국 상인이 아편을 중국으로 운반하는 기사를 찾아 주서 서 곧바로 본문에 활용할 수 있었다. 그 기사는 본문에서도 조금 소개 했듯이, 목차 등에서 간단히 찾을 수 있는 곳에 기록되어 있었던 것은 아니다. 전문가가 전부 책장을 넘기는 작업으로 겨우 발견할 수 있었 던 것이었다. 작업이 시작되고, 찾았다는 연락을 받은 것은 약 한 시간 반 후였다. 전문가들은 간조부교가 끈기 있게 한 작업을 추체험(追體 驗)한 것이었다. 모든 일에는 전문가가 있기 마련으로 나로서는 할 수 없는 작업이었다. 직장의 중국문화론 연구실의 젊은 연구자들에게 감 사드린다. 기사 내용을 알게 되자, 영국인의 저서 발췌를 중국에서 한 역하고 막부가 주목하는 일련의 사실을 알게 되어 역사의 심층에 접근 하는 생각이 들었다. 이러한 실증적인 작업이 축적되어 전체 흐름에 활용되는 부분이 이 통사에도 많다. 논문 이외에도 강의나 시민 강좌 등에서 이야기할 때에도 여러 가지 알게 되었던 부분이 많았다. 여러 분께 감사의 말씀을 드리고 싶다.

본서의 교정쇄는 일본 근대사를 가르친 경험이 풍부한 삿포로에 살고 계시는 이치노세 노리에(一瀨啓惠)씨에게 교정받아 여러 가지 교시를 얻었다. 또 지금은 서점의 다른 부문으로 옮기셨지만, 『일본근대사상대계 I -개국』의 '만국공법' 교주(校註)를 작성하는 매우 기초적인 작업에서 도움을 받은 이노우에 가즈오(井上一夫)씨에게도 본서를 집필하는 도중 틈틈이 격려를 받았다. 그리고 마지막으로, 예정보다 뒤늦게 겨우 본서를 탈고한 나에게 언제나 격려와 냉정한 편집자의 수완을 발휘하여 주신 히라타 겐이치(平田賢一)씨에게 감사를 표한다.

2006년 10월

이노우에 가쓰오

역자 후기

　　2012년 9월쯤 한양대 최혜주 선생님으로부터 전화 한 통을 받았다. 이와나미신서에서 나온 일본 근현대사 시리즈 1권 『막말·유신』을 번역해 줄 수 있느냐는 내용이었다. 이 시리즈의 나머지 권(卷)은 이미 출간되어 1권의 출간이 시급하다는 것이었다. 당시 나의 상황으로는 번역을 떠맡을 상황이 아니었다. 그러나 책 내용이 내 전공과 일치하여 일종의 의무감을 느껴 번역하기로 결심했다.

　　물론 변명이기도 하겠지만, 대학교와는 분위기가 전혀 다른 연구소에서 근무하는지라 시간은 단절, 단편화되고, 실제로 번역에 투입된 시간은 허용된 시간에 훨씬 못 미치는 시간이었다. 번역에서 실수나 오류, 정확도가 떨어질까 역자 후기를 작성하는 지금도 솔직히 마음이 편하지 않다.

　　이 책을 번역하면서 새로이 배우는 바도 있었고, 평소 메이지 유신에 대해서 품고 있던 의문에 대한 답도 얻게 되었다. 즉, 오늘날의 역사, 영토 문제로 평온한 날이 없는 동북아시아의 국제 관계를 전제로 할 때, 메이지 유신과 메이지 시대의 역사를 성공한 역사로만 바라볼 수 있겠느냐 하는 것이다. 저자 또한 이러한 부분에서 같은 문제의식을 가지고 있는 듯하다. 앞으로 더욱 풍성한 막말·유신에 관한 새로운 연구가 나오기를 기대한다.

사상을 표출하기 위해 언어를 만들어 내고 그것으로 다시 사상을 재구성하는 작업은 역사를 창출하는 집단에 필수적으로 요구되는 능력이다. 최근에 우리 역사와 문화를 고려하지 않고 무분별하게 일본어 한자 및 일본식 용법의 한자를 차용하는 사례가 늘고 있다. 그래서 이 책을 번역하면서 단어 선정에 대해 끊임없이 고민했다. 그 한 가지 예로 서남웅번(西南雄藩)을 서남 유력번으로 번역한 것이 있다. 일본어 속 한자는 기본적으로 일본어이므로 한 번 걸러주는 것이 필요하다고 생각하는 바이다.

일본의 역사를 일국(一國)의 역사로서가 아니라 크게는 세계사, 작게는 동아시아사의 부분을 구성하는 역사로서 음미하고자 생각하고 이 책을 일독하면, 기존의 일본사, 한일관계사에서 보이지 않던 면을 볼 수 있을지도 모르겠다.

마지막으로, 이 책의 교정에 많은 도움을 준 어문학사 편집부에 감사를 표한다.

2013년 7월
이원우

연표

연도	일본	세계
1853 (가에이 6)	6월 페리, 우라가에 내항 7월 푸탸틴, 나가사키에 내항	3월 태평천국군, 남경 입성 10월 러터전쟁(크리미아전쟁) 개전 12월 미국, 뉴멕시코 등 병합
1854 (안세이 1)	1월 페리, 에도 만 내로 재내항 3월 미일화친조약 체결 윤7월 영불연합함대. 캄차카반도 러시아군 기지 공격. 영국 해군 스털링 나가사키 내항. 셋쓰·가와치 면(綿) 국소 8월 영일협약 체결 12월 러일화친조약 체결	3월 크리미아전쟁에 영국, 프랑스 참전
1855 (안세이 2)	2월 막부, 에조치 전도 직할 4월 나가사키부교, 프랑스 사령관에게 조약 체결을 제안 10월 훗타 마사요시, 로주 수좌에 취임	9월 러시아, 세바스토폴리 포기
1856 (안세이 3)	2월 반쇼시라베쇼 설치(1863년, 개성소로 개칭) 6월 오카야마, 시부조메 폭동 발생 7월 해리스, 시모다(下田) 내항 10월 시마즈 나리아키라, 적극 통상책을 표명	3월 크리미아전쟁 종결 10월 애로호전쟁 발발
1857 (안세이 4)	6월 로주 아베 마사히로 사망 10월 해리스, 에도성 등성	5월 인도, 대반란 발생 9월 무굴 제국, 멸망
1858 (안세이 5)	1월 훗타 마사요시, 조약 승인 요청을 위해 교토로 출발 3월 88인의 공가, 조약 승인 반대 열참. 천황, 조약 불승인 6월 미일수호통상조약 체결. 가가·엣츄·노토 대폭동 발생 8월 무오밀칙 9월 안세이의 대탄압 시작	6월 청국, 서양제국과 톈진조약 체결
1859 (안세이 6)	6월 요코하마·나가사키·하코다테에서 자유무역 개시 12월 시나노 국 미나미야마 폭동 발생	7월 인도의 대반란, 진압

연도	일본	세계
1860 (만엔 1)	3월 사쿠라다문 밖에서 이이 나오스케, 암살 5월 막부, 가즈노미야 결혼을 조정에 요청	10월 영불 연합군, 북경 점령
1861 (분큐 1)	2월 러시아군함, 쓰시마 내항. 이모우라사키 점거 사건 3월 조슈 번, 항해원략책을 채용	4월 남북전쟁 시작
1862 (분큐 2)	1월 로주 안도 노부마사, 사카시타(坂下)문 밖에서 피습 2월 가즈노미야 결혼 4월 시마즈 히사미쓰, 솔병 상경. 데라다야 사건 8월 나마무기 사건, 영국 상인 참살 윤8월 막부, 참근교대제를 완화. 마쓰다이라 가타 모리가 교토 수호직 12월 조정에 국사어용괘 설치	5월 영불군, 태평천국군을 각지 에서 제압
1863 (분큐 3)	3월 쇼군 이에모치, 상경 5월 조슈 번, 시모노세키에서 미국 상선 등을 기습 포격 6월 조슈 번, 기병대를 결성 7월 사쓰마·영국전쟁 8월 조슈 번, 막부 힐문사 일행 암살 사건. 천주조 의 봉기. 8·18 정변, 조슈 번 추방되다 10월 이쿠노의 변	
1864 (겐지 1)	1월 참여회의 개시(3월 종언) 6월 이케다야 사건 7월 하마구리문의 변, 조슈 번이 패배 8월 4개국 연합함대 시모노세키 포격. 조슈 번 미 타지리 해안부의 촌락 폭동	7월 상군(湘軍), 천경 점령, 태평 천국군의 패배
1865 (게이오 1)	5월 셋쓰·가와치 국 1,263개 촌 채종유국소(에도 시대 최대의 국소) 윤5월 영국 공사 파크스, 착임 9월 영국 등 4개국 연합함대, 효고 내항 10월 3일간의 조정회의, 조약 칙허	4월 남북전쟁 종결
1866 (게이오 2)	1월 삿초연합밀약(삿초동맹), 성립 5월 개세약서, 오사카 파괴 폭동, 에도 파괴 폭동 6월 막부·조슈전쟁 시작. 부슈 요나오시 폭동, 무 쓰 국 신다쓰 폭동 7월 데와 국 헤이조(兵蔵) 소동 8월 고쿠라 번 폭동, 기소(木曾) 소동 11월 미마사카 국 개정(改政) 폭동 12월 도쿠가와 요시노부 쇼군 취임, 고메이 천황 사망	9월 조선, 대동강을 침입한 미국 셔먼호 격침 10월 프랑스함대 침공(11월, 강화 도에서 격침)

연도	일본	세계
1867 (게이오 3)	1월 사치노미야(祐宮, 메이지 천황), 황위 계승, 니 　조 나리유키 섭정 취임 3월 쇼군 요시노부, 열국 공사 알현 5월 효고(兵庫) 개항, 조정이 승인 6월 삿토맹약, 체결 7월 '좋지 아니한가' 발생 9월 삿초, 막부 토벌거병맹약 10월 쇼군 요시노부, 대정봉환 11월 사카모토 료마, 암살되다 12월 왕정복고 쿠데타	2월 북독일 연방 성립
1868 (메이지 1)	1월 도바·후시미 전투, 비젠 번의 고베(神戸) 사건 　발생 2월 도사 번의 사카이(堺) 사건, 조슈 요나오시 　폭동 3월 사가라 소조 등, 위관군 죄목으로 효수, 5개 　조 서문, 부슈요나오시 폭동 4월 신정부 에도성 입성 윤4월 정체서 발령 5월 오우에쓰열번동맹 성립, 우에노 창의대 토멸, 　태정관찰 발행 7월 에도, 도쿄로 개칭 8월 천장절 제정, 에치고 국 시모다 소동 9월 아이즈 번 항복 10월 아이즈 야야 폭동 발생, 번치직제 제정 12월 에노모토 다케아키, 에조치 점거, 신정권, 조 　선에 서계를 보냄	
1869 (메이지 2)	1월 삿초도히 번주, 판적봉환 건책 2월 히다 국 우메무라 소동 5월 에노모토군 항복, 무진전쟁 종결 6월 판적봉환 7월 에조치에 개척사(8월 홋카이도로 개칭), 이나 　군 이이다 2부금 소동, 미노국 덴데코 소동 8월 민부·대장 합병, 시나노 국 우에다 소동, 아이 　다 소동, 가와니시 소동 9월 에치고 국 이토이가와 위조 화폐 소동, 오무 　라 마스지로 피습(11 사망) 10월 우젠 국(羽前国) 텐구 소동, 고오즈케 국(上野 　国) 5만석 소동, 가나자와 번령 엣츄 국 반도 　리 소동, 셋쓰 국 미타 번 폭동 11월 조슈 번 제대 탈대 사건(70년 2월 진압) 12월 무사시국 어문소(御門訴) 사건	11월 수에즈운하 개통
1870 (메이지 3)	7월 민부·대장성 분리, 에치고 국 토시치 소동 9월 번제 윤10월 공부성 설치 11월 분고 국 히다 현 농민 봉기, 시나노 국 마쓰시 　로 폭동 12월 나카노 소동	7월 보불전쟁 개시 10월 이탈리아 통일 완성

연도	일본	세계
1871 (메이지 4)	1월 참의 히로사와 사네오미 암살 2월 삿초도 세 개 번에서 친병 설립. 후쿠시마 현 가와마타지방 폭동 5월 신화(新貨)조례 7월 폐번치현. 청일수호조규 조인 8월 아키 군 부이치(武一) 소동. 이요 국 오즈(大洲) 폭동. 화사족·평민의 결혼 허가. 해방령 발령 9월 사누키 국·빙고 국·부젠 국 번주 만류(引留) 폭동 10월 하리마 국 하단 폭동(播但一揆) 11월 이가 국 폭동. 이와쿠라 사절단 출발 12월 가가 국 미노무시 소동. 도사 국 아부라도리 (賣取リ) 소동	1월 빌헬름 1세 즉위, 독일제국 성립 3월 파리 코뮌 성립 6월 미국함대 조선 강화도 습격(7 격퇴) 6월 런던·상해 전신 개통
1872 (메이지 5)	2월 토지 영대매매금지령 폐지 4월 대구소구제 반포. 촌장 등 폐지. 호장(戶長) 설치 5월 일본, 조선 부산왜관 난출. 강소 사건 7월 지권 발행. 임신(壬申)지권 8월 학제 9월 철도, 신바시와 요코하마 간 개업. 류큐왕 상태를 류큐 번주로 함. 개척사, 지소규칙. 홋카이도 토지매대(賣貸)규칙 발령 11월 태양력 채용, 12월 3일이 1월 1일로 바뀜 12월 오이타 현 파괴 폭동	
1873 (메이지 6)	1월 징병령 3월 진무 천황 즉위일을 기원절로 칭함. 소에지마 다네오미 특명권대사. 청국으로 향발 5월 호조 현 징병령 반대 혈세 폭동(오카야마 북부) 6월 후쿠오카 현 신정 반대 치쿠젠 죽창 폭동. 돗토리 현 아이미 군 징병령 반대 폭동. 히로시마 현 징병령·해방령 반대 폭동. 산슈 죽창 소동 7월 아마쿠사 혈세 소동. 시마네 현 징병령 반대 폭동. 교토부 징병령 반대 군집. 지조개정 조례 8월 사이고 다카모리, 조선 파견 결정. 나가사키 현 징병령 반대 군집 9월 이와쿠라 도모미가 서양회람에서 귀국. 사카다현 왓파(도시락통) 소동 10월 재차 사이고의 조선 파견이 결정. 이와쿠라 의 상소로 파견 무기한 연기 11월 내무성 설치. 오쿠보 독재 시작 12월 질록봉환법	2월 청국에서 동치제의 친정 개시 9월 뉴욕 주식거래소 폐쇄. 대불황 시작 11월 프랑스군 하노이 점령. 조선 의 대원군 실각

연도	일본	세계
1874 (메이지 7)	1월 아타가키 다이스케 등 민선의원 설립, 건의서 제출 2월 사가의 난, 정원(正院), 대만 출병을 결정함 5월 대만 출병 6월 가고시마에 사학교 설립 8월 오쿠보, 청국으로 향발 10월 청일 호환조약 체결	3월 베트남, 프랑스의 보호국이 됨
1875 (메이지 8)	2월 미쓰비시 상회, 상해 정기항로 개척, 오사카회의에서 이타가키·오쿠보·기도 등 연합 3월 지조개정 사무국, 설치 5월 가라후토·지시마 교환조약 7월 류큐 번, 청국으로의 조공 폐지 등 명령 9월 미쓰비시에 대한 특권적, 해운보호정책 결정, 강화도 사건 발생 12월 조선에 구로다 기요타카 전권 사절 등 출발	2월 운남에서 영국인 통역관 마거리 피살
1876 (메이지 9)	2월 조일수호조규 체결 3월 폐도령 발령 5월 와카야마 현 나가 군(那賀郡) 지조개정 반대 농민 소동 8월 금록공채증서발행조례 9월 개척사, 독화살 수렵 금지 10월 신풍련의 난·아키쓰키의 난·하기의 난 발생 11월 이바라키 현 지조개정 반대 폭동 12월 미에·아이치·기후현 지조개정 반대 농민 봉기	5월 청년 터키당의 쿠데타 발발 9월 청국과 영국 치부(芝罘)조약 체결
1877 (메이지 10)	1월 지조경감, 구마모토 현 아소 군 파괴 폭동 2월 서남전쟁 발발 3월 다바루자카 전투, 정부군이 승리 4월 사이고군 패주 5월 제15국립은행 설립 9월 사이고군 항복, 서남전쟁 종료	4월 러터전쟁 시작

참고 문헌

본문에서 직접 언급한 문헌과 집필에 참고한 것을 게재했다. 기타 지면 관계상 여기에서 일일이 소개하지 못한 많은 문헌에서도 가르침을 받았음을 밝혀 둔다.
(각 항목은 간행 연대순으로 배열)

전체

山崎隆三,『地主制成立期の農業構造』, 青木書店, 1961年
田中彰,『明治維新政治史研究』, 青木書店, 1965年
石井孝,『増訂 明治維新の国際的環境』, 吉川弘文館, 1966年
田中彰,『明治維新』(日本の歴史24), 小学館, 1976年
下山三郎,『近代天皇制研究序説』, 岩波書店, 1976年
芝原拓自,『日本近代化の世界史的位置』, 岩波書店, 1981年
榎森進,『日本民衆の歴史・地域編8 アイヌの歴史』, 三省堂, 1987年
藤田覚,『幕藩制国家の政治史的研究』, 校倉書房, 1987年
石井寛治,『開国と維新』(大系日本の歴史12), 小学館, 1989年
中村哲,『明治維新』(集英社版日本の歴史16), 集英社, 1992年
坂野潤治,『近代日本政治史』, 岩波書店, 2006年

머리말

ネルソン・マンデラ, 東江一紀訳,『ネルソン・マンデラ自伝 自由への長い道』2冊, NHK出版, 1996年

제1장

石井孝,『日本開国史』,吉川弘文館, 1972年

加藤祐三,『黒船前後の世界』,岩波書店, 1985年

三谷博,『明治維新とナショナリズム』,山川出版社, 1997年

제2장

島崎藤村,『夜明け前』2冊, 新潮社, 1935年

尾佐竹猛,『明治維新』上の2,白揚社, 1946年

中村哲,『明治維新の基礎構造』,未来社, 1968年

周布公平・妻木忠太,『周布政之助伝』2冊,東京大学出版会, 1977年

上原兼善,『鎖国と藩貿易』,八重岳書房, 1981年

石井寛治,『近代日本とイギリス資本』,東京大学出版会, 1984年

原口清,「文久三年八月一八日政変に関する一考察」明治維新史学会編『幕藩権力と
　　明治維新　明治維新史研究1』,吉川弘文館, 1992年

アイヌ文化振興・研究推進機構編,『アイヌの四季と生活 : 十勝アイヌと絵師・平沢屏
　　山』,アイヌの四季と生活展帯広実行委員会, 1999年

高埜利彦,『江戸蒜府と朝廷』(日本史リブレット),山川出版社, 2001年

高橋秀直,「文久二年の政治過程」『京都大学文学部研究紀要』42号, 2003年

제3장

柴田三千雄・柴田朝子,「幕末におけるフランスの対日政策」『史学雑誌』76編8号,
　　1967年

金井圓編訳,『描かれた幕末明治イラストレイテッド・ロンドン・ニュース　日本通信
　　1853〜1902』,雄松堂書店, 1973年

安丸良夫,『日本の近代化と民衆思想』,青木書店, 1974年

高木俊輔,『明治維新草莽運動史』,勁草書房, 1974年

石井寛治・関口尚志編,『世界市場と幕末開港』,東京大学出版会, 1982年

維新史料編纂会編,『維新史』6冊,吉川弘文館, 1983年(1939〜1941年の復製)

宮本常一,『忘れられた日本人』,岩波書店(文庫), 1984年

田中彰, 『高杉晋作と奇兵隊』, 岩波書店(新書), 1985年

伊藤千尋, 『燃える中南米』, 岩波書店(新書), 1988年

薮田貫, 『国訴と百姓一揆の研究』, 校倉書房, 1992年

三宅紹宣, 『幕末・維新期長州藩の政治構造』, 校倉書房, 1993年

谷山正道, 『近世民衆運動の展開』, 高科書店, 1994年

白川部達夫, 『日本近世の村と百姓的世界』, 校倉書房, 1994年

玄明喆, 『幕末対馬藩政治史の研究』(北海道大学文学部, 文学博士学位論文), 1995年

熊沢徹, 「幕末の鎖港問題と英国の軍事戦略」『歴史学研究』700号, 1997年

熊谷光子, 「畿内・近国の旗本知行所と在地代官」『日本史研究』428号, 1998年

萩原延壽, 『遠い崖 アーネスト・サトウ日記抄』14冊, 朝日新聞社, 1998〜2001年

宮地正人, 『幕末維新期の社会的政治史研究』, 岩波書店, 1999年

青山忠正, 『明治維新と国家形成』, 吉川弘文館, 2000年

国立歴史民俗博物館編, 『地鳴り 山鳴り―民衆のたたかい三〇〇年』(解説・久留島浩), 同博物館, 2000年

久留島浩, 『近世幕領の行政と組合村』, 東京大学出版会, 2002年

保坂智, 『百姓一揆とその作法』, 吉川弘文館(歴史文化ライブラリー), 2002年

佐々木克, 『幕末政治と薩摩藩』, 吉川弘文館, 2004年

保谷徹, 「オールコックは対馬占領を言わなかったか」『歴史学研究』796号, 2004年

麓慎一, 「ポサドニック号事件について」『東京大学史料編纂所研究紀要』15号, 2005年

渡辺京二, 『逝きし世の面影 日本近代素描1』平凡社(平凡社ライブラリー), 2005年

제4장

遠山茂樹, 『明治維新』, 岩波書店(全書), 1951年, 1972年改版

原口清, 『戊辰戦争』, 塙書房, 1963年

茂木陽一, 「北条県血税一揆の歴史的意義」『日本史研究』238号, 1982年

国立史料館編, 『明治開化期の錦絵』, 東京大学出版会, 1989年

深谷克己, 「世直し一揆と新政反対一揆」安丸良夫・深谷克己校注『民衆運動』(日本近代思想体系21, 岩波書店, 1989年

茂木陽一, 「大区小区制期の民衆闘争」『日本史研究』333号, 1990年

田中彰校注, 『開国 日本近代思想体系 1』, 岩波書店, 1991年

井上勲, 『王政復古』, 中央公論社(新書), 1991年

高橋秀直, 「廃藩置県における権力と社会」山本四郎編『近代日本の政党と官僚』, 東京創元社, 1991年

今西一, 『近代日本の差別と村落』, 雄山閣出版, 1993年

E. J. ホブズボーム, 浜林正夫他訳『産業と帝国(新装版)』, 未来社, 1996年

宮崎克則, 「戦争とうちこわし」『新しい近世史5』, 新人物往来社, 1996年

溝口敏麿, 「維新変革と庄屋役入札」明治維新史学会編『明治維新の地域と民衆』, 吉川弘文館, 1996年

松尾正人, 『廃藩置県の研究』, 吉川弘文館, 2001年

高橋秀直, 「王政復古政府論」『史林』86巻1号, 2003年

京都国立博物館編, 『龍馬の翔けた時代 特別展覧会 坂本龍馬生誕170年記念』, 京都新聞社, 2005年

제5장 ────────────────────

金城正篤, 「「琉球処分」と民族統一の問題」『史林』50編1号, 1967年

広瀬靖子, 「江華島事件の周辺」『国際政治』37号, 1968年

ひろたまさき, 『文明開化と民衆意識』, 青木書店, 1980年

有島武郎, 『カインの末裔・クララの出家』, 岩波書店 (文庫, 改版), 1980年

朴廣成, 「高宗朝의民乱研究」『伝統時代의民衆運動』下, 풀빛(ソウル), 1981年

辺土名朝有, 「琉球処分」鹿野政直・由井正臣編『近代日本の統合と抵抗1』, 日本評論社, 1982年

姜萬吉, 『韓国近代史』, 高麗書林, 1986年

『사진으로 보는 独立運動』(写真で見る独立運動)(상)외침과 투쟁(上, 外侵と闘争), 서문당(ソウル), 1987年

丹羽邦男, 『土地問題の起源』, 平凡社(選書), 1989年

上杉聰, 『明治維新と賤民廃止令』, 解放出版社, 1990年

永井秀夫, 『明治国家形成期の外政と内政』, 北海道大学図書刊行会, 1990年

樺太アイヌ史研究会編, 『対雁の碑』, 北海道出版企画センター, 1992年

茂木陽一, 「新政反対一揆と地租改正反対一揆」『シリーズ日本近現代史 構造と変動1 維新変革と近代日本』, 岩波書店, 1993年

藤村道生, 『日清戦争前後のアジア政策』, 岩波書店, 1995年

一瀬啓恵, 「明治初期における台湾出兵政策と国際法の適用」『北大史学』35号, 1995年

三澤純, 「維新変革と村落民衆」『新しい近世史4』, 新人物往来社, 1996年

諸洪一, 「明治初期における日朝交渉の放棄と倭館」『年報朝鮮学』6号, 1997年

孫承哲, 山里澄江・梅村雅英訳『近世の朝鮮と日本』, 明石書店, 1998年

諸洪一,「『癸酉政変』後の日朝交渉」『日本歴史』621号,2000年

山田伸一,「近代の政治・社会」『アイヌ民族に関する指導資料』,財団法人アイヌ文
　　化振興・研究推進機構,2000年

東学農民革命国際シンポジウム事務局編,『東学農民革命(甲午農民戦争)国際学術
　　大会資料集』,全州市,2001年

沖縄歴史教育研究会,『高等学校　琉球・沖縄史(新訂増補版)』,編集工房東洋企
　　画,2001年

鈴木淳,「史料紹介「雲揚」艦長井上良馨の明治八年九月二九日付け　江華島事件報告
　　書』『史学雑誌』111編12号,2002年

深谷克己監修,齋藤純・保坂智編,『百姓一揆事典』,民衆社,2004年

中塚明,「江華島事件再考」『社会評論』140号,2005年

맺음말 ━━━━━━━━━━━━━━━━━━━━━━━

平川新,『紛争と世論』,東京大学出版会,1996年

색인

일본 근현대사 시리즈 ①

막말·유신

초판 1쇄 발행일 2013년 9월 5일

지은이 이노우에 가쓰오
옮긴이 이원우
펴낸이 박영희
편집 배정옥·유태선
디자인 김미령·박희경
인쇄·제본 태광인쇄
펴낸곳 도서출판 어문학사
　　　　서울특별시 도봉구 쌍문동 523-21 나너울 카운티 1층
　　　　대표전화: 02-998-0094/편집부1: 02-998-2267, 편집부2: 02-998-2269
　　　　홈페이지: www.amhbook.com
　　　　트위터: @with_amhbook
　　　　블로그: 네이버 http://blog.naver.com/amhbook
　　　　　　　　다음 http://blog.daum.net/amhbook
　　　　e-mail: am@amhbook.com
　　　　등록: 2004년 4월 6일 제7-276호

ISBN 978-89-6184-309-6 94900
ISBN 978-89-6184-137-5(세트)
정가 16,000원

이 도서의 국립중앙도서관 출판시도서목록(CIP)은 e-CIP홈페이지(http://www.nl.go.kr/ecip)와
국가자료공동목록시스템(http://www.nl.go.kr/kolisnet)에서 이용하실 수 있습니다.
(CIP제어번호: CIP2013015505)

※잘못 만들어진 책은 교환해 드립니다.